21世纪高校财经类专业课程改革规划教材

审计原理与实务

AUDITING THEORY AND PRACTICE

（修订版）

主　编◎杜　方
副主编◎王保军　姜泽清　李　航　马佳佳
主　审◎周　萍

·北京·

图书在版编目(CIP)数据

审计原理与实务 / 杜方主编. --北京:中国经济出版社,2017.8(2021.9重印)

ISBN 978-7-5136-4744-1

Ⅰ.①审… Ⅱ.①杜… Ⅲ.①审计学-教材 Ⅳ.①F239.0

中国版本图书馆CIP数据核字(2020)第119824号

策划编辑 伏建全
责任编辑 孙晓霞 孙喆浩
责任印制 马小宾
封面设计 任燕飞设计工作室

出版发行 中国经济出版社
印 刷 者 北京建宏印刷有限公司
经 销 者 各地新华书店
开　　本 787mm×1092mm 1/16
印　　张 16
字　　数 293千字
版　　次 2017年8月第1版
印　　次 2021年9月第3次
定　　价 48.00元
广告经营许可证 京西工商广字第8179号

中国经济出版社 **网址** www.economyph.com **社址** 北京市东城区安定门外大街58号 **邮编** 100011

本版图书如存在印装质量问题,请与本社销售中心联系调换(联系电话:010-57512564)

前 言

21 世纪是一个充满机遇和挑战的时代。目前，随着市场经济的进一步发展，一方面，社会各界引入专业人才的要求越来越高，另一方面，我国会计准则的内容也在日臻完善。这就要求现代的职业教育不仅要注重学生专业知识的培养，同时也要注重专业实践能力的培养。为此，职业教育必须“以就业为导向，以能力为本位，以服务于社会为宗旨”，培养更多的符合社会需求的专业技能人才。

《审计原理与实务》教材就是在此基础上，参照我国最新会计准则、审计准则，结合注册会计师审计中的审计实例编写而成的。本书以“精简、系统的理论、突出实务分析”为宗旨，以“业务必需、够用为度”为原则，将“教、学、做”有机地结合起来，强化了对学生专业理论知识和实际操作能力的培养，充分体现出教材的先进性和科学性。

本教材力求深入浅出，各章均采用“案例导入”教学的模式编写，力图突破陈旧的教育理念，以大量的最新审计实例为依托，使得本教材既有说服力，又深入浅出，易学易懂。注重吸收审计理论的最新成果和实践工作经验，突出教材的通用性、可读性和实践性，具有理论联系实际的特色。

本教材共分为十章。第一章至第四章主要阐述审计的基本原理；第五章至第十章主要介绍销售与收款循环审计、采购与付款循环审计、生产与存货循环审计、人力资源与工薪循环审计、筹资与投资循环审计、货币资金审计等内容。本教材的第一章至第五章由宁夏财经职业技术学院教师杜方编写，第六章由宁夏财经职业技术学院老师李航（副主编）编写，第七章由宁夏财经职业技术学院老师马佳佳（副主编）编写，第八章由宁夏财经职业技术学院老师姜泽清（副主编）编写，主审由宁夏银川市中建华会计师事务所注册会计师周萍担任，本教材在编写过程中得到了学院各级领导的大力支持，在此一并表示感谢。

为方便教师教学和学生自学，本教材配有多媒体课件、课后复习题参考答案等配套资源，如有需要，请联系作者本人或出版社。

本教材既可作为普通高校、高职高专、成人高等学校审计和会计等相关专业学生的专业教材,也可作为审计、会计从业人员自学和业务参考用书。尽管在教材的特色建设方面我们付出了很多努力,但错误和不足之处在所难免,恳请用书单位和读者在使用过程中予以关注,并将意见和建议反馈给我们,以便修订时完善。

编　者

2020 年 6 月

所有意见和建议请发往:251484386@ qq. com

索取配套资源联系方式:QQ:251484386

目　录

第一部分　审计基本原理 …… 1

第一章　概　论 …… 2

第一节　审计的基本概念 …… 4

第二节　审计的分类 …… 10

第三节　审计目标 …… 17

第四节　审计依据 …… 21

第五节　我国的审计组织体系和审计人员 …… 25

第二章　审计方法和审计程序 …… 33

第一节　审计方法 …… 34

第二节　审计程序 …… 44

第三章　审计证据与审计工作底稿 …… 65

第一节　审计证据 …… 66

第二节　审计工作底稿 …… 77

第四章　审计报告与管理建议书 …… 90

第一节　审计工作报告 …… 91

第二节　管理建议书 …… 106

第二部分　审计实务操作部分 …… 115

第五章　销售与收款循环的审计 …… 116

第一节　销售与收款循环业务概述 …… 117

第二节　销售与收款循环业务活动内部控制测试 …… 123

第三节　销售与收款循环业务的实质性程序 …… 126

第六章　采购与付款循环的审计 …… 147
第一节　采购与付款循环的概述 …… 148
第二节　采购与付款循环业务内部控制测试 …… 152
第三节　采购与付款循环业务的实质性程序 …… 157

第七章　生产与存货循环的审计 …… 175
第一节　生产与存货循环的概述 …… 176
第二节　生产与存货业务循环内部控制及其测试 …… 178
第三节　生产与存货业务循环业务的实质性程序 …… 183

第八章　人力资源与工薪循环的审计 …… 193
第一节　人力资源与工薪循环概述 …… 194
第二节　人力资源与工薪循环的内部控制和控制测试 …… 196
第三节　人力资源与工薪循环的实质性程序 …… 197

第九章　筹资与投资循环的审计 …… 205
第一节　筹资与投资循环概述 …… 207
第二节　投资与筹资循环的内部控制和控制测试 …… 210
第三节　投资和筹资交易的实质性程序 …… 212

第十章　货币资金循环审计 …… 226
第一节　货币资金循环审计概述 …… 226
第二节　库存现金审计 …… 230
第三节　银行存款审计 …… 234

参考文献 …… 247

第一部分

审计基本原理

第一章　概　论

教学目的与要求

熟悉注册会计师审计的起源和发展，掌握审计的基本概念和性质，明确注册会计师审计与其他审计的关系，为以后各章的学习打好基础。

教学重点

审计的概念、特点、职能；审计目标、审计依据。

教学难点

我国审计体系构成；审计与会计的关系；审计的类型。

引导案例

英国南海公司创立于1711年西班牙王位继承战争期间，它表面上是一家专营英国与南美洲等地贸易的特许公司，实际上是一所协助政府融资的私人机构，负责分担政府因战争而欠下的债务。南海公司在夸大业务前景及进行舞弊的情况下被外界看好，到1720年，南海公司更是通过贿赂政府，向国会推出以南海股票换取国债的计划，促使南海公司股票大受追捧，股价由原本1720年初的约120英镑急升至同年7月的1000镑以上，全民疯狂炒股。《大恐慌》一书描写了当时的情形：政治家忘记政治、律师放弃打官司、医生丢弃病人、店主关闭铺子、牧师离开圣坛，就连贵妇也放下了高傲和虚

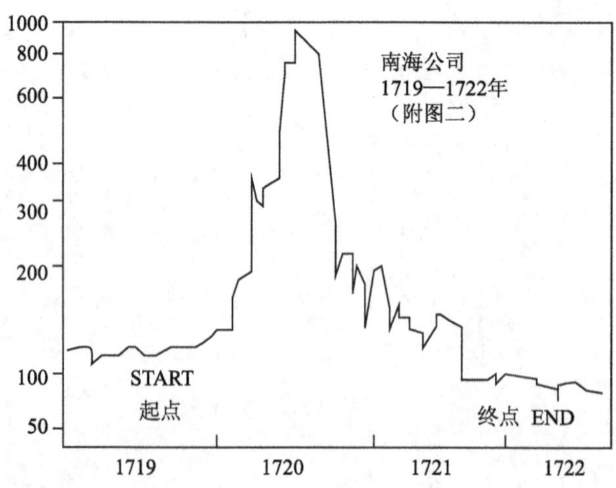

荣。然而，市场上随即出现不少“泡沫公司”浑水摸鱼，试图趁南海股价上升的同时分一杯羹。

为了规管市场乱局，以及保护南海公司免受“泡沫公司”的打扰，国会在1720年6月9日通过了《1719年皇家交易所及伦敦保险公司法案》(别称《泡沫法案》)，内容规定股份公司必须取得皇家特许状才能继续经营。自大量“泡沫公司”被取缔后，社会大众才如梦初醒，对股份公司怀有戒心，炒股热潮随之减退，并连带触发南海公司股价急挫，自7月以后，随着热潮减退，南海公司的股价由原本1000镑以上的价位急速下滑，情况不受控制。到9月暴跌回190镑以下的水平，不少人血本无归。同年10月，南海公司股价跌到170镑，12月，跌至125镑，公司总资产由1.64亿英镑跌至6100万英镑。科学家牛顿也是“南海泡沫”事件的受害者之一，他在第一次进场时买进7000镑，小赚7000镑；第二次买进时已是股价高峰，此次则是让他大亏20000镑。牛顿曾因而喟叹：“我能算准天体的运行，却无法预测人类的疯狂。”然而，比牛顿损失更大的则是英国的经济，南海泡沫的破灭让神圣的政府信用也随之破灭，英国没人再敢问津股票。从那以后，这条著名的交易街清静了整整100年，此间，英国没有发行过一只股票，从而为发达的英国股市历史留下了一段耐人寻味的空白。

在调查南海泡沫事件中，国会秘密委员会委任了查尔斯·斯奈尔（Charles Snell）为南海查账，这是国会历史上首次委托民间第三方独立会计师进行核数调查，结果成功查得南海公司犯下严重的诈骗及做假账等舞弊行为。委任第三方专业会计师的做法在后世被加以采纳，成功降低了企业舞弊的风险，在日后大大促进了特许会计师及该行业的长足发展。审核该公司账簿的人开世界注册会计师的先河，注册会计师审计由此在英国拉开了序幕。

“泡沫经济”产生的原因：南海公司的信息披露不真实；英国政府的态度不理智；公众对股票投资的极端不理性。它是在当时的时代背景下，由不公平的产权制度、不合时情的制度设计、不完善的公司治理、不对称的会计信息和不适应的会计技术等多项因素综合作用而造成的。

相关事件：南海泡沫事件（South Sea Bubble）与密西西比泡沫事件及郁金香狂热并称为欧洲早期的三大经济泡沫，“经济泡沫”一语即源于南海泡沫事件。

试分析：如果建立了审计机制，像南海公司一样的经营者，是否还可以为所欲为，损害投资者的利益？

第一节　审计的基本概念

审计（Auditing）是社会经济发展到一定阶段的产物，并随着社会经济的发展而发展。纵观社会历史的发展，审计的产生应具备两个条件：一个是物质条件——剩余财产的出现和积累；另一个是社会条件——财产的所有权和经营权的分离，这是审计产生的最直接条件。随着社会经济的日益发展，合伙制企业，特别是股份制企业所有权和经营权的分离更加明显，这样就有了注册会计师审计的必要。

一、审计的概念

（一）审计的概念

美国会计学会（AAA）审计基本概念委员会发表于1973年的《基本审计概念说明》（*A Statement of Basic Auditing Concepts*），考虑了审计的过程和目标，将审计定义为：“审计是一个系统化过程，即通过客观地获取和评价有关经济活动与经济事项认定的证据，以证实这些认定与既定标准的符合程度，并将结果传达给有关使用者。”

我国的表述为：审计是由独立的专门机构和人员接受委托或根据授权，依法对国家行政、事业单位、企业、社会团体及其他经济组织的财务报表和其他资料及其所反映的经济活动进行审查并发表意见。

审计的含义包括如下内容：

（1）审计的主体。即审计的执行者，指专门机构和人员。

（2）审计依据。主要指《国家审计准则》《中华人民共和国注册会计师法》和《中国注册会计师职业道德基本准则》等规范审计人员行为的法规、制度，以及《企业会计准则》《税法》、计划预算、企业经济合同等审计人员执行审计业务时应遵循的法规、制度等。

（3）审计的客体。即国家行政、事业单位和企业单位及其他经济组织。

（4）审计的对象。是指被审计单位的财务报表和其他资料及其所反映的经济活动。

（二）审计的特点

1. 独立性

审计的本质是具有独立性的经济监督、评价、鉴证活动，审计的独立性是保证审计工作顺利进行的必要条件，独立性既是审计的本质特征，也是审计的首要特征。

审计独立性主要表现为组织上的独立、人员上的独立、经济上的独立、工作上的独立。

（1）组织独立。审计组织是单独设置的专门机构，不受被审计单位和委托方的干涉和管制。

（2）人员独立。审计人员的指派和任命不受被审计单位和委托方的限制，完全由独立的审计组织管理。

（3）经济独立。审计组织或审计人员要有法定的、专门的经济来源，不得受制于被审计单位，否则审计的独立性是难以保证的。

（4）工作独立。审计组织和审计人员依据《审计法》《审计准则》等来执行审计业务，客观、公正地做出审计结论，不受任何单位和个人的干涉。

【准则引用】《中华人民共和国国家审计准则》第十六条规定：审计人员执行审计业务时，应当保持应有的审计独立性，遇有下列可能损害审计独立性情形的，应当向审计机关报告：

①与被审计单位负责人或者有关主管人员有夫妻关系、直系血亲关系、三代以内旁系血亲以及近姻亲关系；

②与被审计单位或者审计事项有直接经济利益关系；

③对曾经管理或者直接办理过的相关业务进行审计；

④可能会损害审计独立性的其他情形。

【学生思考1－1】某会计师事务所的审计小组来到上海的某家公司进行审计，第一天晚上这家公司就把审计小组的人带到一家海鲜城吃海鲜，一顿饭花了3000元，会不会影响其独立性？如果吃一顿拉面呢？

【典型案例1－1】A银行拟公开发行股票，委托M会计师事务所审计其2017年度、2018年度和2019年度的会计报表。双方于2019年底签订审计业务约定书。

假定M会计师事务所及其审计小组成员与该银行存在以下情况：

（1）M会计师事务所与A银行签订的审计业务约定书约定：审计费用为1500000元，该银行在M会计师事务所提交审计报告时支付50%的审计费用，剩余50%视股票能否上市决定是否支付。

(2) 2017 年 7 月，M 会计师事务所按照正常借款条件和程序，向 A 银行以抵押贷款方式借款 10000000 元，用于购置办公用房。

(3) M 会计师事务所的合伙人 B 注册会计师目前担任该银行的独立董事。

(4) 审计小组成员 C 注册会计师自 2018 年以来一直协助 A 银行编制会计报表。

(5) 审计小组成员 D 注册会计师的妻子自 2019 年以来一直担任 A 银行的统计员。

要求：请分别针对上述 5 种情况，判断 M 会计师事务所或相关注册会计师的独立性是否会受到损害，并简要说明理由。

分析：情况（1）将损害 M 会计师事务所的独立性。这种收费方式将诱导 M 会计师事务所为了收取剩余 50% 的审计费用而放弃审计原则，甚至帮助该银行粉饰其状况，使事务所与银行有了直接的经济利益关系，属于"对鉴证业务采取或有收费的方式"，违反职业道德。

情况（2）不损害 M 会计师事务所的独立性。通常，会计师事务所不得接受客户的借款，否则将影响其独立性，但如果借款行为遵循正常的程序和要求，则并不限制会计师事务所向银行或其他类似金融机构的借贷行为。

情况（3）损害了注册会计师 B 的独立性。因为注册会计师 B 既是 M 会计师事务所的合伙人，又是该银行的独立董事，会影响该注册会计师的独立性。

情况（4）损害了 C 注册会计师的独立性。因为所审计的会计报表是由 C 注册会计师协助编制的，违反了"没有人能独立地评价自己的工作"的基本假定。

情况（5）不损害 D 注册会计师的独立性。D 的妻子是 A 银行的职员，在该银行有经济利益，尽管注册会计师的配偶、子女、父母的经济利益应视同注册会计师本人的经济利益，但这种利益属于"工资、薪金"性质的，而非股票、股权性质的，而且注册会计师的妻子所从事的工作内容与审计对象无关，因此不影响 D 注册会计师的独立性。

【学生思考 1-2】某客户委托事务所审查 2019 年报表，但 2018 年的审计费用还没有给事务所，在审 2018 年报表的时候，客户与事务所签了一份协议，说这部分费用算是借给客户的，将来不仅要还本而且要付息，按照一年期的银行存款利率付息，试问可以接受这种审计吗？

提示：这个利息就是审计收费以外的其他费用，这是不可以的。

【典型案例 1-2】A 会计师事务所审计 C 公司，遇到了以下问题：

(1) C 公司由于人力不足缺少财务人员，要求 A 事务所派一个人把财务人员编制的记账凭证录入计算机，做了一年，年末会计报表编完以后由该事务所审计该单位的会计报表，问是否影响独立性？

(2) 去年 C 公司是由 A 会计师事务所审的，今年还是由 A 事务所来审，这是否可以呢？

(3) 若A会计师事务所的B注册会计师连续五年作为C公司会计报表审计的项目负责人，他能否再担任这个单位的项目经理？如果今年组成审计小组的时候没有让他做项目经理而让他做外勤负责人，可以不可以？

分析：(1) 不影响独立性。

(2) 这是可以的，这叫连续审计，但到四、五年的时候就需要更换。

(3) 根据相关规定，他不能再担任这个单位的项目经理。让他做外勤负责人，应该也是不可以的。因为这违反了鉴证业务的独立性。

2. 权威性

审计的权威性，是保证有效行使审计权的必要条件。审计人员依法执行职务，受法律保护。任何组织和个人不得拒绝、阻碍审计人员依法执行职务，不得打击报复审计人员。我国审计人员依法行使独立审计权时受法律保护，如被审计单位拒绝、阻碍审计时，或有违反国家规定的财政财务收支行为时，审计机关有权做出处理、处罚的决定或建议，这更加体现了我国审计的权威性。

3. 公正性

审计的公正性，反映了审计工作的基本要求。审计人员理应站在第三者的立场上，进行实事求是的检查，做出不带任何偏见的、符合客观实际的判断，并做出公正的评价和公正的处理，以正确地确定或解除被审计人的经济责任。

审计人员只有同时保持独立性、公正性，才能取信于审计授权者或委托者以及社会公众，真正树立审计权威的形象。

二、审计关系

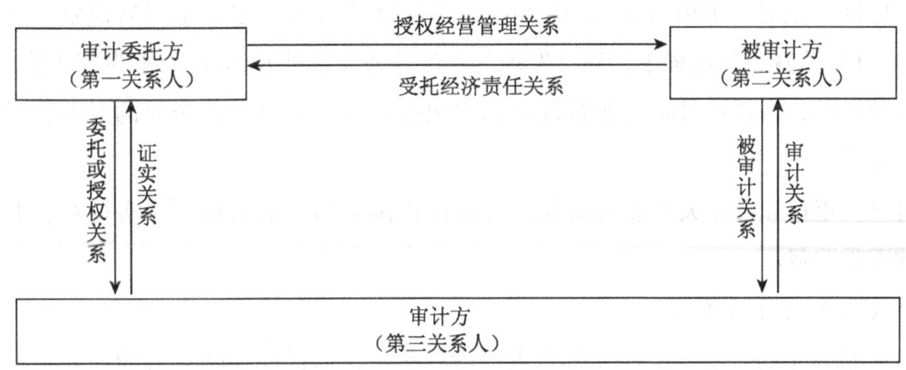

审计关系

（一）注册会计师审计关系

审计活动中涉及三方关系人，即审计委托方或授权人（第一关系人）、被审计方（第二关系人）、审计方（第三关系人）。这三方的关系表现为：审计委托方将其财产授权给被审计方经营管理，被审计方则对委托方负有经济责任；审计方接受审计委托方的委托或授权，对被审计方进行审计，并出具审计报告以此向审计委托方证实被审计方的履行情况以及存在的问题。

（二）审计与会计的关系

审计主要是对会计凭证、会计账簿和会计报表等财务会计资料及其所反映的财政、财务收支活动的真实、合法、效益进行审查和评价。审计需要以会计资料为前提和基础，离开了财务会计资料，审计工作很难进行。

1. 审计与会计的联系

（1）审计和会计都必须借助会计方法和会计技巧。会计运用各种会计方法去完成会计工作，而审计则运用会计方法去复核和审查会计工作。

（2）从财务的角度讲，审计与会计的工作对象都是会计资料。

（3）工作范围同样涉及企业内部管理制度。企业必须遵照《会计法》和《会计准则》的规定制定相关的内部管理制度。而审计人员在审计过程中，同样要涉及企业的内部控制制度。只不过审计人员更侧重于对企业各项内部控制制度进行研究、评价。

（4）两者都是对企业经营管理活动进行监督。在会计核算工作中，不仅是反映已发生的经济活动，还要对这些经济活动进行是否符合会计制度和企业经营目标的监督，即会计监督。而审计工作，也依据有关法律、法规和内部管理制度，检查企业的会计资料及其反映的经济活动。这是被动的监督，实际上也是对企业财务会计监督的内容进行再监督。

（5）两者的目的都是促进企业提高经济效益。从一定程度上说，会计核算的监督是第一监督（主要是事前监督），而审计监督是第二监督（主要是事后监督，要求纠正）。在这些监督工作过程中，对已发现的经济业务及其涉及的相关内部控制制度所出现的各种问题，需要及时向企业管理部门提出改进意见，以改善企业的经营管理，提高经济效益。

可见，审计和会计关系极为密切，是在保护国家财产的目标下，实行对企业经济活动的双重监督。

2. 审计和会计的区别

（1）概念不同。会计是以货币为主要计量单位，以提高经济效益为主要目标，运用专门方法对企业、机关、事业单位和其他组织的经济活动全面、综合、连续、系统地核算和监督，提供会计信息，并随着社会经济的日益发展，逐步开展预测、决策、控制和分析的一种经济管理活动，是经济管理活动的重要组成部分。审计是独立于被审计单位之外的机构和人员，对被审计单位的财政、财务收支及其有关的经济活动的真实、合法和效益进行检查、评价、公正的一种监督活动。

（2）产生的前提不同。会计是为了加强经济管理，适应对劳动耗费和劳动成果进行核算和分析的需要而产生的。审计是因经济监督的需要，为了确定经营者或其他受托管理者的经济责任的需要而产生的。

（3）性质不同。会计是经营管理的重要组成部分，主要是对生产经营或管理过程进行反映和监督；审计则处于具体的经营管理之外，是经济监督的重要组成部分，具有外在性和独立性。

（4）对象不同。会计的对象主要是资金运动过程，即是经济活动价值方面；审计的对象主要是会计资料和其他经济信息所反映的经济活动。

（5）方法程序不同。会计方法体系由会计核算、会计分析、会计检查三部分组成，其目的是为管理和决策提供必需的资料和信息；审计方法体系由规划方法、实施方法、管理方法等组成，其目的是完成审计任务。

（6）职能不同。会计的基本职能是对经济活动过程的记录、计算、反映和监督，审计的基本职能是监督，此外还包括评价和公正。会计虽说也具有监督职能，但这种监督是一种自我监督行为，主要通过会计检查来实现，主要是针对会计业务活动本身。

【学生思考1－3】单位内部的稽核岗位和审计岗位是不是一回事？如果不是，请加以说明。

三、审计职能

审计职能是指审计能够完成任务、发挥作用的内在功能。审计职能是审计自身固有的，但并不是一成不变的，它随着社会经济的发展，经济关系的变化而变化。研究审计职能的目的，是为了更准确地把握审计这一客观事物，以便于确定审计任务，有效地发挥审计的作用和更好地指导审计实施。

（一）经济监督职能

经济监督职能是审计的基本职能。主要是指通过审计，监察和督促被审计单位的经济活动在规定的范围内和正常的轨道上进行；监察和督促有关经济责任者忠实地履行经济责任，同时借以揭露违法违纪、稽查损失浪费，查明错误弊端，判断管理缺陷和追究经济责任等。审计工作的核心是通过审核检查，查明被审计事项的真相，然后对照一定的标准，做出被审计单位经济活动是否真实、合法、有效的结论。从依法检查到依法评价，再到依法做出处理决定以及督促决定的执行，无不体现了审计的监督职能。

（二）经济鉴证职能

审计的经济鉴证职能，是指审计机构和审计人员对被审计单位会计报表及其他经济资料进行检查和验证，确定其财务状况和经营成果是否真实、公允、合法、合规，并出具书面证明，以便为审计的授权人或委托人提供确切的信息，并取信于社会公众的一种职能。

审计的经济鉴证职能，包括鉴定和证明两个方面。例如，会计师事务所接受中外合资经营企业的委托，对其投入资本进行验资，对其年度财务报表进行审查，或对其合并、解散事项进行审核，然后出具验资报告、查账报告和清算报告等，均属于审计执行经济鉴证职能。

（三）经济评价职能

审计的经济评价职能，是指审计机构和审计人员对被审计单位的经济资料及其经济活动进行审查，并依据一定的标准对所查明的事实进行分析和判断，肯定成绩，指出问题，总结经验，寻求改善管理、提高效率、效益的途径。

审计的经济评价职能，包括评定和建议两个方面。例如，审计人员通过审核检查，评定被审计单位的经营决策、计划、方案是否切实可行、是否科学先进、是否贯彻执行，评定被审计单位内部控制制度是否健全和有效，评定被审计单位各项会计资料及其他经济资料是否真实、可靠，评定被审计单位各项资源的使用是否合理和有效，等等；并根据评定的结果，提出改善经营管理的建议，以利于被审计单位克服缺点、纠正错误、改进工作。经济效益审计是最能体现审计评价职能的一种审计。

第二节　审计的分类

针对具体问题，我们要具体分析具体对待，可以从不同的角度对审计事项加以考察，从而做出不同的分类。对审计进行合理分类，有利于加深对审计的认识，从而有效地组织各类审计活动，充分发挥审计的积极作用。

一、按审计执行主体分类，审计可分为政府审计、独立审计和内部审计三种

（一）政府审计（Governmental Audit）

政府审计是由政府审计机关依法进行的审计，在我国一般称为国家审计，古代称之为“官厅审计”。目前，我国国家审计机关包括国务院设置的审计署及其派出机构和地方各级人民政府设置的审计厅（局）两个层次。

1. 我国政府审计的演变历史

我国政府审计经历了一个漫长的发展过程，大体可分为 6 个阶段：西周初期初步

形成阶段；秦汉时期最终确立阶段；隋唐至宋日臻健全阶段；元明清停滞不前阶段；“中华民国”不断演进阶段；新中国振兴阶段。

（1）初步形成阶段。据《周礼》记载，西周时期就出现了带有审计性质的财政经济监察工作。当时，在中央政权设置的官职中，位于下大夫的“宰夫”一职，负责审查“财用之出入”，并拥有“考其出入，而定刑赏”的职权。这个职位虽然不高，但其所从事的工作却具有审计的性质，是我国国家审计的萌芽。

（2）确立阶段。秦、汉两代都曾采用“上计制度”，以审查监督财物收支有无错弊，并借以评价有关官吏之政绩。但在秦汉官制中，尚无专司审计职责的官员，也无专职审计机构。

【知识链接】秦简中出现的大量关于“计”的用词，均有计算、记账之意。所谓上计，即由地方行政长官定期向上级呈上计文书，报告地方治理状况。汉律中有《上计律》，是处置上计事务的专门律条。

（3）日臻完善阶段。隋唐在刑部之下设“比部”，建立了比较独立的能司审计之职的机构，这是我国历史上第一个独立于财政机构的审计部门。宋代设立审计司，是我国审计机构定名之始，使“审计”这个名词正式出现。

（4）停滞不前阶段。元、明、清三代未设专门的审计机构。明初，比部虽一度恢复，但不久即取消，直至清末再未设置。在这三个朝代国家审计陷入中衰时期。

（5）逐步演进阶段。辛亥革命后，北京的北洋政府在1914年设立审计院，颁布《审计法》；1928年，南京国民政府设立审计院，后改为审计部，隶属监察院。国民党政府的审计法几经修改，但由于当时的政治腐败，贪污横行，使审计制度徒具形式，并没有发挥出应有的经济监督作用。第二次国内革命战争时期，在中国共产党领导下的革命根据地中，1932年成立中央苏维埃政府审计委员会，1934年颁布《审计法》，实行审计监督制度。之后在山东、陕甘宁、晋绥等革命根据地，也建有审计机构，颁布审计法规，实施审计监督工作。革命根据地的审计制度，在战争年代对节约财政支出、保障战争供给、维护革命纪律、树立廉洁作风起到了较好的作用。

（6）发展振兴阶段。中华人民共和国成立后，在较长一段时间内未设独立专职审计机构，对财政经济的监督由财政、银行、税务等部门通过其业务分别在一定范围内进行。1982年第五届全国人民代表大会第五次会议上通过的《中华人民共和国宪法》规定了实行审计监督制度。1983年9月15日，国务院正式设立审计署，地方各级政府的审计机关相继建立，随后公布了一系列审计法规，卓有成效地开展了审计监督工作，在维护国家财经法纪，促进增收节支，搞好廉政建设，加强宏观调控等方面发挥了积极作用，使我国审计工作得到了迅速发展。

2. 西方国家政府审计的演变历史

据有关历史文献记载，最早出现国家审计萌芽的是奴隶制度下的古罗马、古希腊和古埃及等国家。公元前443年，古罗马设立财务官和审计官，协助元老院处理日常财政事务。在资本主义时期，随着经济的发展和资本阶段国家政权组织形式的完善，政府审计也有了进一步的发展。在现代资本主义国家中，大多实行立法、行政、司法三权分立，议会为国家的最高立法机关，并对政府行使包括财政监督在内的监督权。

西方国家大多在议会下设有专门的审计机构，由议会或国会授权，对政府级国有企业事业单位的财政财务收支进行独立的审计监督。美国于1921年成立的总审计局，就是隶属于国会的一个独立的经济监督机构。另外，加拿大的审计公署、西班牙的审计法院等，也都是隶属于国家立法部门的独立机构。这是世界上比较普通的立法系统的政府审计机关。而如罗马尼亚由总统直接领导的高级检察院，属于行政系统政府审计机关。还有一些国家的审计机关由政府的财政部领导，如瑞典的政府审计局，称为次行政系统政府审计机关。实际上还存在一种既不属于立法系统也不属于行政系统的政府审计机关，如日本的会计检察院直接对天皇负责。

（二）独立审计（Independent Audit）

独立审计，即由注册会计师受托有偿进行的审计活动，也称为注册会计师审计、民间审计或社会审计。我国注册会计师协会（CICPA）在发布的《独立审计基本准则》中指出："独立审计是指注册会计师依法接受委托，对被审计单位的会计报表及其相关资料进行独立审查并发表审计意见。"独立审计的风险高、责任重，因此审计理论的产生、发展及审计方法的变革基本上都是围绕独立审计展开的。

我国的民间审计从20世纪初开始，1918年北洋政府商务部颁布了《会计师暂行章程》，它是中国历史上第一部注册会计师法，同年，谢霖创办了正则会计师事务所。在支离破碎的国家面前，注册会计师在振兴国家经济上没有起到多大的作用。新中国成立后，在计划经济的大环境下注册会计师退出了经济舞台，一直到1980年12月财政部颁布《关于成立会计顾问处的暂行规定》，1981年1月1日上海市成立新中国第一家会计师事务所——上海会计师事务所，到1988年中国注册会计师协会成立，使我国的民间审计基本上恢复了工作，到2014年底，我国已有民间审计机构8295所。

【知识链接】早期在中国素负盛名的四大会计师事务所是：正则会计师事务所、正明会计师事务所（原名"徐永祚会计师事务所"，是中国著名会计学家，改良中式簿记运动发起人徐永祚于1921年创办的）、立信会计师事务所（商业经济博士潘序伦在1917年创办的"潘序伦会计师事务所"，1928年改名）、公信会计师事务所（1927年爱国主义人士奚玉书、俞希稷等人创办公平会计师事务所，1936年，公平会计师事务所改组，由奚玉书单独组办并改名）。

在西方国家，除开展官厅审计之外，还大规模地进行私人财产审计，如寺院审计、庄园审计、行会审计和银行审计等，形成了早期的内部审计，审计逐渐从官厅走向了民间。在西方由执业会计师进行的民间审计，随着资本主义商品经济的兴起得到了迅速发展。17 世纪初、中期，苏格兰出现了一些类似的跨级工作者，这是早期处于萌芽状态的民间审计。现代意义上的民间审计是伴随着 18 世纪初期到 19 世纪中叶产业革命的完成而开始的。1853 年苏格兰的爱丁堡成立了“爱丁堡会计师协会”，这是世界上第一个职业会计师的专业团体。1887 年美国会计师工会成立，1916 年该会改组为美国会计师协会，后来发展为美国注册公共会计师协会（AICPA），成为世界上最大的民间审计专业团体。

（三）内部审计（Internal Audit）

内部审计是指由本单位内部专门的审计机构和人员对本单位财务收支和经济活动实施的独立审查和评价，审计结果向本单位主要负责人报告。这种审计具有显著的建设性和内向服务性，其目的在于帮助本单位健全内部控制，改善经营管理，提高经济效益。

在新中国成立之前，受西方国家内部审计的影响，我国的一些大企业就开展了内部审计工作。新中国成立后很长的一段时间内，我国一直没有独立的政府审计机关，因此国家财政收支的监督工作主要由财政部门内部的监察机构负责。在这样的背景下，内部审计职能通过国家的监察机制得以实施，因此，当时的国有企业也几乎没有内审部门的设置。1983 年审计署成立之后，1985 年 8 月颁布了《内部审计暂行规定》，为内部审计提供了法律依据。1985 年 12 月审计署颁布了《审计署关于内部审计的若干规定》，这是审计署成立后第一个关于内部审计的法规文件，对我国内部审计的发展起到了规范和一定的推进作用。1989 年 12 月 5 日审计署重新颁布《审计署关于内部审计工作的规定》，废止 1985 年的规定，此次规定是对 1985 年规定的查缺补漏。1995 年 7 月 14 日，审计长郭振乾颁布中华人民共和国审计署令第 1 号《审计署关于内部审计工作的规定》，取代了 1989 年的规定，这次规定较以前有了较大的改变，目前我国的内部审计工作大多都是按照此规定进行的。

西方国家的内部审计同样可以追溯到古代和中世纪，由于受托经济责任关系的产生，经济组织中的内部经济监督也就有了必要，庄园审计、宫廷审计、行会审计、寺院审计也就因此而产生。不过早期的内部审计与外部审计并无原则上的区别。20 世纪前后，资本主义经济的发展使生产和资本高度集中，托拉斯式的大型企业大量出现，企业内部只能采取分级、分散的管理体制。这就导致了大型企业内部要设立专门的机构和人员，由最高管理当局授权，对其所属分支机构的经营业绩进行独立的内部审计监督，近代内部审计因此而产生。20世纪40年代，第二次世界大战以后，资本主义经济得到了空前发展，竞争更加激烈。企业为了在竞争中求生存、求发展，十分重视加强内部经济监督，实行事前的预防性控制，现代内部审计随着内部控制的加强而产生并发展起来。

政府审计、注册会计师审计和内部审计比较

类型	审计主体	审计对象	审计目标	监督性质	方式	独立性	经费来源	遵循的法规
政府审计	政府审计机关及其审计人员	政府及其部门财政收支及公共资金的收支、运用情况	对单位的财政收支或财务收支的真实、合法和效益依法进行审计	行政性监督	强制执行	单向	经费列入预算，由本级人民政府予以保证	《审计法》和审计署制定的国家审计准则
注册会计师审计	会计师事务所及注册会计师等	所有企业	对会计报表的分不清性和公允性依法审计	民间监督	受托	双向	审计收入来源于委托人	《注册会计师法》和审计准则
内部审计	各部门、各单位内设的审计部门及其审计人员	本单位的财务收支及经营管理活动	对组织内部的经营活动和内部控制的适当性、合法性和有效性进行审计	内部监督	相对	自主安排	无偿	审计署制定的内部审计准则

二、按审计基本内容分类，我国一般将审计分为财政财务审计、财经法纪审计和经济效益审计

（一）财政财务审计

财政财务审计是指对被审计单位财政财务收支的真实性和合法合规性进行审查，旨在纠正错误、防止舞弊。具体来说，财政审计又包括财政预算执行审计（即由审计机关对本级和下级政府的组织财政收入、分配财政资金的活动进行审计监督）、财政决算审计（即由审计机关对下级政府财政收支决算的真实性、合规性进行审计监督）和其他财政收支审计（即由审计机关对预算外资金的收取和使用进行审计监督）。财务审计则是指对企事业单位的资产、负债和损益的真实性和合法合规性进行审查。由于企业的财务状况、经营成果和现金流量是以会计报表为媒介集中反映的，因而财务审计时常又表现为会计报表审计。财政财务审计在审计产生以后的很长一段时期都居于主导地位，因此可以说是一种传统的审计。

（二）财经法纪审计

财经法纪审计，是对国家政府机关和企事业单位严重违反财经法纪行为所进行的

专案审计，是政府审计的形式之一。对严重违反国家现金管理、结算制度、信贷制度、成本费用开支范围、税利上交规定等所进行的审计，均属于财经法纪审计。财经法纪审计的重点是审查和揭露各种舞弊、侵占国家资财的事项，审查和揭露使国家和集体财产造成重大损失浪费的各种失职、渎职行为。

（三）经济效益审计

经济效益审计是指对被审计单位经济活动的效率、效果和效益状况进行审查、评价，目的是促进被审计单位提高人、财物等各种资源的利用效率，增强盈利能力，实现经营目标。

在西方国家，经济效益审计也称为“3E”［efficiency（效率性），effectively（效果性），economy（效益性）］审计。最高审计机关国际组织（INTOSAI）则将政府审计机关开展的经济效益审计统一称为“绩效审计”（Performance Audit）。西方国家又将企业内部审计机构从事的经济效益审计活动概括为“经营审计”（Operational Audit）。

三、按审计实施时间分类

按审计实施时间相对于被审单位经济业务发生的前后分类，审计可分为事前审计、事中审计和事后审计。

（一）事前审计

事前审计是指在被审单位经济业务实际发生以前进行的审计。这实质上是对计划、预算、预测和决策进行审计，如国家审计机关对财政预算编制的合理性、重大投资项目的可行性等进行的审查；会计师事务所对企业盈利预测文件的审核，内部审计组织对本企业生产经营决策和计划的科学性与经济性、经济合同的完备性进行的评价等。

开展事前审计，有利于被审单位进行科学决策和管理，保证未来经济活动的有效性，避免因决策失误而遭受重大损失。

（二）事中审计

事中审计是指在被审单位经济业务执行过程中进行的审计。例如，对费用预算、经济合同的执行情况进行审查。通过这种审计，能够及时发现和反馈问题，尽早纠正偏差，从而保证经济活动按预期目标合法、合理和有效地进行。

（三）事后审计

事后审计是指在被审单位经济业务完成之后进行的审计。大多数审计活动都属于事后审计。事后审计的目标是监督经济活动的合法性、合规性，鉴证企业会计报表的真实性、公允性，评价经济活动的效果和效益状况。

按实施的周期性分类，审计还可以分为定期审计和不定期审计。定期审计是按照预定的间隔周期进行的审计，如注册会计师对股票上市公司年度会计报表进行的每年一次审计，国家审计机关每隔几年对行政事业单位进行的财务收支审计等。而不定期审计则是出于需要而临时安排进行的审计，如国家审计机关对被审单位存在的严重违反财经法规行为突击进行的财经法纪专案审计；会计师事务所接受企业委托对拟收购公司的会计报表进行的审计；内部审计机构接受总经理指派对某分支机构经理人员存在的舞弊行为进行审计等。

四、按审计技术模式分类，审计可以分为账项基础审计、系统基础审计和风险基础审计三种

这三种审计代表着审计技术的不同发展阶段，但即使在审计技术十分先进的国家也往往同时采用。而且，无论采用何种审计技术模式，最终在会计报表审计中都要用到许多共同的方法来检查报表项目金额的真实性、公允性。

（一）账项基础审计

账项基础审计是审计技术发展的第一阶段，它是指顺着或逆着会计报表的生成过程，通过对会计账簿和凭证进行详细审阅，对会计账表之间的钩稽关系进行逐一核实，来检查是否存在会计舞弊行为或技术性措施。在进行财务报表审计，特别是专门的舞弊审计时，采用这种技术有利于做出可靠的审计结论。

账项基础审计的目的就是防止和发现错误与舞弊，其方法主要是对会计凭证和账簿进行详细检查。然而，这种方法自身也有难以克服的局限性，随着经济的发展，审计师们越来越清楚地认识到单纯围绕着账表事项进行详细审查，既耗时又费力，已经无法圆满地完成审计任务，其逐步让位于系统基础审计。

（二）系统基础审计

系统基础审计是审计技术发展的第二阶段，又称为制度基础审计，它是以内部控制系统为主要审查对象的一种审计方法。它建立在健全的内部控制系统可以提高会计信息质量的基础上。即首先进行内部控制系统的测试和评价，当评价结果表明被审单位的内部控制系统健全且运行有效、值得信赖时，可以在随后对报表项目的实质性测试工作中仅抽取小部分样本进行审查；相反，则需扩大实质性测试的范围。这样能够提高审计的效率，有利于保证抽样审计的质量。

系统基础审计的目的是鉴证报表的合法性、公允性；具体方法是在评价内部控制基础上的抽样并对内部控制系统进行评价。如果评价的结果证明内部控制系统值得信赖，则在实质性检查阶段只抽取少量样本便可以得出审计结论；如果评价结果认为内部控制系统不可靠，就应根据内部控制的具体情况扩大审查范围。可见，系统基础审

计将重点放在对系统内各个控制环节的审查上，目的在于发现控制系统中的薄弱环节，找出问题发生的根源，然后针对这些环节扩大检查范围。

（三）风险基础审计

风险基础审计是审计技术的最新发展阶段，具体而言，就是在对企业环境和经营活动进行全面分析的基础上，制定审计策略，运用审计风险模型，积极有效地采用分析性审计程序，以规避风险（将审计风险降低至可接受水平），提高审计效率。

在开展审计工作时，审计人员必须从高于内部控制系统的角度，综合考虑企业内外的环境因素。具体来说，审计人员在制订审计计划时，首先应充分把握被审计单位各方面的情况，从而分析被审计单位经济业务中出现差错和舞弊的风险情况。适应这种局面的方式之一，是发展一种新的、多维的审计技术——风险导向型审计，来缓解审计人员所面临的错综复杂的风险。目前，风险导向型审计成为财务报表审计的主流方法。风险导向审计的目的是鉴证报表的合法性、公允性；其方法主要为在评估报表重大错报风险的基础上，设计并执行有针对性的测试程序，以合理发现重大错报。

除上述分类外，审计还可以按执行地点分为报送审计和就地审计。前者是指审计机构对被审单位依法定期报送的计划、预算和会计报表及有关账证等资料的审计，主要适用于国家审计机关对规模较小的事业单位进行的财务审计；后者是指审计机构委派审计人员到被审单位进行现场审计，以全面调查和掌握被审单位的情况，做出准确的审计结论。

第三节 审计目标

审计目标是指人们通过审计实践活动所期望达到的理想境界或最终结果，或者说是指审计活动的目的与要求。审计目标的确定，除受审计对象的制约以外，还取决于审计社会属性、审计基本职能和审计授权者或委托者对审计工作的要求。同时，审计目标规定了审计的基本任务，决定了审计的基本过程和应办理的审计手续。

一、政府审计的目标

（一）真实性

（1）确定财政财务收支是否真实存在，是否已经发生，有无差错、虚假、舞弊行为等。

（2）各种经济信息是否客观、真实、全面、正确地反映了实际的财政财务收支状况和经营管理成果。

（3）政府各项经济责任是否如实履行，向社会公众所发布的信息是否真实无误，所作承诺有无如约兑现等。

（二）合法性

主要是确定各项财政财务收支是否符合法律规章等的规定。包括：财政财务收支的发生是否违反法律规定，财政财务收支程序是否合法，各项会计处理是否遵循了法律和会计准则的规定。特别是：对政府是否依法行政、规范行政，其行政执法行为是否客观、公正等进行审计监督。

（三）效益性

着重解决财政财务收支活动是否符合经济性、效率性、效果性，即“3E”审计。主要包括：

（1）效率性：用于评价实际资金投入或费用列支与预计相比，是否获利及获利的频率如何，产品、服务等形式的产出与其消耗资源的关系。在保证质量的前提下，以一定投入实现最大的产出或使用最小的投入实现一定产出。

（2）经济性：用于评价实际资金投入或费用列支，与预计资金投入或费用的列支相比，是节约还是超支。在保证质量的前提下，使耗费最低。

（3）效果性：评价实际所得与预计所得相比的结果优劣程度，既定目标的实现程度，以及一项活动实际效果与预期效果的关系。

二、注册会计师审计目标

《中国注册会计师审计准则第 1101 号——财务报表审计的目标和一般原则》规定，财务报表审计的目标是注册会计师通过执行审计工作，对财务报表的下列方面发表审计意见：①财务报表是否按照适用的会计准则和相关会计制度的规定编制；②财务报表是否在所有重大方面公允反映被审计单位的财务状况、经营成果和现金流量。注册会计师审计的目标分为总体目标和具体目标。

（一）总体目标

在《中国注册会计师审计准则第 1101 号——注册会计师的总体目标和审计工作的基本要求》中对注册会计师审计的总体目标做出了明确规定：

【准则引用】第二十五条　在执行财务报表审计工作时，注册会计师的总体目标是：

1. 对财务报表整体是否不存在由于舞弊或错误导致的重大错报获取合理保证，使得注册会计师能够对财务报表是否在所有重大方面都按照适用的财务报告编制基础编制发表审计意见。

2. 按照审计准则的规定，根据审计结果对财务报表出具审计报告，并与管理层和治理层沟通。

【准则引用】第二十六条 在任何情况下，如果不能获取合理保证，并且在审计报告中发表保留意见也不足以实现向财务报表预期使用者报告的目的，注册会计师应当按照审计准则的规定出具无法表示意见的审计报告，或者在法律法规允许的情况下终止审计业务或解除业务约定。

（二）具体目标

具体目标是注册会计师了解被审计单位管理层的认定后，根据每个项目制定的详细工作目的。注册会计师通常以具体目标的确定作为评估重大错报风险以及设计和实施进一步审计程序的基础。

认定是指管理层对财务报表组成要素的确认、计量、列报做出的明确或隐含的表达。认定与审计目标密切相关，CPA 的基本职责就是确定被审计单位管理层对其财务报表的认定是否恰当。

管理层在财务报表上的认定有些是明确表达的，有些则是隐含表达的。例如，管理层在资产负债表中列报存货及其金额，意味着做出了下列明确的认定：①记录的存货是存在的②存货以恰当的金额包括在财务报表中，与之相关的计价或分摊调整已恰当记录。同时，管理层也做出下列隐含的认定：①所有应当记录的存货均已记录；②记录的存货都由被审计单位拥有。

管理层对财务报表各组成要素均做出了认定，注册会计师的审计工作就是要确定管理层的认定是否恰当。

1. 与各类交易和事项相关的认定（主要是针对利润表而言）

（1）发生：记录的交易和事项已发生且与被审计单位有关。发生认定所要解决的问题是管理层是否把那些不曾发生的项目列入财务报表，它主要与财务报表组成要素的高估有关。

（2）完整性：所有应当记录的交易和事项均已记录。发生和完整性两者强调的是相反的关注点。发生目标针对潜在的高估，而完整性目标则针对漏记交易（低估）。

（3）准确性：与交易和事项有关的金额及其他数据已恰当记录。

准确性与发生、完整性之间存在区别。例如，若已记录的销售交易是不应当记录的（如发出的商品是寄销商品），则即使发票金额是准确计算的，也仍违反了发生目标。再如，若已入账的销售交易是对正确发出商品的记录，但金额计算错误，则违反了准确性目标，但没有违反发生目标。在完整性与准确性之间也存在同样的关系。

（4）截止：交易和事项已记录于正确的会计期间。

（5）分类：交易和事项已记录于恰当的账户。

2. 与期末账户余额相关的认定（主要是针对资产负债表而言）

（1）存在：记录的资产、负债和所有者权益是存在的。

（2）权利和义务：记录的资产由被审计单位拥有或控制，记录的负债是被审计单位应当履行的偿还义务。

（3）完整性：所有应当记录的资产、负债和所有者权益均已记录。

（4）计价和分摊：资产、负债和所有者权益以恰当的金额包括在财务报表中，与之相关的计价或分摊调整已恰当记录。

3. 与列报相关的认定（针对会计报表而言）

与列报相关的认定通常分为下列类别：

（1）发生及权利和义务：披露的交易、事项和其他情况已发生，且与被审计单位有关。

（2）完整性：所有应当包括在财务报表中的披露均已包括。

（3）分类和可理解性：财务信息已被恰当地列报和描述，且披露内容表述清楚。

（4）准确性和计价：财务信息和其他信息已公允披露，且金额恰当。

三、内部审计目标

（一）总体目标

《中国内部审计协会2011—2015年发展的指导思想和总体目标》总体目标：

（1）全面推进内部审计“免疫系统”功能建设，充分发挥内部审计的预防、揭露和抵御功能作用，加快构建以风险为导向、以控制为主线、以治理为目标、以增值为目的的现代内部审计模式，不断提升内部审计工作的建设性、预防性、主动性和时效性，促进内部审计工作在推进经济社会科学发展和加快转变经济发展方式中发挥更大的作用。

（2）全面贯彻“加快发展、规范管理”工作方针，深入推进协会体制机制建设，着力健全内部制度，加强队伍建设，拓展业务种类，壮大协会组织，提升协会代表性和服务的广泛性，增强协会工作能力和活力，基本实现协会内部管理制度化、工作流程机制化、指导监督规范化、服务管理科学化，促进协会在推进内部审计事业科学发展中发挥更大的作用。

（二）内部审计的具体目标

（1）建设投资方面。除进行基建工程预决算审计外，还可以在审计建设项目可行性的同时审计其投资价值，如技术是否先进、适用、可靠，经济上是否有利等。通过对比分析，选择投资少、技术好、效率高、成本低、利润大的方案作为建设项目投资决策的依据。可以侧重在建设项目投资的领导、技术人员的运用、质量管理以及是否投标竞争、择优施工、就地取材、加强施工管理、缩短工期、节约材料、利用废料等方面研究，开展经济效益的审计。

（2）资金的合理筹措和运用方面。首先应注意对如何节约资金占用，降低资金使用成本的审计。例如，如何解决库存商品和采购物资超储积压，如何有效催收各类应收账款，加速资金周转。其次应该就如何合理筹措与资金成本相宜的资金加以审计，诸如融资租赁、发行债券、用户集资等，不仅要看资金性质与资金用途是否相适应，还应比较所用资金的成本和可供使用的期限。另外，还须对资金的合理运用诸如对外投资的经济效益等加以审计。

（3）经营管理方面。随着企业经营管理的转变，要求内部审计人员通过评价企业的管理工作找出不足，特别是从经营上寻找薄弱环节，为企业出主意、想办法，提高企业管理水平，从而进一步提高企业的经济效益。因此可以就企业的经营目标是否明确、合理、完整、系统，经营决策的原则、程序、方法是否正确、科学，实现经营目标的措施是否落实等方面进行综合审计。

（4）内部控制制度方面。内部审计部门应根据经济活动发生的频繁程度以及职能部门的特点，有针对性地对物资采购供应、资金审批、成本费用控制、企业联营、工资奖金分配等内部控制制度进行审计评价，寻找管理上的薄弱环节，帮助经营者改善经营管理，防止企业经济效益流失，同时也督促干部和职工守法经营、清廉从政，在经济活动中少犯错误。

（5）决策审计方面。企业经营者做出的决策影响到企业的生存和发展。为防止决策失误，保证企业经营目标的实现，内部审计部门必须开展决策审计。这类审计活动属于事前审计，可以对即将发生的经济活动进行事前预测，减少损失浪费，降低经营风险和投资风险，为企业经营者当好参谋。

第四节 审计依据

审计依据是指查明审计客体的行为规范，是据以做出审计结论、提出处理意见和建议的客观尺度。审计依据与审计准则的关系是：审计依据包含审计准则，审计准则是审计依据的重要组成部分。

一、审计依据的种类

审计依据可按不同的标准进行分类，不同种类的审计依据有着不同的用途。对审计依据进行适当的分类，有利于审计人员根据需要选用恰当的审计依据。

（一）按审计依据来源渠道分类

1. 外部制定的审计依据

国家制定的法律、法规、条例、政策、制度；地方政府、上级主管部门颁发的规章制度和下达的通知、指示文件等；涉外被审事项，所引国际惯例的条约等。

2. 内部制定的审计依据

被审单位制定的经营方针、任务目标、计划预算、各种定额、经济合同、各项指标和各项规章制度等。

（二）按审计依据性质内容分类

1. 法律、法规

法律是国家立法机关依照立法程序制定和颁布，由国家强制保证执行的行为规范总称。如《宪法》《刑法》《民法》《会计法》《审计法》《预算法》《税收征管法》《海关法》《各种税法》《企业法》《公司法》《经济合同法》等等。法规是由国家行政机关制定的各种法令、条例、规定等，如《审计准则》《价格管理条例》《企业会计准则》《企业财务通则》等。

2. 规章制度

主要有国务院各部委根据法律和国务院的行政法规制定的规章制度；省、自治区、直辖市根据法律和国务院的行政法规制定的规章制度；被审单位上级主管部门和被审计单位内部制定的各种规章制度等。如国家主管部门制定的各项财务会计制度，单位内部制定的各项内部控制制度等。

3. 预算、计划、合同

如国家机关事业单位编制的经费预算，企业单位制订的各种经济计划，被审单位与其他单位签订的各种经济合同等。

4. 业务规范、技术经济标准

如人员配备定额、工作质量标准、原材料消耗定额、工时定额、能源消耗定额、设备利用定额等。此外，还有国家制定的等级企业标准、优秀企业的管理条例等。

（三）按审计依据衡量对象分类

1. 财务审计依据

财务审计的主要目标是对被审单位经济活动的真实性和合法性做出审计和评价。因此，财务审计的主要依据有国家的法律、法规，国家主要部门或地方各级政府制定的规章制度，单位自己制定的会计控制制度、计划、预算、合同等。

2. 经济效益审计依据

经济效益审计的主要目标是对被审计单位经济活动的有效性做出审计和评价。因此，经济效益审计的主要依据有单位的管理控制制度、预算、计划、经济技术规范、经济技术指标，可比较的各种历史数据、同行业的先进水平、同类企业的标准、优良企业的管理规范，等等。

二、审计依据的特点

审计依据既是明显可见的，又非固定不变的，它随着国家管理的规范和单位管理的加强，旧的标准不断淘汰，新的标准不断建立。因此，无论什么样的审计依据，只能在一定的范围、一定的区域和一定的时间内有效，同时各类依据所具有的权威性也有很大的差别。

（一）权威性

审计依据是判断被审单位经济活动合法性、有效性及真实性的准绳，又是作为提出审计意见、做出审计决定的根据或理由。因此，任何审计依据都具有一定的权威性或公认性，否则不足以引用为依据。

（二）层次性

审计依据一般是由审计主体以外的国家机关、管理部门、业务部门、技术部门和企业单位制定的。审计依据因管辖范围和权威性大小不同而有不同的层次。一般来说，制定的单位级别越高，其管辖的范围越广，权威性越大。

（三）地域性

从空间上看，由于各国的社会经济制度和生产力发展水平不同，其审计依据和内容也各不相同，因此一个国家不能照搬另一个国家的审计依据。我国各地区、各部门的实际情况和发展水平也不相同，因此，其适用的审计依据也各不相同。审计人员在进行审计判断时，必须注意到地区差别、行业差别和单位差别。

（四）时效性

从时间上看，各种审计依据都有一定的时效性，并不是在任何时期、任何条件下都适用。作为衡量经济活动是否真实、合法和有效的审计依据属于上层建筑的范畴，它会因经济基础的发展变化而不断变化，即是在不断地变更和修订之中。这就要求审计人员在审计工作中，密切注意各种依据的变化，选用在被审计事项发生时有效的判断依据，而不能以审计时现行的法律、法规、规章制度作为判断依据，也不能以过时的法律、法规、规章制度作为判断依据，更不能以旧的审计依据来否定现行的经济活动，或用新的审计依据来否定过去的经济活动。

（五）相关性

审计依据的相关性，主要是指所引用的审计依据应与被审计项目和应证实的审计目标相关。审计人员所做的审计判断，所表示的审计意见以及所做出的审计决定是否正确无误，是否令人信服，与审计人员所使用的审计依据的相关程度及针对性强弱关系很大。审计依据的相关性，首先表现在所选用的依据与被审计事项是相关的，能够判定被审计事项是否真实、合法与有效；其次是能说明审计人员提出的审计意见、做出的审计决定有充足的理由；最后是针对某一被证实的事项来说，所选用的各种依据能从不同的角度去证实，并能说明一定的程度，这些依据也是相关的。

三、运用审计依据的原则

不同的被审计事项需要不同的衡量、评价依据，审计人员应根据不同的审计目标、不同的实际需要，选用适当的审计依据进行审计判断，提出审计意见，做出审计决定。这就需要审计人员在选用审计依据时遵循一定的原则。

（一）从实际出发

审计人员应从实际出发，具体问题具体分析，根据需要选定适用的依据。有法律、法规依据的，一定要选用法律、法规作为依据。审计中发现的重大问题没有明确的审计依据时，应当请示本级人民政府或上级审计机关，或从是否合理、是否正确、是否违背了国家法律、法规，是否损害了国家利益或是否侵犯了被审单位的合法权益等方面去判断。

（二）把握实质问题

被审计单位的经济活动是错综复杂的，经济情况是瞬息万变的。因为影响经济活动的因素是多方面的、不断变化的，所以，既要历史地看问题，又要辩证地看问题，认真仔细地研究多种问题中哪些是主要问题，哪些是本质问题；多种因素、矛盾中，哪些是主要因素，哪些是主要矛盾，哪些是矛盾的主要方面。只有抓住主要矛盾和矛盾的主要方面，才能把握问题的实质，才能选用适当的审计依据，并据以做出正确的判断，提出合理的意见并做出令人信服的决定。

（三）准确可靠

审计人员所运用的依据必须准确、可靠，决不能把主观臆测作为判断是非的依据。无论引用什么资料作为依据，均要查看原件、签发单位和签发时间，并判断其适用性；凡引用数据，一定要亲自复核，决不能照搬照抄；凡列举的定额、标准，必须要有原文资料，并核实其有效期和适用的单位；凡引用的单位管理制度，一定要有文字记载，领导的口头指示和某种会议精神，如没有文字依据，均不得作为审计依据；凡引用法律、法规、规章制度，一定要查到原文原件，做适当的摘录或复印，决不可断章取义，妄加推论。

总之，准确而合理地运用审计依据，有利于客观公正地做出审计判断，有利于提出合理的审计意见和做出正确的审计决定，有利于审计工作质量的提高。

第五节 我国的审计组织体系和审计人员

我国的审计组织体系由国家审计机关、民间审计组织（亦称社会审计组织）和内部审计机构三者构成，三者特征突出、自成体系、各司其职，又相互联系、相互补充。

一、国家审计机关及其审计人员

国家审计机关，是指国家实行审计监督制度，国务院和县级以上地方人民政府设立的审计机关。国务院设立审计署，在国务院总理的领导下，主管全国的审计工作。审计长是审计署的行政首长，地方各级审计机关受本级人民政府和上一级审计机关的双重领导。

（一）国家审计机关的种类

我国国家审计机关主要有以下两种：

（1）中央国家审计机关。审计署是我国最高国家审计机关，它按照统一领导、分级负责的原则组织和领导全国的审计工作。

（2）地方国家审计机关。地方各级审计机关对上一级审计机关和本级人民政府负责并报告工作，审计业务以上级审计机关领导为主。

（二）国家审计机关的基本任务

根据《审计法》规定，各级审计机关对国务院各部门和地方各级人民政府及其各部门的财政收支，国有金融机构和企事业组织的财务收支，以及其他应进行审计的财政、财务收支的真实性、合法性和效益性依法进行审计监督。

（三）国家审计机关的职责

（1）审计机关对本级各部门（含直属单位）和下级政府预算的执行情况和决算以及其他财政收支情况进行审计监督。

（2）审计署在国务院总理的领导下，对中央预算执行情况和其他财政收支情况进行审计监督，向国务院总理提出审计结果报告。

地方各级审计机关分别在省长、自治区主席、市长、州长、县长、区长和上一级审计机关的领导下，对本级预算执行情况和其他财政收支情况进行审计监督，向本级人民政府和上一级审计机关提出审计结果报告。

（3）审计署对中央银行的财务收支进行审计监督。审计机关对国有金融机构的资产、负债、损益进行审计监督。

(4) 审计机关对国家的事业组织和使用财政资金的其他事业组织的财务收支进行审计监督。

(5) 审计机关对国有企业的资产、负债、损益进行审计监督。

(6) 对国有资本占控股地位或者主导地位的企业、金融机构的审计监督，由国务院规定。

(7) 审计机关对政府投资和以政府投资为主的建设项目的预算执行情况和决算进行审计监督。

(8) 审计机关对政府部门管理的和其他单位受政府委托管理的社会保障基金、社会捐赠资金以及其他有关基金、资金的财务收支进行审计监督。

(9) 审计机关对国际组织和外国政府援助、贷款项目的财务收支，进行审计监督。

(10) 审计机关按照国家有关规定，对国家机关和依法属于审计机关审计监督对象的其他单位的主要负责人，在任职期间对本地区、本部门或者本单位的财政收支、财务收支以及有关经济活动应负经济责任的履行情况，进行审计监督。

(11) 除《审计法》规定的审计事项外，审计机关对其他法律、行政法规规定应当由审计机关进行审计的事项，依照《审计法》和有关法律、行政法规的规定进行审计监督。

(12) 审计机关有权对与国家财政收支有关的特定事项，向有关地方、部门、单位进行专项审计调查，并向本级人民政府和上一级审计机关报告审计调查结果。

(13) 依法属于审计机关审计监督对象的单位，应当按照国家有关规定建立健全内部审计制度，其内部审计工作应当接受审计机关的业务指导和监督。

(14) 社会审计机构审计的单位依法属于审计机关审计监督对象的，审计机关按照国务院的规定，有权对该社会审计机构出具的相关审计报告进行核查。

（四）国家审计人员的组成

国家审计人员包括国家审计署的审计长、副审计长、地方各级厅厅长、审计局局长、各级审计机关的领导人员和非领导职务的一般工作人员。

审计长是审计署的行政首长。按照宪法有关条文的规定，审计长是根据国务院总理提名，全国人民代表大会常务委员会决定，由中华人民共和国主席任命。审计署实行审计长负责制，审计长是国务院的组成人员。审计长可以连任。全国人民代表大会有权罢免审计长。

根据中华人民共和国《国务院组织法》和国务院的有关规定，副审计长协助审计长的工作，并对审计长负责。副审计长的任免由国务院决定。

根据中华人民共和国地方各级人民代表大会和地方各级人民政府组织法中的有关

规定，审计厅、局长由本级人民代表大会常务委员会决定任免。审计厅、局长是本级人民政府的组成人员。

《审计法》第十五条规定："审计机关负责人没有违法失职或者其他不符合任职条件的情况的，不得随意撤换。"同时还规定了具体的罢免条件：违法犯罪，受到刑事处罚的；违法失职，受到行政处分，而且不再适宜担任审计机关负责人的；因健康原因，长期不能履行其职责的。根据国家有关规定，地方各级审计机关负责人的任免，应当事先征得上一级审计机关的意见。

除上述主要负责人以外的其他审计人员，由有关部门依据《国家公务员暂行条例》和其他法律规定的干部管理权限决定任免。

（五）最高审计机关国际组织（INTOSAI）

最高审计机关国际组织是联合国经社理事会下属的、一个由联合国成员国的最高审计机关组成的永久性国际审计组织，联合国组织及其任何一个专门中的所有成员国的最高审计组织均可参加，但各国政府对国际审计组织不承担任何义务。

二、民间审计组织及其审计人员

（一）会计师事务所及注册会计师

会计师事务所（Accounting Firms）是指依法独立承担注册会计师业务的中介服务机构，是由有一定会计专业水平、经考核取得证书的会计师（如中国的注册会计师、美国的执业会计师、英国的特许会计师、日本的公认会计师等）组成的、受当事人委托承办有关审计、会计、咨询、税务等方面业务的组织。中国对从事证券相关业务的会计师事务所和注册会计师实行许可证管理制度。中国注册会计师行业管理信息系统显示，截至 2014 年 12 月 31 日，全国共有会计师事务所 8295 家，其中，具有证券期货业务资格的事务所 40 家，获准从事 H 股企业审计业务的内地大型会计师事务所 11 家。个人会员超过 20 万人，其中，注册会计师 99045 人，非执业会员 103566 人。

1. 组织形式

会计师事务所是依法设立并承办注册会计师业务的机构。注册会计师执行业务，应当加入会计师事务所。

关于会计师事务所体制中组织形式的选择，从世界范围来看，会计师事务所有多种组织形式。目前，中国《注册会计师法》规定，合伙制和有限责任制为会计师事务所的法定组织形式，但在具体做法上已出现多种形式。

2. 主要业务

会计师事务所根据行业资质会衍生出非会计、审计、税务的服务。例如，资深会计师事务所可为上市公司进行 IPO［首次公开募股（Initial Public Offerings，IPO）：指股份公司首次向社会公众公开招股的发行方式］融资。通过对某些行业的常年服务，还可进行行业性质的资产评估。典型的有房地产资产评估、无形资产评估等。具体业务主要包括：会计服务、审计服务、税务服务、法律咨询、人力咨询、管理咨询、财务顾问、资产评估、工程造价、IT 审计。会计师事务所可以接受国家机关、企业、事业单位及其他经济组织的委托，开展审计和咨询业务。

会计顾问处承办下列业务：①检查会计账目，提出查账报告书；②设计财务会计制度，指导制度的执行；③为有关财务会计问题的咨询提供建议和意见；④代办申报所得税、申请专利权、企业成立及变更的登记、债权债务的清理、企业的解散清算等事项；⑤参与拟订公司章程、经济合同、协议、契约及有关财务会计的各种文件等事项；⑥在发生经济纠纷、经济案件时，担任代理人，参加调解、仲裁等工作；⑦担任委托单位的常年会计顾问，办理上述各项业务。

3. 注册会计师

注册会计师，是依法取得注册会计师证书并接受委托从事审计和会计咨询、会计服务业务的执业人员。注册会计师执行业务，应当加入会计师事务所。注册会计师英文全称 Certified Public Accountant，简称为 CPA，在其他一些国家如英国、澳大利亚、加拿大称为如国际会计师，简称 AIA。在国际上说会计师一般是说注册会计师，而不是我国的中级职称概念的会计师。

国家实行注册会计师全国统一考试制度。注册会计师全国统一考试办法由国务院财政部门制定，由中国注册会计师协会组织实施。

（1）考试资格：具有高等专科以上学校毕业的学历或者具有会计或相关专业中级以上技术职称的中国公民，可以申请参加注册会计师全国统一考试；具有会计或者相关专业高级技术职称的人员，可以免予部分科目的考试。

（2）考试形式和内容。

考试划分为专业阶段考试和综合阶段考试。考生在通过专业阶段考试的全部科目后，才能参加综合阶段考试。专业阶段考试科目：会计、审计、财务成本管理、公司战略与风险管理、经济法、税法 6 个科目；综合阶段考试科目：职业能力综合测试（试卷一、试卷二）。考试范围由财政部注册会计师考试委员会在发布的《注册会计师全国统一考试大纲》中确定。考试采用闭卷、计算机化考试（简称机考）方式，即在计算机终端获取试题、作答并提交答案。

（二）中国注册会计师协会

中国注册会计师协会是依据《注册会计师法》和《社会团体登记条例》的有关规

定设立的社会团体法人，是在财政部的领导下，经政府批准成立的注册会计师的职业组织，是中国注册会计师行业的自律管理组织，成立于1988年11月。

1. 主要宗旨

本会的宗旨是服务、监督、管理、协调，即以诚信建设为主线，服务本会会员，监督会员执业质量、职业道德，依法实施注册会计师行业管理，协调行业内外部关系，维护社会公众利益和会员合法权益，促进行业健康发展。

2. 主要职责

（1）审批和管理本会会员，指导地方注册会计师协会办理注册会计师注册；

（2）拟定注册会计师执业准则、规则，监督、检查实施情况；

（3）组织对注册会计师的任职资格、注册会计师和会计师事务所的执业情况进行年度检查；

（4）制定行业自律管理规范，对会员违反相关法律法规和行业管理规范的行为予以惩戒；

（5）组织实施注册会计师全国统一考试；

（6）组织、推动会员培训和行业人才建设工作；

（7）组织业务交流，开展理论研究，提供技术支持；

（8）开展注册会计师行业宣传；

（9）协调行业内外部关系，支持会员依法执业，维护会员的合法权益；

（10）代表中国注册会计师行业开展国际交往活动；

（11）指导地方注册会计师协会工作；

（12）承担法律、行政法规规定和国家机关委托或授权的其他有关工作。

三、内部审计机构及其人员

（一）内部审计机构

内部审计机构，是指在部门、单位内部从事组织和办理审计业务的专门组织。它是我国审计主体的重要组成部分。

根据审计法和《审计署关于内部审计工作的规定》，国务院各部门和地方人民政府各部门、国有的金融机构和企事业组织，以及法律、法规、规章规定的其他单位，依法实行内部审计制度，并在下列单位设立独立的内部审计机构：

（1）审计机关未设派出机构，财政、财务收支金额较大或者所属单位较多的政府部门；

（2）县级以上国有金融机构；

(3) 国有大中型企业;

(4) 国有资产占控股地位或者主导地位的大中型企业;

(5) 国家大型建设项目的建设单位;

(6) 财政、财务收支金额较大或者所属单位较多的国家事业单位;

(7) 其他需要设立内部审计机构的单位。

上述单位可以根据需要，设立总审计师。

《中华人民共和国审计法》第二十九条规定:“国务院各部门和地方人民政府各部门、国有的金融机构和企业事业组织，应当按照国家有关规定建立健全内部审计制度。”内部审计制度，是部门、单位健全内部控制，审查财政、财务收支，改善经营管理，提高资金使用效果，提高经济效益或者工作绩效的一项重要的管理控制制度。在中国实行内部审计制度，有利于企业通过内部审计来检查和评价内部各单位履行经济责任的状况，加强内部管理和控制，挖掘内部潜力，提高经济效益，增强竞争能力，维护自身的合法权益;有利于其他占有和使用国有资产的部门和单位，通过内部审计来保障国有资产的安全完整，提高国有资产的利用效果和效率;有利于国家通过内部审计促使各部门、各单位加强对国有资产的经营或管理，以巩固和发展国有经济。

(二) 内部审计人员

内部审计机构设置应考虑组织性质、规模、内部治理结构以及相关法令的规定，并配备一定数量的内部审计人员。内部审计人员应具备专门学识及业务能力，熟悉本组织的经营活动和内部控制，并不断通过后续教育来保持这种专业胜任能力。内部审计人员应当遵循职业道德规范，并以应有的职业谨慎态度执行审计业务;内部审计机构和人员应保持其独立性和客观性，不得参与被审计单位的任何实际经营管理活动;内部审计人员应具有人际交往的基本技能，能以恰当的方式与他人进行有效的沟通。内部审计机构负责人应建立内部激励制度，对内部审计人员的工作进行监督、考核，评价其工作业绩，应保持与国家审计机关的联系，依法接受国家审计机关的监督和指导;应保持与民间审计组织的协调，并评价其工作效率。

理论与实务测试

一、单项选择题

1. 审计对象的正确表述为(　　)。

A. 被审计单位的会计报表

B. 被审计单位的会计资料和其他有关资料

C. 被审计单位的财政、财务收支和有关经营管理活动

D. 被审计单位一定时期内财政收支、财务收支和有关经营管理活动以及会计资料和其他有关资料

2. 审计的基本职能是（　　）。

A. 经济监督　　B. 经济评价　　C. 经济鉴证　　D. 经济咨询

3. 下列各项中，不属于审计特征的是（　　）。

A. 独立性　　B. 权威性　　C. 合规性　　D. 公正性

4. “审计”一词在我国历史上最早出现于（　　）。

A. 西周　　B. 秦汉　　C. 隋唐　　D. 宋代

5. 我国注册会计师协会英文简称为（　　）。

A. CACPA　　B. CPCAP　　C. CICPA　　D. CCIPA

6. 对费用预算、经济合同的执行情况进行审查，属于（　　）。

A. 事前审计　　B. 事中审计　　C. 事后审计　　D. 后续审计

7. 在财务报表审计中，有关管理层对财务报表责任的陈述中不恰当的是（　　）。

A. 选择和运用恰当的会计政策

B. 选择适用的会计准则和相关会计制度

C. 根据企业的具体情况，做出合理的会计估计

D. 保证财务报表不存在重大错报以减轻注册会计师的责任

8. 在国际上所说的会计师一般是指（　　）。

A. 高级会计师　　B. 中级会计师　　C. 助理会计师　　D. 注册会计师

9. 把审计依据划分为财务审计依据和经济效益审计依据是按审计依据的（　　）分类的。

A. 衡量对象　　B. 性质　　C. 作用　　D. 特点

10. 新中国第一家会计师事务所是（　　）。

A. 北京会计师事务所　　B. 广州会计师事务所

C. 上海会计师事务所　　D. 南京会计师事务所

二、多项选择题

1. 审计的独立性具体是指（　　）。

A. 组织独立　　B. 人员独立　　C. 经济独立　　D. 工作独立

2. 下列各项属于审计职能的是（　　）。

A. 经济分析　　B. 经济监督　　C. 经济评价　　D. 经济鉴证

3. 按审计的目的和内容分类，审计可以分为（　　）。

A. 财政财务审计　　B. 经济效益审计　　C. 经济责任审计　　D. 财经法纪审计

4. 目前我国形成了（　　）的审计监督体系。

A. 内部审计　　B. 政府审计　　C. 企业审计　　D. 民间审计

5. 民间审计组织可接受（　　）的委托，开展审计和咨询业务。

A. 国家机关　　B. 企业　　C. 事业单位　　D. 个人

6. 按审计主体的目的分类，审计可分为（　　）。

A. 内部审计和外部审计　　B. 政府审计和民间审计

C. 经济责任审计　　D. 单位、部门内部审计

7. 下列属于审计依据特点的有（　　）。

A. 充分性　　B. 层次性　　C. 相关性　　D. 地域性

8. 中国注册会计师协会的宗旨是（　　）。

A. 服务　　B. 监督　　C. 管理　　D. 协调

9. 政府审计的目标主要包括（　　）。

A. 真实性　　B. 合法性　　C. 适当性　　D. 效益性

10. 我国审计组织由（　　）构成。

A. 国家审计机关　　B. 内部审计机构

C. 社会审计组织　　D. 资产评估机构

三、判断题

1. 审计是社会经济发展到一定阶段的产物，并随着社会经济的发展而发展。（　　）

2. 审计的权威性，是保证有效行使审计权的充分必要条件。（　　）

3. 审计和会计都不一定要借助会计方法和会计技巧。（　　）

4. 审计职能是指审计能够完成任务，发挥作用的内在功能。（　　）

5. 唐代设立审计司，是我国审计机构定名之始，使审计这个名词正式出现。（　　）

6. 财经法纪审计，是对国家政府机关和企事业单位严重违反财经法纪行为所进行的专案审计。（　　）

7. 审计目标是指人们通过审计实践活动所期望达到的理想境界或最终结果，或者说是指审计活动的目的与要求。（　　）

8. 财务审计的主要目标是对被审单位经济活动的权威性和合法性做出审计和评价。（　　）

9. 审计人员所运用的依据必须准确、可靠，绝不能把主观臆测作为判断是非的依据。（　　）

10. 审计机关负责人没有违法失职或者其他不符合任职条件的情况的，不得随意撤换。（　　）

第二章　审计方法和审计程序

教学目的与要求

明确审计的基本方法和审计的技术方法，了解各种审计方法的优缺点和适用范围以及选用审计方法的原则；掌握审计方法的具体运用。熟悉审计程序各阶段审计人员的工作内容。

教学重点

审计方法运用，审计业务约定书。

教学难点

重要性、审计风险。

引导案例

美国巨人零售公司于1959年建立，总部设立在马萨诸塞州的詹姆斯福特。20世纪60年代，巨人零售公司的销售增长速度令人震惊。到1972年，巨人已经拥有了112家零售批发商店。但就在那一年，巨人零售公司的管理部门面临着历史中第一次重大经营损失。为了掩盖这一真相，他们决定篡改公司的会计记录。行政管理当局把1971年发生的250万美元的经营损失，篡改成了150万元的收益，并且提高了与之有关的流动比率和周转率。巨人零售公司存在的主要会计问题如下：

1. 所谓的预付广告费用：巨人零售公司的总裁和财务主管，曾经在1972年1月29日结束的会计年度中，命令下属广告部门的经理捏造了至少30万美元的预付广告费用，而这些广告费用还未入账。

2. 巨人零售公司伪造对米尔布鲁克制造商的假退货：巨人零售公司的财务副总裁伪造了28个假的贷项通知单（红字发票），以此来抵减外发的应付给米尔布鲁克的25.7万美元账款。

3. 巨人零售公司伪造对罗兹斯盖尔公司的假退货：巨人零售公司蓄意减少了应付给另一个供应商罗兹斯盖尔公司的13万美元账款，这是通过35份伪造贷项通知单的发出实现的。

4. 米尔和莱瑟被索价过高：巨人零售公司的管理部门曾向下属两个最大部门的经理（米尔和莱瑟）施加压力，要求他们假造一份名单，虚构几百个曾被供应商们索价过高的赊购事项，这笔金额大约有 17.7 万美元。

5. 巨人零售公司伪造健美产品退回的虚假会计分录：经过仔细计划，巨人零售公司假造了发给健美产品制造商的贷款通知单，将根本没有被确认的 16.2 万美元的商品退回来减少应付账款。

结果：1972 年 8 月罗斯会计师事务所对美国巨人零售公司年报审计出具了无保留审计意见书，1973 年，事务所撤回了 1972 年签发的无保留审计意见书。同年 8 月，巨人零售公司向波士顿法院提交破产申请，两年后法庭宣布该公司破产。

证交易委员会特别指出：罗斯会计师事务所对巨人零售公司没能在应付账款 5 个方面不合常规的地方进行彻底的调查，没能实施必要的审计程序。

1979 年 1 月，经过对巨人零售公司舞弊案件的长期调查，证券交易委员会发布了最后的公告。案情暴露后，巨人零售公司的 4 名官员，被大陪审团以各种形式的舞弊起诉，经联邦法院审判后，被定为有罪。根据调查结果，证交委指责了罗斯会计师事务所。并且在联邦办此事前，禁止负责公司审计聘约的合伙人暂停执业 5 个月。

案例分析：

1. 讨论罗斯会计师事务所对美国巨人零售公司年报审计中无效的审计程序有哪些？如何处理才能避免审计失败？

2. 结合本案例讨论如何查找未入账的应付账款。

3. 结合本案例，讨论在审计中如果遇到客户临时增加凭证记录、大量退货、仅提供复印件等特殊事项，应当如何处理？

4. 结合本案例讨论对应付账款进行函证时应注意的问题。

5. 结合本案例讨论审计中如何对待客户的进一步解释？

第一节　审计方法

审计方法是指审计人员为了行使审计职能、完成审计任务、达到审计目标所采取的方式、手段和技术的总称。审计方法贯穿于整个审计工作过程，而不只存于某一审计阶段或某几个环节。审计工作从制订审计计划开始，直至出具审计意见书、依法做出审计决定和最终建立审计档案，都有对审计方法的运用。

一、审计的基本方法

（一）顺查法

顺查法又称“正查法”，就是按照经济活动发生的先后顺序，依次从起点查到终点的审计方法。对会计资料的审查就按照会计核算程序的先后顺序，依次审核和分析凭证、账簿和报表。

具体做法是：顺查法的审查顺序与会计核算程序的顺序完全一致，审查时首先审查原始凭证，着重审查和分析经济业务是否真实、正确、合法、合规，核对证证是否相符；其次是审查和分析记账凭证，查明会计科目处理和数据计算是否正确、合规；再次，审查各类会计账簿的记账和过账是否正确，核对账证是否相符；最后，审查和分析会计报表的各个项目是否正确、完整和合规，核对账表、表表是否相符。

这种方法的主要优点是简便易行，由于它按记账程序逐一、仔细地核对，审计内容详细，一般来说账务上的错误和弊端可以做到毫无遗漏，审计结果较为可靠。缺点是事无大小都同等对待，往往把握不住重点和主次方向，且着重于对证账表的机械核对，费时费力，可能会因小失大，因此一般适用于对规模较小、业务不多的单位审计时采用。

（二）逆查法

逆查法又称“倒查法”“溯源法”，与顺查法的顺序正好相反，就是按照经济活动进行的相反顺序，从审查分析会计报表或发现线索的那部分总账科目入手，逆向地审查总账、明细账、记账凭证和原始凭证的审计方法。在财务收支审计中，它就是按照会计核算程序的相反次序，先审查会计报表，从中发现错弊和问题，然后有针对性地依次审查和分析报表、账簿和凭证。

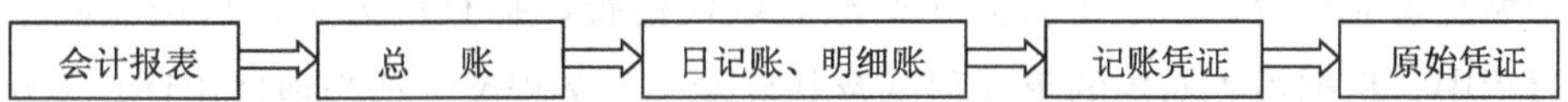

具体做法是：主要采用审阅和分析的技术方法，并根据重点和疑点，逐个进行追踪稽查，直到水落石出。即先通过会计报表分析，揭示财务经济活动中的薄弱环节和反常现象，发现线索，掌握重点，再据以溯源查对总分类账各总账账户，及其明细分类账户，然后核对记账凭证，最后审查原始凭证，了解其发生原因和经过。这种方法是稽查领域中演绎法的运用，即按形成最终结果，从终点逐步退到起点来取证。

这种方法的主要优点是从大处着手，审计面较宽，审查的重点和目的比较明确，易于查清主要问题，审计功效较高；不足之处是着重于审查分析报表，并据以重点逆查账目，可能会遗漏或疏忽某些更重要的问题，难以揭露错弊。而且逆查法难度较大，因此，对审计人员的业务素质要求较高。

逆查法有着非常广泛的适用范围，主要适用于对大中型企业以及内部控制健全的企业稽查，而不适合于管理非常混乱、账目资料不全的单位，以及某些特别重要的和危险的审计项目。

逆查法和顺查法各有侧重，各有利弊，为发挥审计较实用，实际中常将两种方法结合起来运用，即采用逆查法时，对于需要了解的部分，不妨局部兼用顺查法详细查核；采用顺查法时，对于重要事项也可兼用逆查法，以免遗漏。

（三）详查法

详查法又称“精查法”“详细审查法”，是指对被稽查单位被查期内的所有活动、工作部门及其经济信息资料，采取精细的审查程序，进行细密周详的审计。

在这种方法下，需要对所审查的被审单位一定时期的凭证、账簿和报表等会计资料和其所反映的财务收支及有关经济活动作全面、详细的审查，做到巨细无遗，以查明被审单位或被审项目所存在的各种差错和舞弊。

详查法的优点是在审查会计资料的基础上，对整个单位或某类业务期间内会计记录和凭证的全部资料进行逐一验证。既要核对凭证、账簿、报表，又要审查有关的经济资料并加以分析，所以能全面揭露会计工作中的错弊行为，能较全面地查明问题并做出精确的稽查结论。缺点主要是因为要审查全部的账表单证，造成工作业务量极大，几乎相当于重复一次全面的会计核算工作，费时费力，稽查成本太高，导致工作效率低、成本耗费高、稽查周期长。

在稽查工作中，详查法大多应用于经济业务较少、会计核算简单的单位或为了揭露重大问题而进行的专案审查，对管理混乱、业务复杂的单位以及财经法纪稽查项目十分适用，并能取得满意的稽查效果。对那些规模较大、经济业务量大、经济资料多的大中型企事业单位，一般不宜采用此法。现代稽查以抽查法为主，只是在使用抽查法的过程中，根据被查对象的重要程度及其危险、复杂程度，适当地使用详查方法。

（四）抽查法

抽查法又称“选查法”，是指从被审单位被审计对象中抽取其中一部分进行审查；根据审查结果，借以推断审计对象总体有无错误和弊端。其基本特点是：根据审计对象的具体情况和审计目的，经过判断，选取具有代表性的、相对重要的项目作为样本，或者从被审查资料中随机抽取一定数量的样本，然后根据样本的审查结果来推断总体的正确性，或推断其余未抽部分有无错弊。这种方法的关键在于抽取样本，故又称为抽样审计法。现代审计多用此法。

抽查法可分为任意抽样法、判断抽样法和统计抽样法三种。

1. 任意抽样法

这种方法是审计人员在总体中任意抽取一部分进行审计，抽查的出发点纯粹是为了减少审计人员的工作量。选取哪些内容，什么经济资料和经济活动，选取多少内容、多少样本等都无一定的规律和依据，审计人员心中无数。因此，它所取得的审计证据风险较大，有时带有极大的偶然性和任意性。

2. 判断抽查法

又称重点抽查法，它是根据审计目的、被审单位内部控制完备程度和所需要的证据，由审计人员根据经验，有选择、有重点地对审计总体中的一部分内容进行审计，据以对总体做出推断。这种方法重点突出，针对性强，但所得的抽查结果是否有效不好判定。此项抽查法和审计人员的素质是密不可分的。

3. 统计抽样法

又称“随机抽查法”“数理抽查法”，它是指审计人员运用概率论的原理，按随机原则在审计总体中抽取一定数量内容作为样本进行审计，再根据样本结果推断总体特征。

运用统计抽查法，不仅可以根据样本的抽查结果对总体的特征进行推断，还可以测定所作结论的正确程度和误差范围。统计抽查法的理论论据：有充分的数学依据，有健全的内部控制依据，有合理的经济依据。

采用统计抽样是按随机原则抽取样本的，一般来说，抽取样本的方式有以下五种：

（1）抽签选样。抽签选样就是首先把所需要审核的全部抽样单位编好签号，然后按随机原则抽取，最后将抽中的号码与抽样单位核对，以确定被抽中的样本。

（2）随机数表选样。随机数表也称乱数表。它是以 0 ~9 的数字按随机原则排列成的数表，每个数字在表上出现的次数大致相同。

在使用随机数抽样时，关键是必须建立表中的数字与总体项目的对应关系。如果总体各项已连续编号，对应的关系非常清楚，此时可直接查到应抽查样本的编号，并且将其所代表的检查项目取出。如果总体中各项目没有编号，检查人员就需要将总体中的抽样单位重新进行编号，编好号后再使用随机数表确定应抽查的检查样本。

【典型案例 2 -1】 假如下表中数字为某被审计单位应收账款相关凭证的编号：

随机数表（部分列示）

N	1	2	3	4	5
1	78923	06907	11008	42751	25756
2	99564	72905	56420	64997	98875
3	92301	96977	05463	03972	18876
4	88759	18342	67660	10281	19453
5	85475	37857	52342	57988	59060
6	28017	69577	85230	36276	70997
7	60552	40961	48235	41427	49626
8	06034	93069	51636	95737	839Z75

续表

N	1	2	3	4	5
9	00116	61129	00089	00689	48237
10	00099	97336	72048	08178	77244
…	…	…	…	…	…

要求：如果注册会计师利用上述随机数表选择其中150个凭证所记录的业务进行函证。抽样规则为：从第二行、第三列为起点，从上至下，然后进入第二列、第三列……，以各数的后四位数大于2000且小于5000为准。假如你是注册会计师，最新选择的5个号码分别是多少？

解答提示：64997、92301、03972、52342、93069

【学生思考2-1】如果抽样规则为：从第一行、第三列为起点，从上至下，然后进入第二列、第三列……，以各数的后四位数大于4000且小于8000为准。假如你是注册会计师，最新选择的5个号码分别是多少？

（3）系统选样。系统选样也称等距选样，是指在总体中从一个或几个随机点出发，每隔几项选取一项为样本。此方法的关键是通过总体的数量除以样本数量来计算确定抽样间隔。

$$抽样间隔 = 总体样本数 \div 抽取样本数$$

或

$$抽样间隔 = 1 \div 抽样比例$$

【典型案例2-2】审计人员决定从编号为1~1000张销货发票中抽取其中的20%来判断全部发票的某种特性，如果抽取的第一张凭证号码为7，则其后续的5张凭证号码分别是多少？

计算抽取凭证的样本数：1000×20% =200（张）

计算抽样间隔：1000÷200 =5

很明显，如果第一张凭证号码为7，则其后续的5张凭证号码分别是12、17、22、27、32。

【学生思考2-2】如果抽取其中的25%来判断全部发票的某种特性，抽取的第一张凭证号码为8，则其后续的5张凭证号码分别是多少？

（4）分层抽样。分层抽样就是根据总体的不同特征，将其划分为相对同质的若干个小总体，即分层，然后按层采用不同的方法选取样本。一般来说，分层有质量标准和数量标准两种可供选择。无论选择哪种标准分层，一般情况下，选样的数目都是按各层所含单位数占总体单位数的比重分配的，特殊情况下选样数目有时是按各层重要性分配的。

【典型案例2-3】审计人员决定采用分层抽样的方法以了解A、B、C三种产品的

合格情况，已知三种产品数量共计 1000 件，三种产品分别占总体的 20%、30%、50%，如果抽取总体的 20%，三种产品各抽取多少件？

计算如下：

A 产品：1000 × 20% × 20% = 40（件）

B 产品：1000 × 30% × 20% = 60（件）

C 产品：1000 × 50% × 20% = 100（件）

（5）整群选样。整群选样就是先将总体项目按一定的标志分成若干群，然后按随机原则采用一定方法（如随机数表选样法、系统选样法等）按群选取样本。这里所指的群是多个样本的整体，而不是单个样本。因此群是抽样单位，从群中选择样本。

抽查法的主要优点是能明确审查重点，省时省力，具有效率高、成本低和事半功倍的效果。缺点是审计结果过分依赖抽查样本的合理性，如果抽样不合理，或缺乏代表性，抽查结果往往不能发现问题，甚至以偏概全，做出错误的审计结论。因此，这种方法仅适用于内部控制制度较健全、会计基础较好的企事业单位。在财务收支审计和财经法纪审计中，抽查法往往不及详查法，因此它有一定的局限性。实际中常将其与其他方法配合运用。

二、审计的技术方法

《中国注册会计师审计准则第 1301 号——审计证据》，将审计技术方法定义和规定为以下八个方面。

（一）检查记录或文件

检查记录或文件是指注册会计师对被审计单位内部或外部生成的，以纸质、电子或其他介质形式存在的记录或文件进行审查。检查记录或文件包括注册会计师对会计记录和其他书面文件可靠程度的审阅与复核。审阅是为了发现有无不正常现象而批判性地阅读书面资料的审计技术，其目的在于确认书面文件是否真实、合法；复核是确认各种书面文件之间钩稽关系的审计技术，通过书面文件之间的对照检查，确认双方对交易或事项的记录是否一致、计算是否正确。

（二）检查有形资产

检查有形资产是指注册会计师对资产实物进行审查。运用这种方法的目的在于确定被审计单位实物形态的资产是否真实存在并且与账面数量相符，查明有无短缺、毁损及其他舞弊行为。它主要适用于存货和现金的检查，也适用于有价证券、应收票据和固定资产等。监盘是其常用的操作技术。

（三）观察

观察是指注册会计师查看相关人员正在从事的活动或执行的程序。注册会计师按照审计具体目标的要求，前往被审计单位的工作现场，察看业务活动的方法、程序及实施情况，以掌握整个业务活动或执行程序的实际情况，获取审计证据。

（四）询问

询问是指注册会计师以书面或口头方式，向被审计单位内部或外部的知情人员获取财务信息和非财务信息，并对答复进行评价的过程。

（五）函证

函证是指注册会计师为了获取影响财务报表或相关披露认定的项目的信息，通过直接来自第三方对有关信息和现存状况的声明，获取和评价审计证据的过程。实施函证的目的是证实影响财务报表或相关披露认定的账户余额或其他信息，从外部独立来源来获取强有力的审计证据。

企业询证函

（公司） 编号：

本公司聘请的东方会计师事务所正在对本公司会计报表进行审计，按照《中国注册会计师独立审计准则》的要求，应当询证本公司与贵公司的往来账项。下列数据出自本公司账簿记录，如与贵公司记录相符，请在本函下端“数据证明无误”处签章证明；如有不符，请在“数据不符”处列明不符金额。回函请直接寄至东方会计师事务所。

通信地址： 邮编： 电话： 传真：

1. 本公司与贵公司的往来账项列下表所示：

截止日期	贵公司欠	欠贵公司	备注

2. 其他事项

本函仅为复核账目之用，并非催款结算。若款项在上述日期之后已经付清，仍请及时函复为盼。

（公司签章）

年 月 日

结论：1. 数据证明无误

（签章）

年 月 日

经办人：

2. 数据不符，请列明不符金额

（签章）

年　　月　　日

经办人：

1. 函证的范围和对象

不需要对所有应收账款进行函证。函证数量的大小、范围是由诸多因素决定的，主要有：

第一，应收账款在全部资产中的重要性。如果应收账款在全部资产中的比重较大，则函证的范围应相应大一些。

第二，被审计单位内部控制的强弱。如果内部控制制度较健全，则可以相应减少函证数量；反之，则应相应扩大函证范围。

第三，以前期间的函证结果。若以前期间函证中发现重大差异，或欠款纠纷较多，则函证范围应相应扩大一些。

一般情况下，应选择以下项目作为函证对象：

大额或账龄较长的项目，与债务人发生纠纷的项目，关联方项目，主要客户项目，余额为零的项目，非正常的项目。

函证分为肯定式函证和否定式函证。

（1）肯定式函证就是向债务人发出询证函，要求其证实所函证的欠款是否正确，无论对错都要求复函。

当债务人符合下列情况时，采用肯定式函证较好：①个别账户的欠款金额较大；②有理由相信欠款可能会存在争议、差错等问题。

（2）否定式函证，它是向债务人发出询证函。但所函证的款项相符时不必复函，只有不符时才要求债务人复函。

当符合以下所有条件时，可以采用否定式函证：①相关的内部控制是有效的；②预计差错率较低；③欠款余额小的债务人数量很多；④注册会计师有理由相信大多数被函证者能认真对待询证函。

注册会计师通常以资产负债表日为截止日，在资产负债表日后的适当时间内实施函证。如果重大错报风险评估为低水平，则注册会计师可选择资产负债表日前适当日期为截止日实施函证，并对所函证项目自该截止日起至资产负债表日止发生的变动实施实质性程序。

（六）重新计算

重新计算是指注册会计师以人工方式或使用计算机辅助审计技术，对记录或文件中的数据计算准确性进行核对。注册会计师往往需要对文件或记录中的数字大量地实施重新计算，以验证其是否正确，获取必要的审计证据。

（七）重新执行

重新执行是指注册会计师以人工方式或使用计算机辅助审计技术，重新独立执行作为被审计单位内部控制组成部分的程序或控制。实施重新执行可以验证被审计单位内部控制的有效性，获取内部控制是否有效的审计证据。

（八）分析程序

分析程序是指注册会计师通过研究不同财务数据之间以及财务数据与非财务数据之间的内在关系，对财务信息做出评价。分析程序还包括调查识别出的、与其他相关信息不一致或与预期数据严重偏离的波动幅度和关系。如果不发生影响财务数据或非财务数据以及数据之间相互关系的事项（如异常业务或事项的发生、会计政策变更、重大错报等），那么数据之间的关系将会合理存在。利用这一前提，注册会计师通过数据之间内在关系的研究，就可以发现影响事项、获取审计证据，对鉴证对象信息做出评价。

【典型案例2－4】 **注册会计师王杰是长城公司2014年度会计报表审计项目的主审计师，当他对长城公司的会计报表进行分析性复核时，发现长城公司下属的五个经营部上报的“利润总额”本年数均为零，他觉得事情蹊跷，于是，他分析了五个经营部历年经营情况以及市场中其他同类型经营部的一般利润水平，认为五个经营部上报的利润可能是虚假的，于是指导外勤执业的注册会计师针对发达部等五个经营部的本年利润实施重点审计，经外勤注册会计师的重点取证，发现五个经营部经营亏损挂账2764万元。请你从分析程序的运用出发分析这一案例。**

案情分析：

分析性复核是指注册会计师分析被审计单位重要的比率或趋势，包括调查这些比率或趋势的异常变动及其与预期数额和相关信息的差异。因此，在审计实务中，分析性程序可以直接作为实质性测试程序，以搜集与账户余额和各类交易相关的特殊认定的证据，但分析性程序取得的证据不可能构成直接证据或基本证据，需要注册会计师实施其他实质性测试程序对分析性复核程序得出的结果加以验证。也就是说，如果注册会计师仅仅是机械地执行比率或趋势分析，不重视分析结果，不通过检查、函证、监盘、计算等实质性测试程序取得基础证据对分析性程序得出的结果加以证实或排队，分析性程序就无法发挥作用，审计风险也不会减少。该案例中，注册会计师王杰通过分析性程序发现发达部等五个经营部利润为零，存在疑点，循着这一线索，对五个经营部的本年利润实施重点审计，发现了长城公司利用经营部调整利润、隐瞒亏损的事实。如果王杰运用分析性复核程序发现疑问后，不实施其他实质性测试取得证据加以证实，则审计风险仍然会存在。

三、审计方法的选用原则

正确地选用审计方法则是保证有效发挥审计监督的职能作用，实现审计目标的重要条件。要做到选用正确，必须遵循一定的原则并注意相关的问题。

（一）依据审计对象和审计目标的具体情况选用审计方法

一般进行财务审计时，审计方法的选用必须与其特定的目的相适应。否则，审计的结果就会与其特定的目的和要求相背离。主要运用查账的方法，如审阅法、复核法、核对法、函证法等；进行经济效益审计时，则既要运用财务审计的一般方法，又要运用多种分析方法及现代管理方法，如经济活动分析、技术经济分析、决策分析和数学分析等。但就每个具体的审计项目而言，则应具体分析以后才能决定选用何种方法，依据被审单位的实际情况选用审计方法，被审单位情况不同，需要选用的审计方法也不相同。又如，财经法纪审计是以审查核实被审计单位是否存在严重违反财经法纪行为为目的而进行的专案审计。它的审计方法一般可采用查询及函证、分析性复核等。一般是：对审计中的重大问题可采用详查法，一般问题则可采用抽查法。这就是根据审计目的选用审计方法的原则。

（二）依据被审单位的实际情况选用审计方法

被审单位情况不同，需要选用的审计方法也不相同。否则，不但会降低审计工作效率，还可能影响审计效果。例如，在经营管理混乱、财会工作不力、内部控制制度不健全的情况下，则必须采用全部审计或详细审计，而不宜采用局部审计或抽样审计。

（三）依据不同的审计类型选用审计方法

一般来说，不同类型的审计或同一类型的不同审计项目，或是同一审计项目，可能都需要经过不同的途径获取多种证据。不同证据要用不同的方法才能获得。如实物证据的获得必须运用盘点法，第三方的外来证据应该运用函证法或询问法等。

（四）应与审计方式或审计工作的地点相适应

审计按照审计方式或审计工作的地点，可分为报送审计和就地审计。由于审计工作地点的不同，它们所采用的审计方法也就不同。例如，查询法在就地审计的方式下，可以采用口头询问的方法；而在报送审计方式下，则应该采用函证的方法。又如，对现金、实物等审计，就地审计可以采用监企，即在被审计单位所在地进行实地盘点。而报送审计，就没有条件采用这种审计方法。

（五）依据审计结论的保证程度和审计成本选用审计方法

审计结论的保证程度不同，需要办理的审计手续也各不相同，保证程度越高，办理的审计手续也要求越精密，从而也就决定了审计方法的选用。如若要保证审计结论100%可靠，则必须进行详查，其结果也就必然要综合运用各种审计方法；如果保证程度是90%，那么就可以采用抽样审查。

审计成本也决定了审计方法的选用。审计人员既要考虑成本的限度，同时又要考虑由于降低成本而对审计结论产生的影响，通过综合比较后，再决定应选用的审计方法。

第二节　审计程序

审计程序是指审计人员在具体的审计过程中采取的行动和步骤。广义的审计流程是指审计人员从接受审计项目开始，到审计工作结束的全部过程。狭义的审计流程是指审计人员在取得审计证据完成审计目标的过程中所采取的步骤和方法。审计程序一般可划分为三个阶段：审计准备、审计实施和审计终结阶段，各阶段又包括许多具体内容。

一、准备阶段

（一）了解被审计单位的基本情况

注册会计师业务承接或保持业务时必须要从多方面、多渠道了解被审计单位的基本情况，主要包括：被审计单位的业务性质、经营规模和所属行业的基本情况；经营情况和经营风险；组织结构和内部控制情况；关联方及交易情况；以前年度接受审计的情况等其他情况。

注册会计师在了解被审计单位的基本情况时常用的方法主要有：

（1）查阅去年的审计工作底稿；

（2）查阅行业业务经营资料；

（3）查阅公司章程协议、董事会会议记录、重要合同等；

（4）参观被审单位现场。

（5）询问内审人员和管理当局。

（二）签订审计业务约定书

审计业务约定书是指审计机构与委托人共同签署的，据以确认审计业务的委托和受托关系，明确委托目的、审计范围及双方应负责任与义务等事项的书面合同。其内容主要包括：

（1）签约双方的名称。

（2）委托目的。

（3）审计范围，应明确所审会计报表的名称及其反映的日期或期间。

（4）会计责任与审计责任。

（5）签约双方的义务。

委托人应当履行的主要义务包括：①及时提供审计人员所要求的全部资料；②为审计人员的审计提供必要的条件及合作；③按照约定条件及时足额支付审计费用。

会计师事务所应当履行的主要义务包括：①按照约定的时间完成审计业务，出具审计报告；②对执行业务过程中知悉的商业秘密保密。

（6）审计报告的使用责任；审计报告使用不当而造成的后果，与审计人员无关。

（7）审计收费。

（8）违约责任。

（9）应当约定的其他事项。

审计业务约定书（范本）

甲方：

乙方：××会计师事务所有限公司

兹由甲方委托乙方对__________年度财务报表进行审计，经双方协商，达成以下约定：

一、业务范围与审计目标

1. 乙方接受甲方委托，对____进行审计。

2. 乙方通过执行审计工作，对财务报表的下列方面发表审计意见：

（1）____；

（2）____。

二、甲方的责任与义务

（一）甲方的责任

1. 根据《中华人民共和国会计法》及____________________________________规定，甲方及甲方负责人有责任保证会计资料的真实性和完整性。因此，甲方管理层有责任妥善保存和提供会计记录（包括但不限于会计凭证、会计账簿及其他会计资料），这些记录必须真实、完整地反映甲方的财务状况、经营成果和现金流量。

2. 按照企业会计准则和《××会计制度》的规定编制财务报表是甲方管理层的责任，这种责任包括：(1) 设计、实施和维护与财务报表编制相关的内部控制，以使财务报表不存在由于舞弊或错误而导致的重大错报；(2) 选择和运用恰当的会计政策；(3) 做出合理的会计估计。

（二）甲方的义务

1. 及时为乙方的审计工作提供其所要求的全部会计资料和其他有关资料（在____年____月____日之前提供审计所需的全部资料），并保证所提供资料的真实性和完整性。

2. 确保乙方不受限制地接触任何与审计有关的记录、文件和所需的其他信息。

[下段适用于集团财务报表审计业务，使用时需按每位客户（约定项目）的特定情况而修改，如果加入此段，应相应修改下面其他条款编号。]

3. 甲方管理层对其做出的与审计有关的声明予以书面确认。

4. 为乙方派出的有关工作人员提供必要的工作条件和协助，主要事项将由乙方于外勤工作开始前提供清单。

5. 按本约定书的约定及时足额支付审计费用。

三、乙方的责任和义务

（一）乙方的责任

1. 乙方的责任是在实施审计工作的基础上对________________发表审计意见。乙方按照中国注册会计师审计准则（以下简称审计准则）的规定进行审计。审计准则要求注册会计师遵守职业道德规范，计划和实施审计工作，以对财务报表是否不存在重大错报获取合理保证。

2. 审计工作涉及实施审计程序，以获取有关财务报表金额和披露的审计证据。选择的审计程序取决于乙方的判断，包括对由于舞弊或错误导致的财务报表重大错报风险的评估。在进行风险评估时，乙方考虑与财务报表编制相关的内部控制，以设计恰当的审计程序，但目的并非对内部控制的有效性发表意见。审计工作还包括评价管理层选用会计政策的恰当性和做出会计估计的合理性，以及评价财务报表的总体列报。

3. 乙方需要合理计划和实施审计工作，以使乙方能够获取充分、适当的审计证据，为甲方财务报表是否不存在重大错报获取合理保证。

4. 乙方有责任在审计报告中指明所发现的甲方在重大方面没有遵循____________________规定编制财务报表且未按乙方的建议进行调整的事项。

5. 由于测试的性质和审计的其他固有限制，以及内部控制的固有局限性，不可避免地存在着某些重大错报在审计后可能仍然未被乙方发现的风险。

6. 在审计过程中，乙方若发现甲方内部控制存在乙方认为的重要缺陷，应向甲方提交管理建议书。但乙方在管理建议书中提出的各种事项，并不代表已全面说明所有可能存在的缺陷或已提出所有可行的改善建议。甲方在实施乙方提出的改善建议前应全面评估其影响。未经乙方书面许可，甲方不得向任何第三方提供乙方出具的管理建议书。

7. 乙方的审计不能减轻甲方及甲方管理层的责任。

（二）乙方的义务

1. 按照约定时间完成审计工作，出具审计报告。乙方应于________年________月________日前出具审计报告。

2. 除下列情况外，乙方应当对执行业务过程中知悉的甲方信息予以保密：(1) 取得甲方的授权；(2) 根据法律法规的规定，为法律诉讼准备文件或提供证据，以及向监管机构报告发现的违反法规行为；(3) 接受行业协会和监管机构依法进行的质量检查；(4) 监管机构对乙方进行行政处罚（包括监管机构处罚前的调查、听证）以及乙方对此提起行政复议。

四、审计收费

1. 本次审计服务的收费是以____________________为基础计算的。乙方预计本次审计服务的费用总额为人民币____________________万元（大写）。

2. 甲方应于本约定书签署之日起________日内支付________%的审计费用，其余款项于________日结清。

3. 如果由于无法预见的原因，致使乙方从事本约定书所涉及的审计服务实际时间较本约定书签订时预计的时间有明显的增加或减少时，甲、乙双方应通过协商，相应调整本约定书第四条第一项下所述的审计费用。

4. 如果由于无法预见的原因，致使乙方人员抵达甲方的工作现场后，本约定书所涉及的审计服务不再进行，甲方不得要求退还预付的审计费用；如上述情况发生于乙方人员完成现场审计工作，并离开甲方的工作现场之后，甲方应另行向乙方支付人民币________________元的补偿费，该补偿费应于甲方收到乙方的收款通知之日起________________日内支付。

5. 与本次审计有关的其他费用（包括交通费、食宿费等）由________方承担。

五、审计报告和审计报告的使用

1. 乙方按照《中国注册会计师审计准则第1501号——审计报告》和《中国注册

会计师审计准则第1502号——非标准审计报告》规定的格式和类型出具审计报告。

2. 乙方向甲方出具审计报告一式________份。

3. 甲方在提交或对外公布审计报告时，不得修改或删节乙方出具的审计报告及其后附的已审计财务报表。当甲方认为有必要修改会计数据、报表附注和所做的说明时，应当事先通知乙方，乙方将考虑有关修改对审计报告的影响，必要时，将重新出具审计报告。

六、本约定书的有效期间

本约定书自签署之日起生效，并在双方履行完毕本约定书约定的所有义务后终止。但其中第三、四、五、八、九、十项并不因本约定书终止而失效。

七、约定事项的变更

如果出现不可预见的情况，影响审计工作如期完成，或需要提前出具审计报告时，甲、乙双方均可要求变更约定事项，但应及时通知对方，并由双方协商解决。

八、终止条款

1. 如果根据乙方的职业道德及其他有关专业职责、适用的法律、法规或其他任何法定的要求，乙方认为已不适宜继续为甲方提供本约定书约定的审计服务时，乙方可以采取向甲方提出合理通知的方式终止履行本约定书。

2. 在终止业务约定的情况下，乙方有权就其于本约定书终止之日前对约定的审计服务项目所做的工作收取合理的审计费用。

九、违约责任

甲、乙双方按照《中华人民共和国合同法》的规定承担违约责任。

十、适用法律和争议解决

本约定书的所有方面均应适用中华人民共和国法律进行解释并受其约束。本约定书履行地为乙方出具审计报告所在地，因本约定书所引起的或与本约定书有关的任何纠纷或争议（包括关于本约定书条款的存在、效力或终止，或无效之后果），双方选择第____种解决方式：

（1）向有管辖权的人民法院提起诉讼；

（2）提交××仲裁委员会仲裁。

十一、双方对其他有关事项的约定

本约定书一式两份，甲、乙方各执一份，具有同等法律效力。

甲方：	乙方：××会计师事务所有限公司
（盖章）	（盖章）
授权代表：（签名并签章）	授权代表：（签名并签章）
年　　月　　日	年　　月　　日

【学生思考2－3】隆兴公司自开业以来，营业额骤增。为筹措资金，公司决定向银行贷款。但银行希望其出具审计后的财务报表，以做出是否准其贷款的决定。于是，隆兴公司决定聘请宝信会计师事务所进行审计。隆兴公司以前从来进行过审计。

审计刚开始就不太顺利，注册会计师王玲刚到隆兴公司不久就发现，该公司会计账册不齐，而且账也未结平。于是王玲花费一个星期的时间帮助该公司会计整理账簿等。但公司会计人员却向财务经理抱怨，认为注册会计师王玲太苛刻，妨碍其正常工作。

第二周，当王玲向会计人员索要客户有关资料以便对应收账款进行询证时，会计人员以这些资料系公司机密为由，加以拒绝。接着，王玲又要求，公司在年末这一天，停止生产，以便对存货进行盘点。但隆兴公司又以生产任务忙为由，也加以拒绝。

无奈之下，王玲只得向事务所的合伙人汇报。合伙人张民立即与隆兴公司总经理进行接洽。告知如果无法进行询证或盘点，将迫使注册会计师无法对财务报表表示意见。总经理闻言之后，非常生气。他说，我情愿向朋友借钱，也不要你们的审计报告。他不但命令注册会计师马上离开隆兴公司，而且拒绝支付注册会计师前两周的审计费用。合伙人张民也很生气，他严肃地告诉总经理，除非付清所有的审计费用，否则，前期由王玲代编的会计账册将不予归还。请问：

要求：该会计师事务所的做法是否妥当？如果不妥当，你有什么建议？

提示：

在上述案例中，宝信会计师事务所犯了如下几项错误：

（1）审计前没有与客户妥善会谈，以致客户不了解审计意义、审计目的、审计范围。这是造成客户不同意注册会计师进行询证或盘点的原因。

（2）没有与客户签订业务约定书，没有与客户商定审计收费。与客户联系不足。在客户账未结平之前，就贸然前去审计，实属不妥。

（3）没有制订审计计划，又没有助理人员进行必要的监督。如没有获得合伙人同意，就帮助客户整理账本，实属多余。

（4）扣留客户账册来作为要求客户付款条件，有失职业道德。搞得不好，很可能会被客户起诉侵权。应立即归还账本。如果整理时间不长，可以放弃审计收费。如果审计收费巨大，可以通过正常的法律渠道予以申诉，通过合法程序来维护自身利益。

（三）初步评价被审计单位的内部控制制度

初步评价内部控制的有效性目的在于判断被审计单位的内部控制制度能否作为在实质性测试的时候进行抽样的基础，并对那些准备信赖的内部控制决定其测试的时间、性质、范围。

【学生思考2-4】张刚在时代公司从事会计工作十多年，他对工作的忘我精神和高度的责任感，深得公司其他员工和老板的赏识。最近，公司赋予了他更多的职权和责任。然而，当注册会计师和公司的老板最后查明张刚在过去的6年中采用非法手段侵吞了10万元巨款时，都感到吃惊和失望。张刚作案的手法很简单，就是在向客户发出账单收款时，不登记销售日记账，待收到客户的付款时，不登记收款，而将款项侵吞。请问，导致张刚有机可乘的主要原因是什么？

提示：（问题：根据财政部的内部会计控制规范，出纳不能编制银行存款余额调节表）主要原因是内部控制不健全，没有执行充分的不相容职务分离。寄送账单与登记销售是不相容职务，收款和登记收款也是不相容职务，集于张刚一身，给他创造了侵吞销售款而又不容易被发现的机会。

（四）确定重要性

重要性，是指被审计单位会计报表中错报或漏报的严重程度，这一程序在特定环境下可能会影响会计报表使用者的判断或决策。

在理解重要性的含义时需要注意：

（1）是针对会计报表使用决策而言的；

（2）重要性的判断离不开特定的环境；

（3）重要性与可容忍误差之间的关系，实际上，账户层次的重要性水平就是实质性测试的可容忍误差。

1. 重要性的运用

在审计过程中，需要运用重要性原则的情形有三种：一是在确定审计程序的性质、时间和范围时（计划阶段）。在运用审计程序以检查会计报表的错报或漏报时所允许的误差范围。二是在实施阶段，根据重要性判断是否需要进一步审查。三是评价审计结果时，重要性被看作是某一错报或漏报或汇总的错报或漏报，是否影响到会计报表使用者判断和决策的标志。

（1）一般要求：对重要性的评估是注册会计师的一种专业判断。在确定审计程序的性质、时间和范围及评价审计结果时，注册会计师必须运用重要性原则。其运用的一般要求可以从以下方面理解：

①对重要性的评估需要运用专业判断。

②重要性原则的两个目的：注册会计师在审计过程中运用重要性原则是基于这样的考虑：一是为了提高审计效率；二是为了保证审计质量。

③运用重要性原则的两个阶段：一是在确定审计程序的性质、时间和范围时，注册会计师需要运用重要性原则。二是在评价审计结果时，注册会计师需要运用重要性原则。

（2）确定重要性水平的两个方面的考虑：金额和性质。注册会计师在运用重要性原则时，应当考虑错报或漏报的金额和性质。也就是说，重要性具有数量和质量两个方面的特征。一般来说，金额大的错报或漏报比金额小的错报或漏报更重要。但在许多情况下，某项错报或漏报从量的方面看并不重要，从其性质方面考虑，却可能是重要的。例如，①涉及舞弊与违法行为的错报或漏报。②可能引起履行合同义务的错报或漏报。③影响收益趋势的错报或漏报。④不期望出现的错报或漏报。

（3）两个层次重要性的考虑。

注册会计师应当考虑会计报表层次和相关账户、交易层次的重要性。这就意味着注册会计师在审计过程中必须从两个层次来考虑重要性：

①会计报表层次；确定方法：固定比率法和变动比率法。

②账户和交易层次。确定方法：分配方法和不分配方法。

（4）重要性与审计风险之间的关系。

注册会计师应当考虑重要性与审计风险之间存在的反向关系，保持应有的职业谨慎，合理确定重要性水平。

①注册会计师应当考虑重要性与审计风险之间的关系。

②重要性与审计风险之间成反比例关系。

③注册会计师应当保持应有的职业谨慎，合理确定重要性水平。

2. 评估重要性

（1）编制审计计划时对重要性的评估。

重要性是影响审计证据充分性的一个十分重要的因素。重要性水平与审计证据之间成反比例关系（审计证据、审计风险、审计重要性两两反向）

①会计报表层次重要性水平的确定。

《独立审计具体准则第 10 号——审计重要性》第十二条规定：“注册会计师应当合理选用重要性水平的判断基础，采用固定比率、变动比率等确定会计报表层次的重要性水平。判断基础通常包括资产总额、净资产、营业收入、净利润等。”根据这一规定，重要性水平的判断基础有资产总额、负债总额、所有者权益总额、负债及所有者权益总额等四项，注册会计师应当合理选用。例如，当被审计单位净利润接近于零时，不应将净利润作为重要性水平的判断基础；当被审计单位波动幅度较大时，不应将当年的净利润作为重要性水平的判断基础，而应选择近3年的平均利润；当被审计单位属于劳动密集型企业时，不应将资产总额、净资产作为重要性水平的判断基础。

②账户或交易层次的重要性水平。

注册会计师在制定账户或交易的审计程序前，可将会计报表层次的重要性水平分配至各账户或各类交易，也可单独确定各账户或各类交易的重要性水平。对于账户或交易层次的重要性水平，既可以采用分配的方法，也可以不采用分配的方法。在实务中，很多注册会计师都选择资产负债表账户作为分配的基础，各账户分得的重要性称为“可容忍误差”。对于易出错的项目，可确定较高的重要性水平；对于重要项目或不期望出现错误的项目，从严制定重要性水平。

（2）评价审计结果时对重要性的考虑。

①注册会计师评价审计结果时所运用的重要性水平，可能与编制审计计划时所确定的重要性水平初步判断数不同，如前者大大低于后者，注册会计师应当重新评估所执行的审计程序是否充分。

②注册会计师在评价审计结果时，应当汇总已发现但尚未调整的错报或漏报，以考虑其金额与性质是否对会计报表的反映产生重大影响。注册会计师在汇总尚未调整的错报或漏报时，应当包括已发现的和推断的错报或漏报，并考虑期后事项和或有事项是否已进行适当处理。

③如果尚未调整的错报或漏报的汇总数超过重要性水平，注册会计师应当考虑扩大实质性测试范围或提请被审计单位调整会计报表，以降低审计风险。如果被审计单位拒绝调整会计报表或扩大实质性测试范围后，尚未调整的错报或漏报的汇总数仍超过重要性水平，注册会计师应当发表保留意见或否定意见。

④如果尚未调整的错报或漏报的汇总数接近重要性水平，由于该汇总数连同尚未发现的错报或漏报可能会超过重要性水平，注册会计师应当实施追加审计程序，或提请被审计单位进一步调整已发现的错报或漏报，以降低审计风险。被审计单位会计报表的错报或漏报，除已发现的错报或漏报及推断的错报或漏报之外，还可能存在其他的错报或漏报。当汇总数近重要性水平时，如考虑该种错报或漏报汇总数可能超过重要性水平，审计风险就会增加，为降低审计风险，注册会计师应当实施追加审计程序，或提请被审计单位进一步调整会计报表。

【典型案例2-5】某审计人员接受委托审计A公司2019年度的会计报表，通过查阅A公司的会计报表，找到如下表所示的数据。

项目	金额（万元）
资产总额	100000
净资产	45000
主营业务收入	150000
净利润	14000

而且，根据以往的审计经验，确定了在计算重要性水平时各项目对应的百分比：资产总额的0.5%；净资产的1%；主营业务收入的0.5%；净利润的5%。

要求：

（1）试计算确定会计报表层次的重要性水平。

（2）简述重要性水平与审计证据之间的关系。

分析：

（1）计算如下表所示。

项目	金额（万元）	百分比（%）	重要性水平（万元）
资产总额	100000	0.5	500
净资产	45000	1	450
主营业务收入	150000	0.5	750
净利润	14000	5	700

同一期间各会计报表的重要性水平不同，审计人员应当取其最低者作为会计报表层次的重要性水平。所以，会计报表层次的重要性水平定为450万元。

（2）重要性水平和审计证据是反向关系，重要性水平越低，所需搜集的审计证据越多。

施追加审计程序，或提请被审计单位进一步调整会计报表。

3. 在审计各阶段对重要性水平的运用

（1）审计准备阶段，初步判断重要性水平，确定所需审计证据的数量重要性水平被看作是审计所允许的可能或潜在的未被发现的错报和漏报的限度。

（2）审计实施阶段，如果注册会计师接受更低的重要性水平，应当选用下列方法控制审计风险至可接受水平：

①扩大控制测试，以降低对控制风险初步判断水平；

②修改实质性测试的性质、时间、范围，以将检查风险降低至可接受水平。

（3）审计报告阶段，如果评价审计结果的重要性水平大大低于编制审计计划时确定的重要性水平，CPA应重新评估所执行的审计程序是否充分：

①超过；

②接近。

重要性水平被看作是某一错报或漏报或汇总的错报或漏报，以及是否影响到会计报表使用者判断和决策的标志。

4. 注册会计师在考虑重要性时应注意的问题

（1）重要性概念是针对会计报表使用者决策而言的。

（2）在确定审计程序的性质、时间和范围时，重要性是指注册会计师在运用审计程序以检查会计报表的错报时所允许的误差范围。

（3）重要性水平为2000元所需要的审计证据比重要性水平为5000元所需要的审计证据多。

（4）审计中查出的各个账户或交易的错报直接与各账户和交易的重要性相比，决定是否调整；未调整事项汇总起来与报表层次的重要性相比，决定是否调整。

（五）分析审计风险

1. 概念

审计风险是指会计报表存在重大错报或漏报，而审计人员审计后发表不恰当审计意见的可能性（Audit Risk）。

2. 组成要素

包括重大错报风险（Risk of Material Misstatement，MMR 含固有风险、控制风险）和检查风险。

（1）固有风险（Inherent Risk，IR）。

①含义：固有风险是指假定不存在相关内部控制时，某一账户或交易类别单独或连同其他账户、交易类别产生重大错报或漏报的可能性。

②性质：固有风险实际所处水平审计人员只能评估，但无法改变。

（2）控制风险（Control Risk，CR）。

①含义：控制风险是指某一账户或交易类别单独或连同其他账户、交易类别产生错报或漏报，而未能被内部控制防止、发现或纠正的可能性。

②性质：审计人员只能通过一定的程序评价控制风险所处水平，但无法改变其实际水平。

（3）检查风险（Discover/Check Risk，DR）。

①含义：检查风险是指某一账户或交易类别单独或连同其他账户、交易类别产生重大错报或漏报，而未能被实质性测试发现的可能性。

②性质：审计人员可以通过设计的实质性测试程序改变检查风险水平。

3. 审计风险模型

（1）传统审计风险模型。

传统审计风险模型是由美国注册会计师协会（AICPA）于1983年提出的。美国注册会计师协会对审计风险模型描述为：

审计风险＝固有风险×控制风险×检查风险（AR＝IR·CR·DR）

该模型具有以下几种功能：

①可以解决交易类别、账户余额、披露和其他具体认定层次的错报；

②发现经济交易和事项本身的性质和复杂程度发生的错报；

③发现企业管理当局由于本身的认知和技术水平造成的错报；

④发现企业管理当局局部和个别人员舞弊和造假造成的错报。

在以上功能的作用下，可以将审计风险（此时体现为检查风险）控制在比较满意的水平。但如果存在企业高层通同舞弊、虚构交易，也就是战略和宏观层面的风险，运用该模型便显然有一定的局限性。

采用此种模型进行审计分析，注册会计师应当对固有风险与控制风险进行综合评估，并据以作为检查风险的评估基础。不论固有风险和控制风险的评估结果如何，注册会计师都应当对各重要账户或交易类别进行实质性测试。然而，注册会计师实施的实质性测试，其性质、时间和范围的确定，最终取决于根据固有风险和控制风险的综合水平所确定的可接受的检查风险。可接受的检查风险水平与实质性测试的数量成反向变动关系。客观存在的审计风险与审计证据数量之间呈正向关系，即客观存在的审计风险越高，为将审计风险降低到CPA可接受水平，所需的审计证据就越多；反之，客观存在的审计风险越低，所需的审计证据就越少。

【典型案例2－6】某注册会计师在评估被审计单位的审计风险时，分别设计了以下四种情况（见下表），以帮助决定可接受的风险水平：

风险类别	情况一	情况二	情况三	情况四
可接受的审计风险（AR）	4%	4%	2%	2%
固有风险（IR）	100%	80%	100%	80%
控制风险（CR）	100%	50%	100%	50%
检查风险（DR）	?	?	?	?

问题：

①上述四种情况下的检查风险（DR）水平分别是什么？

②哪种情况需要审计人员获取最多的审计证据？为什么？

解答提示：

①依据：审计风险＝固有风险×控制风险×检查风险

情况一：检查风险水平＝4%÷（100%×100%）＝4%

情况二：检查风险水平＝4%÷（80%×50%）＝10%

情况三：检查风险水平＝2%÷（100%×100%）＝2%

情况四：检查风险水平＝2%÷（80%×50%）＝5%

②第三种情况需要审计人员获取最多的审计证据，因为检查风险越低，要求执行的审计程序越详细，应需要较大的样本、较多的证据，所以检查风险控制在2%以内需要加强审计。

如果经过实质性测试后，注册会计师仍认为与某一重要账户或交易类别的认定有关的检查风险不能降低至可接受水平，应当视其对会计报表影响的严重程度发表保留意见或无法表示意见。因为这说明了审计范围受到了限制。

审计风险可按其发生的可能性大小分为基本确定、很可能、可能和极小可能。可能性一般按概率来进行表述，如极小可能的概率为大于0、但小于或等于5%。

（2）现代审计风险模型

现代风险导向审计是以被审计单位的战略经营风险分析为导向而进行的审计。因此又被称为经营风险审计，或被称为风险基础战略系统审计。现代风险导向审计按照战略管理论和系统论，将由于企业的整体经营风险所带来的重大错报风险作为审计风险的一个重要构成要素进行评估，是评估审计风险观念、范围的扩大与延伸，是传统风险导向审计的继承和发展。在该理论的指导下，国际审计和鉴证准则委员会（IAASB）发布了一系列新的审计风险准则，对审计风险模型重新描述为：

审计风险＝重大错报风险×检查风险（AR＝MMR·DR）

现代审计风险模型是现代风险导向审计理论指导审计实务的有效工具。应用现代审计风险模型进行审计，必须时刻把握实质重于形式的原则。我们在审计时不能为了审计而审计，不能单纯追求审计底稿做得有板有眼工整而全面，形式上的合规实质上可能存在着对重大问题领域的忽略。

运用该模型执行审计，既能挖掘传统审计风险模型的功效，发现并消除认定层次的重大错报，又能够从整体上发现企业高层通同舞弊、虚构交易而导致会计报表整体层次的重大错报，从而降低审计风险，避免审计失败。

（六）编制审计计划

所谓审计计划，是指注册会计师为了完成各项审计业务，达到预期的审计目标，在具体执行审计程序之前编制的工作计划。审计计划通常可分为总体审计计划和具体审计计划两部分。

1. 总体审计计划

总体审计计划是对审计的预期范围和实施所做的规划，是审计人员从接受审计委托到出具审计报告整个过程基本工作内容的综合计划。基本内容包括：

（1）被审计单位的基本情况。

（2）审计目的、审计范围及审计策略。

（3）重要会计问题及重点审计领域。

（4）审计工作进度及时间、费用预算。

（5）审计小组组成及人员分工。

（6）审计重要性的确定及审计风险的评估。

（7）对专家、内审人员及其他审计人员工作的利用。

（8）其他有关内容。

2. 具体审计计划

具体审计计划是依据总体审计计划制订的，对实施总体审计计划所需要的审计程序的性质、时间和范围所做的详细规划与说明。

具体审计计划的基本内容包括：

（1）审计目标；

（2）审计程序；

（3）执行人及执行日期；

（4）审计工作底稿的索引号；

（5）其他。

审计计划应由审计项目负责人编制。审计计划应形成书面文件，并在工作底稿中加以记录。编制完成的审计计划，应当经有关业务负责人审核和批准。

二、实施阶段

（一）符合性测试

符合性测试是在内部控制初步了解和评价的基础上，对内部控制制度的状况以及是否得到贯彻执行而进行的测试，其目的是确定被审计单位的业务处理是否符合内部控制制度的规定，判断内部控制的遵循程度，进而确定内部控制制度是否可以依赖以及可以依赖的程度。因此，符合性测试实际上是在内部控制初步了解和评价的基础上所进行的进一步评价。内部控制制度的描述方法主要包括文字描述法、流程图法和调查表法。

若出现下列情况之一时，审计人员可不进行符合性测试，而直接实施实质性测试流程：

（1）相关内部控制不存在。

（2）相关内部控制虽然存在，但审计人员通过了解发现其并未有效运行。

（3）符合性测试的工作量可能大于进行符合性测试所减少的实质性测试的工作量。

（二）实质性测试

所谓实质性测试，是指在符合性测试的基础上，为取得直接证据而运用检查、监盘、观察、查询及函证、计算、分析性复核等方法，对被审计单位会计报表的真实性和财务收支的合法性进行审查，以得出审计结论的过程。实质性测试是审计实施阶段中最重要的一项工作。实质性测试的目的是为取得足够的审计人员赖以做出审计结论的审计证据。实质性测试通常采用抽样方式进行，其抽样的规模需根据内部控制的评价和符合性测试的结果来确定。

1. 审计人员实质性测试主要工作

（1）盘点实物。审计人员对有形资产账户所记载的内容均应进行实物盘点，包括库存现金、有价证券、材料、固定资产、在产品和产成品等，通过盘点确定财产物资的实际情况。

（2）检查凭证。审计人员要抽查凭证，以确定账簿记录数据的真实性和经济业务的合理性、合法性。

（3）核实账户记录的余额。

（4）核对有关记录。

（5）对相关资产和负债的期末余额进行函证。

（6）对计算结果进行复算。审计人员要对被审计单位有关计算的结果进行复算，以确定被审计单位有无故意歪曲计算结果或者计算存在差错的情况，包括合计数的复算，如工资汇总表的复算；有关调整数和分配数的复算，如有关生产费用的分配情况的复算；有关计算表的复算。

（7）向有关人员进行查询。在审计过程中审计人员对有关事项存在的疑问，可以向有关当事人进行查询。

（8）其他必要的工作。审计人员有时还要做其他的工作，直到取得满意的审计证据。

另外需要注意的问题：

（1）实质性测试是实施阶段必不可少的工作，尽管在实施过程中已经进行了符合性测试，但它不可取代实质性测试。

（2）实质性测试和符合性测试的结果是互相补充的。

（3）实质性测试和符合性测试在执行时间上有时存在交叉。

（4）实质性测试和符合性测试是一个整体的各个阶段。

2. 实质性测试的方法

（1）检查（核对）文件。

核对相关文件和记录，由于它们的性质及来源不同，其提供证据的可靠程度也不同。原则上来自被审计单位以外的文件和记录一般比那些来自被审计单位内部的文件和记录更为可信、可靠。

（2）检查资产。

实务检查是核实资产在某一时点的存在和所有权的一种方式，但是，能获得其他有关所有权的证据或确认也很重要。

（3）直接函证。

来自第三方的书面确认往往能更有力地证实交易或余额的有效性，而且获取这些证据的成本相对要低一些。

（4）重新计算。

检查账户余额时，经常包括核对的计算或计算的精确性，因此，了解计算原理以及检查基本假设条件同样重要。假使需要调整，一定要记住，如果调整项目没有得到充分解释和事后监督，那么所有的调整将变得没有意义。

【典型案例2－7】 ***为什么即使经符合性测试认定被审单位有非常健全的内部控制，注册会计师也不能全部省略实质性测试程序？***

解答提示：

（1）内部控制是被审单位为达到其经营管理目标而设立和实施的，最严格的内部控制也有其本身的固有限制：一是控制成本的限制，被审单位往往考虑成本而牺牲内部控制可能带来的效益；二是人为的限制，包括有关人员不理解或错误理解内部控制，相关人员串通而破坏内部控制等，这些固有限制可能会导致会计报表的重要反映失实。

（2）内部控制是否真正有效，需要通过执行符合性测试予以验证，但符合性测试只能证实内部控制是否有效和得到了一贯遵循，而不能对会计报表反映的合法性、公允性和一贯性进行证实。

（3）符合性测试的结果可能减少实质性测试的程序，但当符合性测试的成本高于所减少的实质性测试的成本时，注册会计师必须选择直接进行实质性测试。

【学生思考2－5】 ***现代审计是以测试内部控制制度为基础的抽样审计，注册会计师在进行审计时，首先要研究和评价被审计单位的内部控制。***

试问：（1）注册会计师为什么要对内部控制进行符合性测试？（2）在什么情况下，注册会计师可以不进行符合性测试而直接进行实质性测试？

提示：（1）注册会计师进行符合性测试是为了审查内部控制制度的设计和执行是否有效，据以确定对实质性测试的性质、时间和范围的影响；（2）出现下列情况之一时，注册会计师可不进行符合性测试而直接进行实质性测试：A. 相关内部控制不存在。B. 相关内部控制虽然存在，但注册会计师通过了解发现其并未有效运行。C. 符合性测试的工作量可能大于进行符合性测试所减少的实质性测试的工作量。

三、终结阶段

审计终结阶段是指实施阶段结束以后，审计人员根据审计工作底稿编制审计报告，并将有关文件整理归档的全过程。

（一）编制审计报告

审计人员在完成外勤审计工作台以后，就开始进入编制审计报告的阶段，此阶段的主要工作有：

（1）整理、评价执行审计业务中收集到的审计证据。审计证据的取舍标准有：①金额的大小；②问题性质的严重程度。

（2）复核审计工作底稿。

（3）审计期后事项。

（4）汇总审计差异，提请被审计单位调整或做适当披露。

（5）形成审计意见，撰写审计报告。只选择那些具有代表性、典型的审计证据在审计报告中加以反映。

（二）做出审计结论和决定

审计结论和处理决定具有法律效力，一经下达，被审计单位必须执行。

（三）审计资料的整理归档

审计人员应将向被审计单位调阅的资料全部归还给被审计单位。

四、审计程序的延伸

复审和后续审计主要适用于国家审计、部门审计等强制性审计的情况。

（一）复审

复审是审计机构对原来的审计工作进行全部或部分的复查，以确定原来所做的审计结论的正确性。引起复审的原因可以归纳为以下三个方面：

（1）被审计单位对审计结论提出异议。

（2）审计机构对于审计小组的工作进行检查，为保证审计质量而进行复审。

（3）法律诉讼引起复审。

对审计机构做出的审计结论和决定不服时，可以在收到审计结论和决定之日起的十五日内，向上一级审计机构申请复审。上一级审计机关应当在收到复审申请之日起的三十日内，做出复审的结论和决定。

（二）后续审计

后续审计是指在审计报告发出后相隔一定时间内，审计人员为检查被审计单位对审计发现和建议是否已经采取了适当的纠正行动并取得预期效果的跟踪审计。对被审计单位是否实施后续审计，由审计机构决定，后续审计实施的时间没有明确规定，审计机构认为较为适当的时候就可以进行，但时间相隔不宜过长。

理论与实务测试

一、单项选择题

1. 函询法是通过向有关单位来了解情况取得证据的一种方法。这种方法一般适用于（　　）的查证。

A. 无形资产　　B. 固定资产　　C. 往来款项　　D. 流动资产

2. 下列关于审计证据的表述正确的是（　　）。

A. 审计人员获取的环境证据一般属于基本证据

B. 审计人员自行获取的证据通常比被审计单位提供的证据可靠

C. 审计人员用观察、查询、监盘、计算、检查和分析性复核等方法可获取书面证据

D. 审计人员用观察、查询、监盘、计算、检查和分析性复核等方法可获取与内部控制相关的审计证据

3. 在审计人员获取的下列书面证据中，证明力最强的是（　　）证据。

A. 管理当局声明书

B. 审计人员亲自编制的各种计算表或分析表

C. 由被审计单位保管的银行函件

D. 被审计单位的客户寄发给会计师事务所的函件

4. 在审计过程中，（　　）是唯一可由审计人员控制的风险。

A. 固有风险　　B. 项目风险　　C. 检查风险　　D. 控制风险

5. 如果审计人员可接受的审计风险为5%，固有风险估计为80%，控制风险估计为50%，则检查风险的可接受水平为（　　）。

A. 10%　　B. 12.5%　　C. 20%　　D. 30%

6. 如果控制风险水平初步评估为中等水平，注册会计师应当获取的相关审计

证据（　　）。

A. 比评估为高水平时要少　　B. 与评估为高水平时一样多

C. 比评估为高水平时要多　　D. 与评估为低水平时一样多

7. 如果同一期间不同会计报表的重要性水平不同，注册会计师应取其（　　）作为会计报表层次的重要性水平。

A. 最低者　　B. 最高者　　C. 平均数　　D. 加权平均数

8. 在特定审计风险水平下，检查风险和固有风险、控制风险之间的关系是（　　）。

A. 同向变动关系　　B. 反向变动关系

C. 有时同向变动　　D. 不明显的选号的位数

9. 下列哪一项不是内部控制的要素（　　）。

A. 控制活动　　B. 控制环境　　C. 风险评估活动　　D. 会计制度

10. 为了更好地实现审计目标，审计人员只对那些（　　）的内部控制实施控制测试。

A. 可能导致账户余额、交易产生重大错报、漏记

B. 可能导致会计报表产生重大错报、漏记

C. 有助于保护资产的安全、完整和会计记录真实、合法、完整

D. 有助于防止、发现或纠正会计报表认定中的重大错报、漏报

二、多项选择题

1. 定期进行对账、结账属于（　　）。

A. 内部应用控制　　B. 内部会计控制　　C. 内部管理控制　　D. 察觉型控制

2. 一般审计程序包括（　　）。

A. 报告阶段　　B. 计划阶段　　C. 实施阶段　　D. 后续阶段

3. 审计实施阶段的主要任务是（　　）。

A. 了解情况　　B. 查明问题，取得证据

C. 分析鉴定，判明是非　　D. 做出评价

4. 关于重要性的下列说法中，正确的有（　　）。

A. 重要性的判断不能从审计人员的角度来考虑

B. 重要性的判断应从审计人员的角度来考虑

C. 重要性的判断应从会计报表使用者的角度来考虑

D. 不同环境下对重要性水平的判断是不同的

5. 关于审计风险的下列说法中，正确的是（　　）。

A. 会计报表实际上存在重大错报或漏报，审计人员发表无保留意见的可能性

B. 会计报表实际上存在非重大错报或漏报，审计人员发表无保留意见的可能性

C. 审计人员已发现被审计单位的重大错报，却签发无法表示意见的审计报告的可能性

D. 审计人员确实遵守了审计准则，但却提出错误审计意见的可能性

6. 在期望的审计风险已定的情况下，（　　）越大，允许存在的检查风险就越小。

A. 审计风险　　B. 项目风险　　C. 固有风险　　D. 控制风险

7. 审计人员在确定各账户层次的重要性水平时，主要应考虑的因素有（　　）。

A. 各账户性质

B. 各账户错报或漏报的可能性

C. 各账户审计成本

D. 账户层次的重要性水平和报表层次的重要性水平的关系

8. 审计人员可以控制的风险是（　　）。

A. 审计风险　　B. 固有风险　　C. 控制风险　　D. 检查风险

9. 审计人员记录和描述对内部控制制度的了解，可选用的方法有（　　）。

A. 文字描述法　　B. 流程图法　　C. 调查表法　　D. 审阅法

10. 重大错报风险主要包括（　　）

A. 审计风险　　B. 检查风险　　C. 固有风险　　D. 控制风险

三、判断题

1. 顺查法一般适用于对规模较小、业务不多的单位审计时采用。（　　）

2. 在使用随机数抽样时，关键是必须建立表中的数字与抽取样本的对应关系。（　　）

3. 检查记录或文件是指注册会计师对被审计单位内部或外部生成的，以纸质形式存在的记录或文件进行审查。（　　）

4. 观察是指注册会计师查看相关人员正在从事的活动或执行的程序。（　　）

5. 所有应收账款都应进行函证。（　　）

6. 肯定式函证就是向债务人发出询证函，要求其证实所函证的欠款是否正确，无论对错都要求复函。（　　）

7. 注册会计师有理由相信大多数被函证者能认真对待询证函时，应采用肯定式函证。（　　）

8. 一般在进行财务审计时，审计方法的选用必须与其特定的目的相适应。（　　）

9. 审计程序是指审计人员在具体的审计过程中采取的行动和步骤。（　　）

10. 确定重要性水平两个方面的考虑：金额和质量。（　　）

四、实务分析题

1. 资料：审计人员受托对丰华食品有限公司 2009 年 12 月的会计报表进行审计。该公司会计报表显示，2009 年全年实现利润 800 万元，资产总额 4000 万元。审计人员

在审查和阅读该公司的会计报表时，发现下列问题：

（1）该公司10月虚报冒领工资2200元，被会计人员占为己有；

（2）11月20日收到业务咨询费3500元，列入小金库；

（3）资产负债表中的存货低估16万元，原因尚待查明。

上述问题尚未调整。

要求：

（1）根据上述问题做出重要性的初步判断，并简要说明理由。

（2）说明审计人员在审计实施阶段和报告阶段应采取的对策。

2. 审计人员受委托对某公司会计报表审计时，初步判断的会计报表层次的重要性水平按资产总额的1%计算为140万，即资产账户可容忍的错误或漏报为140万元。并采用两种分配方案将这一重要性水平分给了各资产账户。

某公司资产构成及重要性水平分配方案见下表：

重要性水平分配　　单位：万元

项目	金额	A方案	B方案
库存现金	700	7	2.8
应收账款	2100	21	25.2
存货	4200	42	70
固定资产	7000	70	42
总计	1400	140	140

要求：根据上述资料，说明哪一种方案较为合理，并简要说明理由。

3. 资料：检查风险、重大错报风险的6种情况如下表所示。

6种风险的情况

风险类别	A	B	C	D	E	F
检查风险	1%	1%	6%	6%	6%	6%
重大错报风险	24%	100%	6%	40%	25%	100%
审计风险						

要求：

（1）计算上述6种情况下的审计风险水平分别是多少？

（2）根据风险之间的关系，分析下列情况对审计风险的影响（假定其他因素不变）：① 检查风险减少；② 重大错报风险减少。

（3）哪一种情况需要的审计证据最多？哪一种情况需要的审计证据最少？说明理由。

第三章　审计证据与审计工作底稿

教学目的与要求

了解审计证据的概念、特征和类型，了解审计工作底稿的概念和构成要素，明确获取审计证据的方法和整理与评价审计证据的步骤。

掌握审计的基本概念和性质，审计是一项独立的经济监督活动，是维护市场经济秩序的重要手段。明确审计工作底稿的作用，学会编制不同类型的审计工作底稿。

教学重点

审计证据的特征、类型，获取审计证据的方法；审计工作底稿的作用和编制。

教学难点

审计证据的获取；审计工作底稿的编制。

引导案例

华兴公司2006年12月31日财务报表显示，其应收账款余额为200000元，备抵坏账6000元。注册会计师小王运用所有的审计程序审核了上述两个账户。认为表述恰当，符合会计准则要求。但在2007年1月15日外勤工作尚未结束时，华兴公司的主要客户隆兴公司因遭受火灾而无力偿还应付华兴公司的债务。2006年12月31日的账面显示，当时应收隆兴公司的账款金额为44000元。现注册会计师小王与华兴公司的财务经理讨论有关火灾情况。小王认为：报表上要调整这一火灾损失。而财务经理则认为不应调整这一损失，因为火灾发生在2007年。

请问：

（1）小王应如何取得证据来证实这一损失发生在2007年，而不是2006年？

（2）你认为是否要调整2006年财务报表的相关数据？

分析：

（1）注册会计师应通过取得有关部门对火灾的鉴定报告，来证实火灾确实发生在2007年而不是2006年。如消防、保险以及公安部门等。

（2）根据这些报告的日期，可以基本确认坏账发生在2006年的年度报表结算日之后，所以可确认2006年华兴公司财务状况良好，欠款可以收回。故2006年不应增加提取坏账准备。但由于该项损失重大，因此，应在2006年财务报表的附注中予以说明。或者另行编制调整后的财务报表提供参考，揭露隆兴公司无力偿债后对华兴公司财务状况的影响。

第一节 审计证据

一、审计证据概述

（一）审计证据的概念

简单地说，审计证据是指审计机关和审计人员获取的，用于证明审计事实真相，形成审计结论的证明材料。

【准则引用】《中国注册会计师审计准则第1301号——审计证据》第三条至第五条对审计证据的含义进行了规定：审计证据是指注册会计师为了得出审计结论、形成审计意见而使用的所有信息，包括财务报表依据的会计记录中含有的信息和其他信息。

依据会计记录编制财务报表是被审计单位管理层的责任，注册会计师应当测试会计记录以获取审计证据。会计记录是编制财务报表的基础，也是注册会计师执行财务报表审计业务获取审计证据的重要部分。

【知识点】：财务报表依据的会计记录一般包括对初始分录的记录和支持性记录，如支票、电子资金转账记录、发票、合同、总账、明细账、记账凭证和未在记账凭证中反映的对财务报表的其他调整，以及支持成本分配、计算、调节和披露的手工计算表和电子数据表。

会计记录中含有的信息本身并不足以提供充分的审计证据作为对财务报表发表审计意见的基础，所以注册会计师还应当获取用作审计证据的其他信息。如被审计单位会议记录、内部控制手册、询证函的回函、分析师的报告、与竞争者的比较数据等；通过询问、观察和检查等审计程序获取的信息，如通过检查存货获取存货存在性的证据等；以及自身编制或获取的可以通过合理推断得出结论的信息，如注册会计师编制的各种计算表、分析表等。

财务报表依据的会计记录中包含的信息和其他信息共同构成了审计证据，两者缺一不可。如果没有前者，审计工作将无法进行；如果没有后者，可能无法识别重大错报风险。只有将两者结合在一起，才能将审计风险降低至可接受的水平，为注册会计师发表审计意见提供合理的基础。

（二）审计证据的特征

审计证据的特性是指审计证据内在的特征和性质，具体体现为注册会计师围绕这些特征和性质收集审计证据时应达到的基本要求。

【准则引用】《中国注册会计师审计准则第1301号——审计证据》第六条对注册会计师获取审计证据提出了总体要求："注册会计师应当获取充分、适当的审计证据，以得出合理的审计结论，作为形成审计意见的基础。"

1. 充分性

审计证据的充分性是指审计证据的数量足以使注册会计师形成审计意见，即收集的审计证据数量是否足够。根据定义可知：审计意见的形成是建立在有足够数量审计证据的基础之上。那么，审计证据是否越多越好？答案是否定的。因为为了取得过多的审计证据必然要耗费过多的审计成本，影响审计效益和效率。

根据审计证据准则，评价和判断审计证据是否充分，应当考虑以下因素：

（1）审计风险；

（2）具体审计项目的重要程度；

（3）注册会计师及其助理人员的审计经验；

（4）审计过程中是否发现错误或舞弊；

（5）审计证据的类型与获取途径。

2. 适当性

根据审计证据准则，审计证据的适当性是指审计证据的相关性和可靠性，即审计证据应当与审计目标相关联，并能如实反映客观事实。审计证据的适当性实质上是指审计证据的质量因素，它和审计证据的充分性互为补充，共同体现其证明力的作用。这表现在：从支持审计意见的归宿点来看，如果审计证据的质量（适当性）越高，所需审计证据的数量（充分性）就可以减少；如果审计证据的质量（适当性）越低，所需审计证据的数量（充分性）就应增加。

3. 相关性

审计证据的相关性是指取得的审计证据必须与审计目的相关联。例如，为了实现证实实物资产的所有权目标，注册会计师应取得相关的书面证据和口头证据，而不应去收集那些与所有权目标无关的实物证据或环境证据。审计测试最为基本的环节包括符合性测试和实质性测试。

在符合性测试中获取审计证据时，注册会计师应围绕内部控制测试目的考虑获取审计证据是否与下列事项相关：

（1）相关内部控制制度是否存在；

（2）相关内部控制制度是否有效；

（3）相关内部控制制度在审计期间是否一贯得到遵循。

在实质性测试中获取审计证据时，注册会计师应围绕各项目交易和金额记录来考虑获取的审计证据是否与下列事项相关：

（1）资产、负债在某一特定时日是否存在；

（2）资产、负债在某一特定时日是否归属被审计单位；

（3）经济业务的发生是否与被审计单位有关；

（4）是否有未入账的资产、负债或其他的交易事项；

（5）会计记录是否正确；

（6）收入与费用是否归属当期，并相互配比；

（7）资产、负债计价是否恰当；

（8）会计报表项目的分类反映是否适当，是否前后一致。

4. 可靠性

审计证据的可靠性是指审计证据能够反映和证实客观经济活动特征的程度。审计证据的可靠性受到审计证据的类型、取证的渠道和方式等因素的影响。判断审计证据的可靠程度可以把握以下几个标准：

（1）书面证据比口头证据可靠。

（2）外部证据比内部证据可靠。

（3）注册会计师自行获得的证据比由被审计单位提供的证据可靠。

（4）内部控制较好时的内部证据比内部控制较差时的内部证据可靠。

（5）不同来源或不同性质的审计证据能相互印证时，审计证据更为可靠。当然，对于那些不能相互印证的审计证据，注册会计师是无法发表审计意见的，因此，应该增加审计程序，从事进一步的取证工作。

二、审计证据的取得

【准则引用】根据《独立审计具体准则第5号——审计证据》的规定，在审计过程中可以采用检查、监盘、观察、查询及函证、计算、分析性复核等审计程序（或审计方法）来获取审计证据。

（一）检查

检查是注册会计师对会计记录和其他书面文件可靠程度的审阅与复核。

1. 审阅

审阅是对会计资料及其他资料从形式到内容进行认真的阅读和审核，以判断其真实性和合法性。通常，运用审阅方法获取审计证据应注意以下几个方面：

（1）审阅原始凭证时，应注意其有无涂改或伪造迹象；记载的经济业务是否合理合法；是否有业务负责人的签字等。

（2）审阅会计账簿记录时应注意是否符合《企业会计准则》及其他有关财务会计制度的规定。如据以记账的原始凭证是否正确、齐全；记账凭证反映的会计分录编制及账户的运用是否恰当；账簿记录的内容是否与记账凭证和原始凭证记载的内容相一致；货币收支金额是否正常；成本核算及其方法的选用是否符合国家有关财务制度的规定等。

（3）审阅会计报表时，应注意：会计报表的编制是否按照规定以账簿记录为依据进行的；项目分类是否正确；会计报表附注是否对应予揭示的问题做了充分的披露等。

2. 复核

复核是指对有关会计资料及其他资料所反映的内容，按照其核算程序、计算要求和钩稽关系进行复查、核实。具体包括：

（1）复核各种原始单据所记载的数量、单价、金额及其合计数是否正确。

（2）现金及银行存款日记账上的记录是否与相应的原始凭证记录相一致。

（3）现金及银行存款日记账和记账凭证反映的内容是否与总账及对应的明细账记录相符。

（4）总账的余额是否与其所属明细账的余额合计数相符。

（5）总账账户的借方余额合计数是否等于其贷方余额合计数；总账各账户的借方发生额合计数是否等于贷方发生额的合计数。

（6）会计报表有关项目的金额是否与对应账户的余额或发生额合计数相一致或相联系。

（7）会计报表有关项目的数据计算是否正确，各报表之间有关项目的数据是否一致。如果与前期数据有关，是否与前期会计报表上的有关数据相符。

（8）外来对账单是否与本单位有关账户的记录相符，如不相符是否按规定调整一致。

（二）监盘

监盘是注册会计师现场监督被审计单位各种实物资产及现金、有价证券等项目的盘点，并进行适当的抽查。注册会计师对实物资产、现金及有价证券等的监盘应采用适当的方式。对于现金的监盘可以事先规划，准备有关的记录表格或调整表格、实施突击性的监督盘点，而对于那些隐藏可能性小、体积庞大、质量较重的材料和固定资产则可以事先预告被审计单位，甚至要组织被审计单位有关参与人对监盘规划事项进行学习，然后按预定程序进行监盘工作。

由于监盘方法强调的是：盘点工作由被审计单位进行，注册会计师只进行现场监督，但对于那些价值较高的物资，注册会计师应亲自进行抽点，必要时对那些使用较频繁的材料物资也应实施抽点。

（三）观察

观察是注册会计师实地察看被审计单位的经营场所、实物资产、有关业务活动及其内部控制的执行情况等，以获取审计证据的方法。采用观察方法可以获取环境证据。它只能帮助注册会计师对被审事项的整体合理性进行评价，而对具体的各项认定不能提供最直接的证据。同时，注册会计师对于观察中所发现的问题应进一步实施审计。

（四）查询及函证

查询是注册会计师对有关人员就被审事项进行书面或口头询问以获取审计证据的方法。查询方法往往更多的定获得口头证据，注册会计师应注意的是需就同一事项对不同人员进行查询，以确定各种口头证据能否相互印证。函证是指注册会计师为印证被审计单位会计记录所载事项而向被审计单位以外的第三者发函询证的一种取证方法。对于被函证事项应由被审计单位签名确认，然后由注册会计师亲自投递函件并收悉回函。如果没有回函或者对回函结果不满意，注册会计师应当实施必要的替代程序，以获取相应的审计证据。

（五）计算

计算是注册会计师对被审计单位的原始凭证及会计记录中的数据所进行的验算或另行计算。在会计报表审计中，注册会计师需大量运用计算方法来获取必要的审计证据。

注册会计师进行计算的目的在于验证被审计单位的凭证、账簿和报表中的数字是否正确。注册会计师运用计算方法取证时，应采用与被审计单位确定的政策和选定的方法相一致，但在计算形式和顺序上可以按注册会计师认为最有利于提高效率的方式进行，不一定要遵循被审计单位的原定方式和方法。

（六）分析性复核

分析性复核是指注册会计师通过分析被审计单位重要的比率或趋势，包括调查这些比率或趋势的异常变动及其与预期数额和相关信息的差异而获取审计证据的方法。分析性复核方法可以获得有关项目存在异常变动的证据。对于异常变动项目，注册会计师应重新考虑所采用审计方法的适当性，必要时应追加审计程序，以获取更为可靠的审计证据。在实施分析性复核程序时，注册会计师可以使用简易比较、比率分析、结构百分比分析和趋势比率分析方法，同时应考虑数据之间是否存在某种预期关系，如果不存在预期关系，则不应运用分析性复核。

三、审计证据的类型

审计证据分类的目的，在于找出更合理、更有效、更具有证明力的证据，以达到较好的证明效果，从而有利于审计工作的顺利完成。审计证据可按不同的划分标准进行分类。

分类标准	类型
外表形式	1. 实物证据；2. 书面证据；3. 口头证据；4. 环境证据
获取途径	1. 外部证据；2. 内部证据
相关程度	1. 直接证据；2. 间接证据
来源渠道	1. 自然证据；2. 加工证据
重要性	1. 基本证据；2. 辅助证据；3. 矛盾证据

（一）审计证据按外表形式分类，可以分为实物证据、书面证据、口头证据和环境证据

1. 实物证据

实物证据是指通过实际观察或盘点所取得的、用于确定某些实物资产是否确实存在的证据。实物证据主要用于查明实物存在的实在性和数量的正确性，如现金、存货、固定资产、在建工程等。实物证据通常是证明实物资产是否存在的非常有说服力的证据，但实物资产的存在并不能完全证实被审计单位对其拥有所有权。例如，年终盘点的存货可能包括其他企业寄售或委托加工的部分，或者已经销售而等待发运的商品。再者，虽然通过对某些实物资产的清点，可以确定其实物数量，但质量好坏（它将影响到资产的价值）有时难以通过实物清点来加以判断。因此，对于取得实物证据的账面资产，还应就其所有权归属及其价值情况另行审计。

2. 书面证据

书面证据是注册会计师所获取的各种以书面文件为形式的证据。它包括与审计有关的各种原始凭证、会计记录（记账凭证、会计账簿和各种明细表）、各种会议记录和文件、各种合同、通知书、报告书及函件等。在审计过程中，注册会计师往往要大量地获取和利用书面证据，书面证据是审计证据的主要组成部分，故可称之为基本证据。

3. 口头证据

口头证据是被审计单位职员或其他有关人员对注册会计师的提问进行口头答复所形成的一类证据。例如，注册会计师在对应收账款进行账龄分析后，可以询问应收账款负责人对收回逾期应收账款的可能性的意见。如果其意见与注册会计师自行估计的

坏账损失基本一致，则这一口头证据就可成为证实注册会计师有关坏账损失判断的重要证据。在审计过程中，注册会计师应把各种重要的口头证据尽快做成记录，并注明是何人、何时、在何种情况下所做的口头陈述，必要时还应获得被询问者的签名确认。相对而言，不同人员对同一问题所做的口头陈述相同时，口头证据具有较高的可靠性。但在一般情况下，口头证据往往需要得到其他旁证的支持。

4. 环境证据

环境证据也称状况证据，是指对被审计单位产生影响的各种环境事实。具体而言，它又包括以下几种：

（1）被审计单位有关内部控制情况；

（2）被审计单位管理人员的素质；

（3）被审计单位的各种管理条件和管理水平。

（二）审计证据按其获取途径不同可以分为外部证据和内部证据两类

1. 外部证据

外部证据是由被审计单位以外的机构或人员所编制的书面证据。它一般具有较强的证明力。外部证据又包括由被审计单位以外的机构或人士编制，并由其直接递交注册会计师的外部证据，以及由被审计单位以外的机构或人士编制，但未被审计单位持有并提交注册会计师的书面证据两种。此外，在外部证据中，往往还包括注册会计师为证明某个事项而自己动手编制的各种计算表、分析表等。

2. 内部证据

内部证据是由被审计单位内部机构或职员编制和提供的书面证据。它包括被审计单位的会计记录、被审计单位管理当局声明书，以及其他各种由被审计单位编制和提供的有关书面文件。

（1）会计记录。会计记录包括各种自制的原始凭证、记账凭证、账簿记录等，它是注册会计师取自被审计单位内部的一类非常重要的审计证据。除各种会计凭证、会计账簿外，可作为这一类审计证据的还有被审计单位编制的各种试算表和汇总表等。

（2）被审计单位管理当局声明书。被审计单位管理当局声明书是注册会计师从被审计单位管理当局所获取的书面声明，其主要内容是以书面的形式确认被审计单位在审计过程中所做的各种重要的陈述或保证。被审计单位管理当局声明书属于可靠性较低的内部证据，不可替代注册会计师实施其他必要的审计程序。

（3）其他书面文件。其他书面文件是指被审计单位提供的其他有助于注册会计师形成审计结论和意见的书面文件，如被审计单位管理当局声明书中所提及的董事会及股东大会会议记录，重要的计划、合同资料，被审计单位的或有损失，关联方交易等。

【学生思考3－1】下面是某注册会计师在审计过程中所收集的书面证据

①销售发票；②明细账；③银行对账单；④应收票据；⑤有限责任公司章程；⑥采购合同；⑦董事会会议记录；⑧应收账款函证回函；⑨管理当局声明书；⑩货运提单复印件。

要求：

（1）将上述书面审计证据按其来源划分为外部证据和内部证据。

（2）为什么说外部证据的可靠性要大于内部证据？

（3）外部证据之间是否存在可靠性的差异？

答案提示：

（1）外部证据有③④⑥⑧⑩；内部证据有①②⑤⑦⑨。

（2）由于外部证据来自于被审单位以外的有关方面，虚构和篡改的可能性较小，又可向有关方面进行查证，因此一般具有较强的证明力。内部证据是由被审单位内部机构或职员编制或提供的证据。由于内部证据产生于单位内部，还可能会进行虚构和篡改，因此一般来说其可靠性不如外部证据。

（3）外部证据又可分为由被审单位以外有关方面编制并直接递交注册会计师的外部证据和被审单位持有的由被审单位以外有关方面编制的外部证据两种类型。前者如应收账款函证回函等；后者如银行对账单等。其中，前者的可靠性强于后者，因为前者是由独立于被审单位以外的机构提供的，并且未经被审单位有关职员之手，从而排除了伪造或更改证据的可能性。

（三）审计证据按相关程度分类，可以分为直接证据和间接证据

1. 直接证据

直接证据是指对审计事项具有直接证明力，能单独、直接地证明审计事项真相的资料和事实。如审计人员在亲自监督实物和现金盘点情况下取得的盘点实物和现金的记录，就是证明实物和现金实存数的直接证据。审计人员有了直接证据，就能根据直接证据做出判断，进而得出审计事项的结论。

2. 间接证据

间接证据又称旁证，是指对审计事项只起间接证明作用，需要与其他证据结合起来，经过分析、判断、核实才能证明审计事项真相的资料和事实。如应证明事项是会计报表的公允性，就凭证而言，虽然凭证是会计报表的基础资料，但两者并没有直接的关系，所以在对会计报表公允性的证明中，凭证是间接证据。在审计工作中，只有直接证据就能直接影响审计人员的意见和结论的情况并不多见。一般情况下，在直接证据以外，往

往需要一系列的间接证据才能对审计事项做出完整的判断。当然，直接和间接是相对的，仍以凭证为例，凭证对于会计报表是间接证据，而对于账簿则是直接证据。

（四）审计证据按来源渠道的不同分类，可以分为自然证据和加工证据

1. 自然证据

自然证据是指审计人员在其审计过程中可以随时获得的、不需要加工的资料和事实。自然证据既可以从被审计单位内部获得，如被审计单位的凭证、账簿、报表和记录等，又可以从被审计单位以外的单位或个人获得，如向外询证的答复资料和购货发票等。

2. 加工证据

加工证据是指审计人员在审计过程中亲自对书面证据、实物证据等进行分析、整理、归类和制作所形成的较为系统和清晰的资料，如现金盘点表等。

（五）审计证据按重要性分类，可以分为基本证据、辅助证据和矛盾证据

1. 基本证据

基本证据是指对审计人员形成审计意见、做出审计结论具有直接影响作用的重要审计证据。如证明被审计单位财务状况好坏时，被审计单位的会计报表账簿等就是基本证据。审计人员如果离开了基本证据，就无法提出审计意见和做出审计结论。

2. 辅助证据

辅助证据是对基本证据的一种必要的补充说明。如要证明账簿记录的真实性，各种记账凭证是基本证据。而附在记账凭证后面的各种原始凭证，是编制记账凭证的依据，它们补充说明记账凭证以证明账簿的真实性，因而它们是辅助证据。

3. 矛盾证据

矛盾证据是指那些证明方向与基本证据相反，或证明内容与基本证据不一致的证据。如被审计单位会计报表上的“固定资产”是30亿元，而会计账簿上的“固定资产”只有20亿元，那么“固定资产”会计账簿就是会计报表的矛盾证据。碰到矛盾证据时，审计人员必须进一步收集审计证据，并加以深入分析和鉴定，以肯定或否定证据间的矛盾。

此外，审计证据还可以按各种不同的标准进行多种分类。各类审计证据有不同的取证方法，它们在审计工作中的作用也不尽相同，在此不再赘述。

【典型案例3-1】注册会计师张杰在对恒基公司2015年度财务报表进行审计时，收集到以下6组证据：

1. 收料单与购货发票；

2. 销货发票副本与产品出库单；

3. 领料单与材料成本计算表；

4. 工资计算单与工资发放单；

5. 存货盘点表与存货监盘记录；

6. 银行询证函回函与银行对账单。

要求：请分别说明每组证据中哪些审计证据较为可靠，并简要说明理由。

案例提示：

1. 购货发票比收料单可靠。这是因为购货发票来自公司以外的机构或人员，而收料单则是公司自行编制的。

2. 销货发票副本比产品出库单可靠。这是因为销货发票是在外部流转的，并获得公司以外机构或个人的承认，而产品出库单只是公司内部流转。

3. 领料单比材料成本计算表可靠。这是因为领料单预先被连续编号，并且经过公司不同部门人员的审核，而材料成本表只在公司的会计部门内部流转。

4. 工资发放单比工资计算单可靠。这是因为工资发放单需经会计部门以外的工资领取人签字确认，而工资计算单只是会计部门内部流转。

5. 存货监盘记录比存货盘点表可靠。这是因为存货监盘记录是注册会计师自行编制的，而存货盘点表是公司提供的。

6. 银行询证函回函比银行对账单可靠。这是因为银行询证函回函是注册会计师直接获取的，未经公司有关职员之手，而银行对账单经过公司有关职员之手，存在伪造、涂改的可能性。

四、审计证据的整理与评价

（一）审计证据整理与评价的一般步骤

（1）分类整理。即把分散的、零碎不全的审计证据按照不同的审计目标进行分类。

（2）核实评价。根据分类的结果，对有关审计证据进行复核，并就其证明力进行分析和评价，确定是否取舍或补充审计证据。

（3）补充取证。注册会计师对审计证据评价后可能形成以下几种结果：①审计证据充分适当；②形成新的有价值的证据；③发现新问题应补充取证。对于补充取证要采用科学的审计程序结合审计目标进行。

（4）综合归纳。对于经评价认为审计证据充分适当，注册会计师应将全部证据进行归纳，形成局部审计意见，最后综合形成整体的审计意见。

（二）审计证据整理与评价的要求

（1）坚持整体的观点。注册会计师应从对会计报表整体发表意见的高度去整理和评价审计证据。把整体目标分解成单个目标，按单个审计目标分类整理证据，逐级往上归类和评价审计证据的充分性和适当性，最后构成一个完整的对审计意见具有说服力的证据体系。

(2) 坚持联系的观点。整理、评价审计证据必须与审计目标相联系，也必须从证据与证据之间的内在联系出发，不要简单地堆砌罗列证据。

(3) 坚持客观的立场。在评价、整理审计证据中，注册会计师切忌主观臆断，不能用主观判断去取代证据，要做到以事实为依据，以证据为基础，形成审计意见。

【典型案例 3-2】某企业某月销售产品1000万元，已确认了收入，注册会计师要查这笔大额的业务肯定要查它的原始凭证，作为销售应该是开了发票，发了货，也有销售合同，尤其是发货凭证是审计最重视的。但查发货凭证发现没有发货凭证，问被审单位的相关人员，被审单位拿出一张传真，说是购买1000万元产品的客户由于仓库腾不开，让我们暂时保存几天，所以不让我们发货。那么注册会计师能不能认可他已经确定的这笔销售业务？

案情分析：认可或者不认可关键是要看发货，发货没发货要看凭证，结果发现没有发货凭证，只有购货方发的一个传真，传真是没有直接证明力的。如果没有把传真和原件做对照那么传真是没有法律效力的。如果看见了原件也看见了传真，那么请把传真给我，这时传真才具有法律效力，因为已和原件对照过。

（三）审计证据整理与分析应注意的事项

注册会计师在对审计证据进行整理与分析过程，应着重注意以下事项：

(1) 注意把握审计证据取舍的标准。注册会计师形成最终审计意见，一般是以那些典型的、富有代表性的审计证据为基础，而没有必要、也不可能在审计报告中体现全部审计证据所反映的事实。因而，在对审计证据整理与分析的过程中应把握以下取舍标准：

①金额大小。对于金额较大、足以对被审计单位财务状况和经营成果的反映产生重大影响的证据，应当作为重要的审计证据。

②问题性质的严重程度。有的审计证据本身所揭露问题的金额也许并不是很大，但这类问题的性质较为严重，它可能导致其他重要问题的产生或与其他可能存在的重要问题有关，则这类审计证据也应作为重要的证据。

(2) 注意分清事实的现象和本质。某些审计证据所反映的可能只是一种假象，注册会计师必须对其加以认真地分析研究，透过现象找出它所反映的事物的本质，而不能被表面的假象迷惑。审计证据的真实性，主要是指审计证据所反映的内容是对客观存在的经济活动及其变化的真实描写。具体包括：

①审计证据必须是对经济活动完全逼真的描写，而不能在其中夹杂审计人员的主观意见。

②审计证据中的时间、地点、事实、当事人都要准确无误。

③审计证据所描述的经济活动变化的环境、条件、因果关系也必须真实可靠。

④审计证据中的各种数字、计量单位必须正确。

⑤审计证据的语言，要求明晰、准确。

（3）排除伪证。所谓伪证，是指被审计单位等审计证据的提供者出于某种动机而伪造的证据。为防止鱼目混珠，区分伪证和真实证据，注册会计师应认真研究评价，可以进行合理推理或怀疑，从提供证据者的目的、业务发生的可能性和合理性、业务发生过程的可控性和业务发生结果的效果性等诸多方面评价审计证据的真伪程度，尤其要善于发掘那些经过精心炮制的伪证。

第二节　审计工作底稿

一、审计工作底稿概述

（一）审计工作底稿的含义

审计工作底稿，是指注册会计师对制订的审计计划、实施的审计程序、获取的相关审计证据，以及得出的审计结论做出的记录。审计工作底稿是审计证据的载体，是注册会计师在审计过程中形成的审计工作记录和获取的资料。它形成于审计过程，也反映整个审计过程。

注册会计师应当及时编制审计工作底稿，以实现下列目的：

（1）提供充分、适当的记录，作为审计报告的基础。审计工作底稿是注册会计师形成审计结论，发表审计意见的直接依据。及时编制审计工作底稿有助于提高审计工作的质量，便于在出具审计报告之前，对取得的审计证据和得出的审计结论进行有效复核和评价。

（2）提供证据，证明其按照中国注册会计师审计准则的规定执行了审计工作。在会计师事务所因执业质量而涉及诉讼或有关监管机构进行执业质量检查时，审计工作底稿能够提供证据，证明会计师事务所是否按照审计准则的规定执行了审计工作。

（二）审计工作底稿的作用

1. 审计工作底稿是形成审计结论、发表审计意见的直接依据

我们知道，注册会计师的审计结论和审计意见是审计过程中一系列专业判断的结果，这些专业判断所形成的审计工作底稿的客观依据是审计证据。注册会计师所搜集到的审计证据与形成的专业判断都完整记录在审计工作底稿中，因此，审计工作底稿是形成审计结论、发表审计意见的直接依据。

在实际工作中，有人认为审计证据是审计意见的客观依据，审计工作的全部内容

仅仅就是搜集评价审计证据，有没有审计工作底稿并不重要。这种观点是不正确的。审计工作底稿是审计证据的载体，审计证据是审计工作底稿的主要内容，两者是形式与内容的关系。任何内容都离不开形式的表达。离开了审计工作底稿，审计证据就无法清晰地呈现在注册会计师面前；注册会计师就无法对审计证据进行分析评价，做出专业的判断，从而无法形成正确的审计意见。总之，正确的审计意见应当建立在充分适当的审计证据和准确的专业判断基础之上，而充分适当的审计证据和专业判断都应当完整地记录在审计工作底稿中。

2. 审计工作底稿是评价考核注册会计师专业能力和工作业绩，并明确其审计责任的主要依据

依据执业准则实施必要的审计程序，发表客观公正的审计意见是注册会计师的审计责任。注册会计师在审计过程中是否执行了执业准则，选择的审计程序、方法是否恰当、合理，所做出的专业判断是否准确等都直接反映在审计工作底稿中。因此，要考核一名注册会计师的工作能力，可以通过审阅其审计工作底稿来判断。一旦对某项审计项目有异议，可通过审核其审计工作底稿来明确注册会计师的责任。一般说来，只要在审计工作底稿上显示出注册会计师是按照执业准则，采用了合理的审计程序，搜集了充分、适当的审计证据，认真进行了专业判断，即使有差错也可以减轻注册会计师的责任。

在实际工作中，有的注册会计师虽然认真地实施了审计程序，但工作底稿上没有作相应的记录，当出现争议时，检查注册会计师审计程序执行没有，执行到什么程度时就无法反映，由此承担了全部审计责任，这是注册会计师应该引以为戒的。

3. 审计工作底稿是审计质量控制与监督的基础

审计质量是注册会计师审计工作质量和审计报告质量的总称，而审计报告质量又依赖于审计工作质量，因此严格控制审计工作质量是保证审计质量的关键。

审计工作质量在很大程度上体现在审计工作底稿上，要控制审计工作质量，必须对审计工作底稿的编制和复核规定一整套严格的程序。审计工作底稿编制指南对审计工作底稿规定了基本内容的编制要求，每名注册会计师都应按规定执行。对于应该完成的审计程序，不能任意省略。审计结果，要有明确的结论。实际工作中有这种情况：看起来厚厚的一本工作底稿，注册会计师只填写了少数内容，这样的审计工作底稿是不合格的。为了防止出现这种情况，审计工作底稿要有严格的复核制度，不同层次，层层把关，发现有不符合要求的工作底稿，要退回去补做或重做，直到符合要求为止。只有这样，才能保证应该实施的审计程序没有遗漏，已实施的审计程序足够说明问题，所做的专业判断是合适的，才能使审计质量的控制和监督落到实处。

4. 审计工作底稿对未来审计业务具有参考备查作用

审计工作底稿对未来审计业务的参考作用，主要是对财务报表审计而言。由于对

一个企业、单位的财务报表审计是每年连续进行的，一个年度的审计工作底稿可以作为下一年度审计的参考。一般说来，当年度财务报表审计开始时，首先要仔细阅读上一年度的审计工作底稿，了解该企业、单位内部控制的薄弱环节在哪里，要求企业调整的会计事项有哪些，重点审计的内容是什么，有哪些或有负债，审计报告是哪种类型等，从而作为本年度审计计划的参考。

由于审计工作底稿在审计工作中的重要作用，每一名注册会计师必须重视审计工作底稿的编制，认真填写审计工作底稿。

二、审计工作底稿的构成要素

一般来说，每张工作底稿都必须同时包括以下基本内容：

（1）被审计单位名称；

（2）审计项目名称；

（3）审计项目时间或期间；

（4）审计过程记录；

（5）审计结论；

（6）审计标识及其说明；

（7）索引号及页次；

（8）编制者姓名及编制日期；

（9）复核者姓名及复核日期；

（10）其他应说明事项。

其中，审计过程记录主要记录以下事项：

（1）记录特定项目或事项的识别特征；

（2）重大事项；

（3）记录针对重大事项如何处理矛盾或不一致的情况；

（4）其他准则中的相关记录要求。

索引号:PI4

中天信会计师事务所短期借款审定表

单位名称:滨海市天龙有限责任公司　　查验人员:高明　　日期:2019 年 3 月 25 日

截止日:2019 年 12 月 31 日　　复核人员:王华　　日期:2019 年 3 月 25 日　　单位:元

贷款银行	上期未审定数	利率(%)	借款条件	抵押物	起讫日期	本期增加	本期减少	未审数	调整数	审定数	有无借款合同(√)	支付利息已核对(√)	审计说明
合计													

审计调整:

审计结论:

【知识链接】什么是审定表?

一般来说，审定表也就是审计用的工作底稿的表格，就是从未审数经过审计调整到达审定数的过程，再把上年对应的数填在相应的位置，进行两期的比较，如果有审计调整就把数字填入单科目的审定表并且把审计分录入试算平衡表。审定表一部分是来自企业的会计数据，如科目余额表、往来明细账、成本费用明细账等，审计调账是根据审计程序，查找出会计差错才需要调账。

三、审计工作底稿的类型

审计工作底稿一般分为综合类工作底稿、业务类工作底稿和备查类工作底稿。

（一）综合类工作底稿

综合类工作底稿是指注册会计师在审计计划阶段和审计报告阶段，为规划、控制和总结整个审计工作并发表审计意见所形成的审计工作底稿。它主要包括：审计业务约定书、审计计划、审计总结、未审会计报表、试算平衡表、审计差异调整汇总表、审计报告、管理建议书、被审计单位管理当局声明书以及注册会计师对整个审计工作进行组织管理的所有记录和资料。

（二）业务类工作底稿

业务类工作底稿指注册会计师在审计实施阶段为执行具体审计程序所形成的审计工作底稿。它包括：符合性测试中形成的内部控制问题调查表和流程图、实质性测试中形成的项目明细表、资产盘点表或调节表、询证函、分析性测试表、计价测试记录、截止测试记录等。

（三）备查类工作底稿

备查类工作底稿是指注册会计师在审计过程中形成的、对审计工作仅具有备查作用的审计工作底稿。主要包括：被审计单位的设立批准证书、营业执照、合营合同、协议、章程、组织机构及管理人员结构图、董事会会议纪要、重要经济合同、相关内部控制制度、验资报告的复印件或摘录。备查类审计工作底稿随被审计单位有关情况的变化而不断更新，应详细列明目录清单，并将更新的文件资料随时归档。注册会计师在将上述资料归为备查类工作底稿的同时，还应根据需要，将其中与具体审计项目有关的内容复印、摘录、综合后归入业务类审计工作底稿的具体审计项目之后。通常，备查类审计工作底稿是由被审计单位或第三者根据实际情况提供或代为编制，因此，注册会计师应认真审核，并对所取得的有关文件、资料标明其具体来源。

【典型案例 3-3】2019 年 12 月 31 日，助理人员小张经注册会计师王玲的安排，前去华兴公司验证存货的账面余额。在盘点前，小张在过道上听几个工人议论，得知存货中可能存在不少无法出售的变质产品。对此，小张对存货进行实地抽点，并比较库存量与最近销量。抽点结果表明，存货数量合理，收发亦较为有序。由于该产品技术含量较高，小张无法鉴别出存货中是否有变质产品，于是，他不得不询问该公司的存货部高级主管。高级主管的答复是，该产品绝无质量问题。

小张在盘点工作结束后，开始编制工作底稿。在备注中，小张将听说有变质产品的事填入其中，并建议在下阶段的存货审计程序中，应特别注意是否存在变质产品。王玲在复核工作底稿时，再一次向小张详细了解存货盘点情况，特别是有关变质产品的情况。对此，还特别向当时议论此事的工人进行询问。但这些工人矢口否认了此事。于是，王玲与存货部高级主管商讨后，得出结论，认为“存货价值公允且均可出售”。底稿复核后，王玲在备注栏后填写了“变质产品问题经核实尚无证据，但下次审计时应加以考虑”。由于华兴公司总经理抱怨王玲前几次出具了有保留意见的审计报告，使得他们贷款遇到了不少麻烦。审计结束后，注册会计师王玲对该年的财务报表出具了无保留意见的审计报告。

两个月后，华兴公司资金周转不灵，主要是存货中存在大量变质产品无法出售，致使到期的银行贷款无法偿还。银行拟向会计师事务所索赔，认为注册会计师在审核存货时，具有重大过失。债权人在法庭上出示了王玲的工作底稿，认为注册会计师明知存货被高估，但迫于总经理的压力，没有揭示财务报表中存在的问题，因此，应该承担银行的贷款损失。

问题：

（1）引述工人在过道上关于变质产品的议论是否应列入工作底稿？

（2）注册会计师王玲是否已尽到了责任？

（3）对于银行的指控，这些工作底稿能否作为支持或不利于注册会计师的抗辩立场？

（4）银行的指控是否具有充分的证据？请说明理由。

提示：

（1）工人的议论并非有效证据，但提供了审计线索和范围。注册会计师没有扩大审计程序而只是简单地询问公司主管，实属冒昧。如果注册会计师已对存货允当有明确结论，就不应再将上述不负责任的议论留在工作底稿中，更不应该将“下次审计时应加以考虑”的字眼留在工作底稿之中。

（2）不称职，王玲没有利用专门的审计程序去追查审核存货中有否变质问题，又没有在工作底稿中删除那些不负责任的字眼，以致混淆了工作底稿与审计结论之间的结论关系。

（3）有损注册会计师的抗辩立场。从工作底稿来看，注册会计师缺乏信心，且对证据的判断有误，但已有的审计证据无法支持审计结论。

(4) 审计程序虽然基本合理，但没有完全遵守公认审计准则。特别是在证据方面，缺乏专业判断能力。因此，尽管没有重大过失，但还是存在一般过失。如果注册会计师事先知道该报告将向银行贷款，按照规则，应当承担责任。如果事先并不知道贷款，注册会计师可以适当抗辩，以不是预期第三者进行反驳。

四、审计工作底稿的编制要求

审计工作底稿作为注册会计师在整个审计过程中形成的审计工作记录资料，在编制上应满足以下两个方面的要求：其一，在内容上应做到资料翔实、重点突出、繁简得当、结论明确；其二，在形式上应做到要素齐全、格式规范、标识一致、记录清晰。具体来讲，主要包括：

(1) 资料翔实。即记录在审计工作底稿上的各类资料来源要真实可靠，内容完整。

(2) 重点突出。即审计工作底稿应力求反映对审计结论有重大影响的内容。

(3) 繁简得当。即审计工作底稿应当根据记录内容的不同，对重要内容详细记录，对一般内容简单记录。

(4) 结论明确。即按审计程序对审计项目实施审计后，注册会计师应在审计工作底稿中对该审计项目明确表达其最终的专业判断意见。

(5) 要素齐全。即构成审计工作底稿的基本内容应全部包括在内。

(6) 格式规范。即审计工作底稿所采用的格式应规范、简洁。虽然审计准则未对审计工作底稿格式做出规范设计，但有关审计工作底稿的执业规范指南给出了参考格式。

(7) 标识一致。即审计符号的含义应前后一致，并明确反映在审计工作底稿上。

(8) 记录清晰。即审计工作底稿上记录的内容要连贯，文字要端正，计算要准确。

五、审计工作底稿的复核

由于一张单独的审计工作底稿往往由一名注册会计师编制完成，难免会造成在资料引用、专业判断和计算分类方面的误差。因此，对已经编制完成的审计工作底稿必须安排有关专业人员进行复核，以保证审计意见的正确性和审计工作底稿的规范性。

根据独立审计准则的要求，会计师事务所应该对审计工作底稿进行复核的人员级别、复核程序与要点、复核人职责做出明文规定，形成一项制度。通常，根据中国会计师事务所的组织规模和业务范围，可以实行对审计工作底稿的三级复核制度。审计工作底稿三级复核制度是指以主任会计师、部门经理（或签字注册会计师）和项目负责人（或项目经理）为复核人，依照规定的程序和要点对审计工作底稿进行逐级复核的制度。三级复核制度目前已成为较为普遍采用的形式，对于提高审计工作质量、加强质量控制起到了重要的作用。

三级复核制度的第一级复核称为详细复核，指由项目经理（或项目负责人）负责，对下属各类注册会计师编制或取得的审计工作底稿逐张进行复核。其目的在于按照准则的规范要求，发现并指出问题，及时加以修正完善。

三级复核制度的第二级复核称为一般复核，指由部门经理（或签字注册会计师）负责，在详细复核的基础上，对审计工作底稿中重要会计账项的审计程序实施情况、审计调整事项和审计结论进行复核。一般复核实质上是对项目经理负责的详细复核的再监督。其目的在于按照有关准则的要求对重要审计事项进行把关、监督。

三级复核制度的第三级复核也称重点复核，是由主任会计师或指定代理人负责，在一般复核的基础上对审计过程中的重大会计问题、重大审计调整事项和重要的审计工作底稿进行复核。重点复核是对详细复核结果的二次监督，同时也是对一般复核的再监督。重点复核的目的在于使整个审计工作的计划、进度、实施、结论和质量全面达到审计准则的要求。通过重点复核后的审计工作底稿方可作为发表审计意见的基础，然后归类管理。

六、审计工作底稿的整理和保管

（一）审计工作底稿的整理

对审计工作底稿的分类整理和汇集归档构成审计工作底稿整理工作的全部内容。审计档案是注册会计师在规划审计工作、实施审计程序、发表审计意见和签署审计报告过程中形成的记录，并综合整理分类后形成的档案资料。审计档案是会计师事务所的重要历史资料和宝贵财富，应妥善管理。

（二）审计工作底稿的保管

审计工作底稿审计档案分为永久性审计档案和当期审计档案两种。永久性审计档案是指那些记录内容相对稳定、具有长期使用价值，并对以后的审计工作具有重要影响和直接作用的审计档案，如备查类工作底稿和综合类审计工作底稿中的审计报告、管理意见书。当期审计档案是指那些记录内容经常变化，只供当期审计使用和下期审计参考的审计档案，如业务类工作底稿和综合类审计工作底稿的其他部分资料。

审计工作底稿按照一定的标准归入审计档案后，应交由会计师事务所档案管理部门进行管理。会计师事务所应建立审计档案保管制度，以确保审计档案的安全、完整。对于永久性和当期审计档案的保管年限分别如下：

(1) 永久性审计档案应长期保管。

(2) 当期审计档案自审计报告签发之日起至少保存10年。

(3) 不再继续审计的被审计单位，其永久性审计档案的保管年限与最近一年当期档案的保管年限相同。对于保管期限届满的审计档案，会计师事务所可以决定将其销毁。销毁时，应根据有关档案管理规定履行必要的手续。

理论与实务测试

一、单项选择题

1. 在下列各类审计证据中，证明力最强的是（　　）。

A. CPA自行编制的往来账项调节表　　B. 应收账款函证的回函

C. 被审计单位自己编制的现金盘点表　　D. 应付账款函证的回函

2. 下列审计证据中，证明力最强的是（　　）。

A. 监盘所获取的库存现金盘点表

B. 观察所获取的固定资产内控执行情况的记录

C. 已经获得被审计单位以外的第三者所确认的会计凭证

D. 已经获得银行存款调节表佐证的口头证据

3. 风险评估程序包括（　　）。

A. 询问　　B. 分析程序　　C. 控制测试　　D. 观察和检查

4. CPA在审计过程中怀疑被审计单位发出存货却没有给顾客开票，需要确认销售是否完整。CPA应当从发货单中选取样本，追查与每张发货单相应的销售发票副本，以确定是否每张发货单均已开具发票。如果CPA从销售发票副本中选取样本，并追查至与每张发票相应的发货单，由此所获得的证据与（　　）目标就不相关。

A. 真实性　　B. 完整性　　C. 可理解性　　D. 准确性

5. CPA实施的下列程序中，（　　）是重新执行。

A. CPA利用被审计单位的银行存款日记账和银行对账单，重新编制银行存款余额调节表，并与被审计单位编制的银行存款余额调节表进行比较

B. 对应收账款余额和银行存款的函证

C. 以人工方式或使用计算机辅助设计技术，对记录或文件中的数据计算的准确性进行核对

D. 对客户执行的存货盘点或控制活动进行观察

6. 实物证据通常能证明（　　）。

A. 实物资产的所有权　　B. 实物资产是否存在

C. 实物资产的计价准确性　　　　　　D. 有关会计记录是否正确

7. 事务所接受委托对被审单位进行审计所形成的审计工作底稿，其所有权应归属于（　　）。

A. 事务所　　B. 被审计单位　　C. 进行审计的 CPA　　D. 委托单位

8. 审计工作底稿的归档期限为审计报告日后的（　　）天内。

A. 30　　B. 60　　C. 90　　D. 180

9. 有关审计证据可靠性的下列表述中，CPA 认同的是（　　　　）。

A. 书面证据与实物证据相比是一种辅助证据，可靠性较弱

B. 内部证据在外部流转并获得其他单位的承认，则具有较强的可靠性

C. 被审计单位管理层声明书有助于审计结论的形成，具有较强的可靠性

D. 环境证据比口头证据重要，属于基本证据，可靠性较强

10. 下列不属于分析程序的是（　　）。

A. 本期销售收入的实际数与计划数比较

B. 销售利润率与行业平均水平比较

C. 应收账款前后两年的差额

D. 将本年期初余额与上年期末余额比较

二、多项选择题

1. 属于实质性测试程序的有（　　　　）。

A. 交易实质性测试　　　　　　B. 余额实质性测试

C. 会计信息分析程序　　　　　D. 非会计信息应用的分析程序

2. 运用分析程序的方法，可以达到的审计目标有（　　　）。

A. 计价和分摊　　B. 存在　　C. 准确性　　D. 分类

3. 注册会计师对会计报表审计的审计程序，按其运用目的进行分类，可以分为（　　）。

A. 风险评估程序　　B. 控制测试程序

C. 实质性测试程序　D. 对被审计单位会计报表发表审计意见的程序

4. 注册会计师在通过实质性测试程序获取审计证据时，应考虑的相关事项是（　　）。

A. 资产负债是否存在

B. 资产负债在某一特定时日的归属性

C. 资产或负债的内部控制是否有效

D. 收入和费用是否归属当期并相互配比

5. 下列关于三种审计程序的说法中正确的是（　　）。

A. 在评估认定层次重大错报风险时，预期控制的运行是有效的，CPA 应当实施控

制测试以支持评估结果

B. 仅实施实质性程序不足以提供认定层次充分、适当的审计证据，CPA 应当实施控制测试，以获取内部控制运行有效性的审计证据

C. CPA 可以通过实施风险评估程序获取充分、适当的审计证据，作为发表审计意见的基础

D. 无论评估的重大错报风险如何，CPA 均应当针对所有重大的各类交易、账户余额、列报实施实质性程序，以获取充分、适当的审计证据

6. 如果小型被审计单位会计记录不完整、内部控制不存在或管理层缺乏诚信，可能导致无法获取充分、适当的审计证据，CPA 不应当考虑（　　）。

A. 主要采取实质性程序

B. 拒绝接受委托或解除业务约定

C. 根据审计范围受到限制的程度出具保留意见或无法表示意见的审计报告

D. 在审计业务约定书载明 CPA 和业主各自的责任

7. 在记录实施审计程序的性质、时间和范围时，CPA 应当记录测试的特定项目或事项的识别特征。如在对被审计单位生成的订购单进行细节测试时，CPA 一般不可能以（　　）作为测试订购单的识别特征。

A. 订购单中记录的采购项目　　B. 订购单中记录的采购金额

C. 订购单的编号　　D. 订购单的供货商

8. 下列有关审计证据的充分性和适当性的说法中正确的有（　　）。

A. 审计证据的充分性是对审计证据数量的衡量

B. 审计证据的适当性是对审计证据质量的衡量

C. 错报风险越大，需要的审计证据可能越多；审计证据质量越高，需要的审计证据可能越少

D. CPA 可以依靠获取更多的审计证据来弥补质量上的缺陷

9. CPA 在对某客户审计过程中，收集到的审计证据，正确的说法有（　　）。

A. 销货发票副本比购货发票更为可靠

B. 审计助理人员盘点存货的记录比客户自编的存货盘点表更为可靠

C. 审计人员收回的应收账款函证回函比询问客户应收账款负责人的记录更为可靠

D. 从客户以外的机构或人员取得的书面证据比客户自行编制的书面证据要可靠

10. 下列文件中通常应作为审计工作底稿保存的有（　　）。

A. 重大事项概要　　B. 财务报表草表

C. 有关重大事项的往来信件　　D. 对被审计单位文件记录的复印件

三、判断题

1. 在完成最终审计档案的归整工作后，如果发现有必要修改现有审计工作底稿，CPA 只需记录修改审计工作底稿对审计结论产生的影响。(　　)

2. 从一般意义上讲，在我国，审计档案的所有权应属于执行该项业务的 CPA 保管。(　　)

3. 如果识别出的信息与针对某重大事项得出的最终结论相矛盾或不一致，CPA 应当记录形成最终结论。(　　)

4. CPA 获取审计证据时，不论是重要的审计项目，还是一般的审计项目，均应考虑成本效益原则。(　　)

5. 对审计工作底稿做出的变动如果发生在归整工作结束前，无论是否出具新的审计报告，原审计工作底稿中的内容均构成了原审计报告的支持性证据。(　　)

6. 细节测试和实质性程序的审计工作底稿所记录的审计程序基本相同，但两类审计工作底稿都应当充分、适当地反映 CPA 执行的审计程序。(　　)

7. 记录如何处理识别出的信息与针对重大事项得出的结论相矛盾或不一致的情况是非常必要的，它有助于 CPA 关注这些矛盾或不一致，并对此执行必要的审计程序以恰当地解决这些矛盾或不一致。因此，CPA 需要保留不正确的或被取代的资料。(　　)

8. 某 CPA 通过检查委托加工协议发现被审计单位有委托加工材料，且委托加工材料占存货比重较大，如果 CPA 发函询证后证实委托加工材料已加工完成并返回被审计单位。委托加工协议和询证函回函这两个不同来源的证据不一致，委托加工材料是否真实存在受到质疑。这时，CPA 应追加审计程序，确认委托加工材料收回后是否未入库或被审计单位收回后予以销售而未入账。(　　)

9. 存货监盘是证实存货存在性认定的不可替代的审计程序，CPA 在审计中不得以检查成本高和难以实施为由而不执行该程序。(　　)

10. 风险评估程序并不能识别出所有的重大错报风险，虽然它可作为评估财务报表层次和认定层次重大错报风险的基础，但并不能为发表审计意见提供充分、适当的审计证据。所以为了获取充分、适当的审计证据，CPA 还需要实施进一步审计程序，包括实施函证询问和分析程序。(　　)

四、实务分析题

1. 注册会计师张杰在对恒基公司 2006 年度财务报表进行审计时，收集到以下 6 组证据：

（1）收料单与购货发票；

（2）销货发票副本与产品出库单；

（3）领料单与材料成本计算表；

（4）工资计算单与工资发放单；

（5）存货盘点表与存货监盘记录；

（6）银行询证函回函与银行对账单。

要求：请分别说明每组证据中哪些审计证据较为可靠，并简要说明理由。

2. 资料：审计人员在对南方公司的会计报表进行审计后，因认定固定资产项目的错报而最终出具了保留意见的审计报告。下面列示的是该次审计中形成的部分审计工作底稿的内容简介和其他相关情况介绍：

A. 经实施监盘的审计人员和被审计单位参与盘点的人员双方签名的盘点标签或盘点清单复印件。该复印件支持了被审计单位存货项目账实相符的结论。

B. 审计人员编制的应收账款函证结果汇总表。具体包括函证编号、债务人的名称、地址、第一次及第二次函证日期、账面金额、函证结果、差异金额及说明，以及审定金额等。

C. 在审计完成阶段，由部门经理对项目经理认定的重要审计领域和会计报表中所有考虑了建议调整的不符事项及重分类误差的项目进行比较，一方面是被审计单位的资料，另一方面包括行业资料和某些非财务信息；除固定资产项目外，比较结果没有发现其他异常情况。

D. 在实施阶段，由助理人员对被审计单位的主营业务收入明细账加总，并与总账核对，以及将主营业务收入明细账记录与现金日记账、银行存款日记账、应收账款明细账等相关账户核对。该底稿表明，被审计单位存在严重高估主营业务收入的情况，但在被审计单位进行了部分调整后项目经理最终未在审计报告中反映。

E. 由助理人员根据被审计单位提供的内部控制制度手册绘制的材料收发业务流程图，经分析和符合性测试，项目经理认定该内部控制设计合理，执行有效，不仅使公司频繁发生的材料收发业务有条不紊，而且为审计节省了大量的时间。

请根据所介绍的情况，按照如下表所示的对工作底稿的分析认定，在表中相应空格中填列对其余 4 张工作底稿的认定结论。

底稿代码	证据类型	审计目标	审计程序	底稿类型	最高复核级
A					
B					
C	外部证据	总体合理性	分析性复核	综合类	主任会计师
D					
E					

第四章　审计报告与管理建议书

教学目的与要求

明确审计报告的含义、基本要素和种类，明确审计报告的意见类型，掌握不同类型审计报告的编写要求和编写方法，明确管理建议书的格式和作用。

教学重点

审计报告的意见类型，审计报告的编写。

教学难点

不同类型审计报告的编写方法。

引导案例

1992 年 9 月 11 日，“重庆渝港钛白粉股份有限公司”宣告成立，并于 1992 年 10 月 11 日，以重庆渝港钛白粉有限公司作为发起人，以社会募集方式设立了股票上市的股份有限公司（以下简称渝钛白）。

1998 年 4 月 29 日，渝钛白公司公布 1997 年年度报告，其中在财务报告部分刊登了重庆会计师事务所于 1998 年 3 月 8 日出具的否定意见审计报告。这是我国首份否定意见审计报告，对中国的证券市场和审计行业都有着巨大的意义。

那么重庆会计师事务所为什么会对渝钛白公司签发否定意见审计报告呢？我们首先来看一看审计报告中指出的问题。报告中指出：

1997 年度应计入财务费用的借款及应付债券利息 8064 万元，贵公司将其资本化计入了钛白粉工程成本；欠付中国银行重庆市分行的美元借款利息 89.8 万美元（折合人民币 743 万元），贵公司未计提入账，两项共影响利润 8807 万元。

我们认为，由于本报告第二段所述事项的重大影响，贵公司 1997 年 12 月 31 日资产负债表、1997 年度利润及利润分配表、财务状况变动表未能公允地反映贵公司 1997 年 12 月 31 日财务状况和 1997 年年度经营成果及资金变动情况。

该份审计报告的颁布，引起中国证券市场的极大震动，中国注册会计师协会秘书长发表谈话，开门见山地肯定了重庆会计师事务所的做法，并明确说明注册会计师审计渝钛白公司使用的规章是准确的，他还特别强调：“财政部是国家财务主管部门，其他部门或地区制定的规章，文件中涉及财务问题，如与财政部规章不一致，是不发生效力的。”

审计报告全文如下：

审计报告

重庆渝钛白粉股份有限公司全体股东：

我们接受委托，审计了贵公司1997年12月31日资产负债表和1997年度利润及利润分配表、财务状况变动表。这些报表由贵公司负责，我们的责任是对这些会计报表发表审计意见。我们的审计是依据中国注册会计师独立审计准则进行的。在审计过程中，我们结合贵公司的实际情况，实施包括抽查会计记录等我们认为必要的审计程序。

1997年应计入财务费用的借款及应付债券利息8064万元，贵公司将其资本化计入钛白粉工程成本；欠付中国银行重庆市分行的美元借款利息89.8万美元（折合人民币743万元），贵公司未计提入账。两项共影响利润8807万元。

我们认为，由于本报告第二段所述事项的重大影响，贵公司1997年12月31日资产负债表、1997年度利润分配表、财务状况变动表未能公允地反映贵公司1997年12月31日财务状况和1997年度经营成果及资金变动情况。

此外，我们在审计过程中注意到：公司目前正面临沉重的债务负担和巨额的资产折旧压力，除非贵公司能尽快达到正常生产经营状况并能与有关债权人就债务重整达成协议，且市场形势在短期内发生有利于贵公司的重大变化，否则贵公司的财务状况和生产经营将陷入极为严峻的困境。

如果贵公司出现不能持续经营的情况，则应对其资产和负债重新加以评价、分类、并据以重新编制1997年度财务报表。

重庆会计师事务所　　　　　　　　　　　中国注册会计师：石义杰

　　　　　　　　　　　　　　　　　　　中国注册会计师：邓兴政

中国·重庆　　　　　　　　　　　　　　　1998年3月8日

讨论：

1. 什么是审计报告？其主要作用有哪些？
2. 请在学习本章后，找出上述审计报告在内容和格式方面存在哪些问题？
3. 试根据上述审计报告的内容编写一份规范的审计报告。

第一节　审计工作报告

一、审计报告概述

（一）审计报告的概念

审计报告是指注册会计师根据独立审计准则的要求，在实施了必要审计程序后出具的，用于对被审计单位年度会计报表发表审计意见的书面文件。审计报告是审计工作的最终成果体现，具有法定证明效力。注册会计师在实施必要的审计程序后，以经过核实的审计证据为依据，形成审计意见并出具的审计报告，对于各方面的关系人来说都具有十分重要的意义。审计报告具有以下特性：

1. 审计报告是审计工作情况的全面总结汇报，说明审计工作的结果

注册会计师审计目标的实现途径是实施审计程序，而审计目标的实现结果是通过审计报告来反映的。审计报告反映委托方的最终要求，也反映审计方完成任务的工作质量，同时也是对被审事项的评价和结论的集中体现。

2. 审计报告是一份具有法律效力的证明性文件

注册会计师的审计行为是依法进行的，审计结果按照法律的规定既要对委托人负责，还要对其他相关的关系人负责。审计报告本身要对被审会计报表的合法性、公允性和会计处理方法一致性表示意见，各方面关系人以这种具有鉴证作用的意见为基础，使用会计报表进行决策。因此，在审计报告中的审计意见必须具有信服力、公正性和严肃性，具备法律效力，否则，委托人和各方面的关系人就无须使用审计报告。审计报告的法定效力体现在各方面关系人使用审计报告的过程中。

3. 审计报告是一种公开的信息报告

作为信息报告的一种，审计报告不仅可以被审计委托人和被审计单位管理当局按规定范围使用，而且相关的债权人、银行等金融机构、财政部门、工商部门、税务部门和社会公众等都可以使用审计报告，并从中获得对有关项目公允反映程度的公正信息。

（二）审计报告的作用

注册会计师签发的审计报告，主要具有鉴证、保护和证明三方面的作用。

1. 鉴证作用

注册会计师签发的审计报告，不同于政府审计和内部审计的审计报告，是以独立的第三者身份，对被审计单位财务报表的合法性、公允性发表意见。这种意见，具有鉴证作用，得到了政府及其各部门和社会各界的普遍认可。政府有关部门，如财政部门、税务部门等了解、掌握企业的财务状况和经营成果的主要依据是企业提供的财务报表。财务报表是否合法、公允，主要依据注册会计师的审计报告做出判断。股份制企业的股东主要依据注册会计师的审计报告来判断被投资企业的财务报表是否公允地反映了财务状况和经营成果，以进行投资决策等。

2. 保护作用

注册会计师通过审计，可以对被审计单位财务报表出具不同类型审计意见的审计

报告，以提高或降低财务报表信息使用者对财务报表的信赖程度，能够在一定程度上对被审计单位的财产、债权人和股东的权益及企业利害关系人的利益起到保护作用。如投资者为了减少投资风险，在进行投资之前，必须要查阅被投资企业的财务报表和注册会计师的审计报告，了解被投资企业的经营情况和财务状况。投资者根据注册会计师的审计报告做出投资决策，可以降低其投资风险。

3. 证明作用

审计报告是对注册会计师审计任务完成情况及其结果所做的总结，它可以表明审计工作的质量并明确注册会计师的审计责任。因此，审计报告可以对审计工作质量和注册会计师的审计责任起证明作用。通过审计报告，可以证明注册会计师在审计过程中是否实施了必要的审计程序，是否以审计工作底稿为依据发表审计意见，发表的审计意见是否与被审计单位的实际情况相一致，审计工作的质量是否符合要求。通过审计报告，可以证明注册会计师审计责任的履行情况。

（三）审计报告的构成要素

审计报告应当包括下列要素：①标题；②收件人；③引言段；④管理层对财务报表的责任段；⑤注册会计师的责任段；⑥审计意见段；⑦注册会计师的签名和盖章；⑧会计师事务所的名称、地址及盖章；⑨报告日期。每个要素都有其特定的含义和独到的作用，如果缺少其中之一，审计报告也就失去了意义，同时也将影响审计报告所提供的信息质量。

（四）审计报告的内容

我国独立审计准则在吸收和借鉴国际审计准则、美国一般公认审计准则的基础上，规定了一个较为合理、较为科学、较为严谨的审计报告内容。

1. 标题

关于审计报告的标题，在世界各国范围内叫法很多，如注册会计师的报告、注册会计师意见等。在我国，按《独立审计准则第 7 号——审计报告》的规定，审计报告的标题统一规范为“审计报告”。

2. 收件人

收件人指审计业务的委托人。审计报告应载明收件人的全称，如“四川长虹电器股份有限公司”不能简写为“四川长虹公司”。另外，收件人的全称应由注册会计师手书或计算机打印，而不能以盖上收件人的行政公章来代替，这是公文的基本要求。

3. 引言段

审计报告的引言段中应说明以下内容：

（1）指出被审计单位的名称；

（2）说明财务报表已经审计；

（3）指出构成整套财务报表每一财务报表的名称；

（4）提及财务报表附注（包括重要会计政策概要和其他解释性信息）；

（5）指明构成整套财务报表每一财务报表的日期或涵盖的期间。

4. 管理层对财务报表的责任段

审计报告中应当包含“管理层对财务报表的责任”的段落。管理层对财务报表的责任段落，应当说明编制财务报表是被审计单位管理层的责任，这种责任主要包括：

（1）按照企业会计准则的规定编制财务报表，并使其实现公允反映；

（2）设计、执行和维护必要的内部控制，以使财务报表不存在由于舞弊或错误而导致的重大错报。

管理层对上述两种责任的认可是注册会计师按照审计准则的规定执行审计工作的前提。或者说，审计报告中对管理层责任的说明，包括提及这两种责任，有助于向财务报表的使用者解释执行审计工作的前提。

5. 注册会计师的责任段

审计报告中应当包含“注册会计师的责任”的段落。注册会计师的责任段落应当说明下列内容：

（1）注册会计师的责任是在执行审计工作的基础上对财务报表发表审计意见。

（2）注册会计师按照中国注册会计师审计准则的规定执行了审计工作。

（3）审计工作涉及实施审计程序，以获取有关财务报表金额和披露的审计证据。

（4）注册会计师相信获取的审计证据是充分、适当的，为其发表审计意见提供了基础。

6. 意见段

该段落用于注册会计师客观地发表意见，按规定应说明以下内容：

（1）被审计单位会计报表的编制是否符合《企业会计准则》及国家其他有关财务会计法规（在审计报告该段落中一般指明是企业会计制度）的规定。

（2）会计报表在所有重大方面是否公允地反映了被审计单位资产负债表日的财务状况和所审计期间的经营成果、现金流量情况。

（3）会计处理方法的选用是否符合一贯性原则。

7. 签章和会计师事务所地址

注册会计师在审计报告中除完成了上述内容的说明外，还应在审计报告的结尾部分签名、盖章，并加盖会计师事务所公章，标明会计师事务所的地址。

8. 审计报告日期

指注册会计师完成外勤审计工作的日期。一般地，审计报告日期不应早于被审计单位管理当局确认和签署会计报表的日期。

具备以上内容和格式的审计报告通常是标准审计报告，若注册会计师出具保留意见、否定意见或拒绝表示意见的审计报告，应在范围段和意见段之间增加说明段，清楚地说明所持意见的理由，并在可能的情况下，指出其对会计报表反映的影响程度，即指明被审计单位的某种会计行为对有关资产、负债、所有者权益、收入、成本费用和利润的影响数额，或者指明从总体上对财务状况、经营成果和现金流量情况的影响程度。

另外，当注册会计师出具无保留意见的审计报告时，如果认为必要，可以在意见段之后增加对重要事项的说明。如重大不确定事项，一贯性的例外事项，注册会计师同意偏离已颁布会计准则的事项，强调某一事项或因涉及其他注册会计师工作等事项。

（五）编制要求

注册会计师审计的目的就是对被审计单位会计报表的合法性、公允性及会计处理方法的一致性发表审计意见，为社会提供经济鉴证服务。注册会计师编制和签发审计报告应围绕这一目的，做到要素完备、意见准确、证据充分、内容合法。

1. 要素完备

指注册会计师编制审计报告的基本要素齐全，缺一不可。审计报告的基本要素包括：标题、收件人、范围段、意见段、注册会计师签名和会计师事务所签章、报告日期。

2. 意见准确

指注册会计师在审计报告中应真实反映审计的情况，通过审计报告将审计意见确切地传达给报告使用者。通常，注册会计师准确发表意见依靠两条途径共同实现，第一是注册会计师在审计实施阶段要对被审会计报表的真实情况取得充分适当的证据，并正确理解和评价被审事项；第二是注册会计师在审计报告阶段正确地把审计意见表述在审计报告中，表述审计意见有三点要求：①注册会计师应准确地选择审计意见类型；②准确地使用说明段；③规范地运用审计报告准则规定的专业术语。

3. 证据充分

指注册会计师所取得的审计证据足以支持审计意见。取得充分的审计证据是减少审计风险的前提，否则，审计报告及其所反映的意见便犹如空中楼阁。注册会计师为编制审计报告应取得以下两类审计证据：

第一类是为了证实会计报表各项目的证据。如针对现金、应收账款、存货、固定资产、无形资产、负债、所有者权益、收入和费用等项目实施审计测试取得的证据。

第二类是为了证实会计报表整体合理性的审计证据，这些证据同样也将影响审计报告的意见。包括：①管理当局声明书；②其他注册会计师的审计报告；③关联方关系及关联交易的披露；④期后事项的调整或披露；⑤或有事项的调整或披露；⑥持续经营的状况；⑦初次审计对期初余额的审核情况；等等。

4. 内容合法

指注册会计师编制和出具审计报告必须符合《中华人民共和国注册会计师法》和《独立审计准则》的规定。

二、编制审计报告的步骤

在审计报告阶段，为了编制和出具审计报告，注册会计师应遵循以下工作步骤，认真地完成每一步骤的全部工作，最终出具一份合法的审计报告，以满足社会需要。

第一步，编制审计差异调整表。包括调整分录汇总表、重分类分录汇总表、未调整不符事项汇总表等。

第二步，判断和运用重要性水平。主要是将被审计单位未调整不符事项汇总表与会计报表层次或账户余额层次的重要性水平进行比较，据以确定未调整不符事项对会计报表的影响程度。

第三步，解决重要差异。注册会计师确定审计差异之后，一般应与被审计单位沟通，建议其做出相应的调整，如果被审计单位拒绝调整那些重大差异，注册会计师就必须考虑改变审计意见和在审计报告中如何反映的问题。

第四步，进行审计小结。注册会计师应就有关审计事项进行小结，编制审计工作完成情况表，并明确地评价和说明审计计划的执行情况以及审计目标是否实现，写入审计小结中。通常审计小结文书应包括审计概况、审计中发现的主要问题和情况、意见和建议、审计结论等内容。审计小结是一份重要的审计工作底稿，它是对审计工作中各种信息的综合提炼。注册会计师应对审计小结进行认真审核，并妥善保管。

第五步，编制试算平衡表。

第六步，提请被审计单位调整会计报表，审核会计报表及其附注。其中，会计报表附注包括公司简介、会计政策、报表项目注释、分析情况以及重要事项揭示 5 个部分的内容。如果注册会计师代为编制会计报表及附注，不能将附注事项与应在审计报告揭示的事项混为一谈，即不能因为注册会计师代替被审计单位编制报表附注，而不在审计报告中揭示那些应予以揭示的事项。

第七步，确定审计意见。注册会计师根据取得的各种审计证据的分析和评价结果，结合重要性水平，确定应在审计报告中发表何种审计意见。

第八步，草拟审计报告。

第九步，复核审计工作底稿。这里主要是指进行重点复核和全面复核，如果复核中发现存在遗漏问题，应返回到审计实施阶段补充审计，如果复核中发现问题处理不当，应返回至编制审计差异表这一步骤，对不正确的处理意见做出适当的修订。

第十步，出具审计报告。经复核确认后，注册会计师应将审计报告草拟稿（或征求意见稿）送至被审计单位管理当局经确认后，再正式签发并出具审计报告。

三、审计报告的类型

注册会计师出具的审计报告可以按不同的标准来划分种类。

（一）按照审计工作范围和性质可以分为标准审计报告和非标准审计报告

当注册会计师出具的无保留意见的审计报告不附加说明段、强调事项段或任何修饰性用语时，该报告称为标准审计报告。标准审计报告包含的审计报告要素齐全，属于无保留意见，且不附加说明段、强调事项段或任何修饰性用语。否则，不能称为标准审计报告。

非标准审计报告，是指标准审计报告以外的其他审计报告，包括带强调事项段的无保留意见的审计报告和非无保留意见的审计报告。非无保留意见的审计报告包括保留意见的审计报告、否定意见的审计报告和无法表示意见的审计报告。

（二）按照审计报告使用目的可以分为公布目的审计报告和非公布目的审计报告

公布目的审计报告是指用于向被审计单位的所有者、投资者或债权人等非特定性质利害关系者公布的审计报告，这种审计报告必须附送会计报表。通常，标准审计报告是用于对外公布的审计报告。

非公布目的审计报告是指用于向经营者、合并或业务转让的关系人、提供信用的金融机构等具有特定目的关系人分发的审计报告。注册会计师提供这类审计报告通常是应委托人的特定目的而出具的，如会计报表某些特定项目、经营管理、合并或业务转让、融通资金等目的的审计。

（三）按照审计报告的详略程度可以分为简式审计报告和详式审计报告

简式审计报告，顾名思义，是内容和格式简明扼要的审计报告，包括注册会计师对会计报表审计后出具的各类审计意见的审计报告。这类审计报告记载的内容是法令或审计准则规定的，而且用于表述的文字是众皆通晓的，因此，要求它必须简明扼要，并具有大体的标准格式。

详式审计报告，是指注册会计师对所有重要的经济业务和情况都必须做详细、具体的分析和说明而出具的审计报告。详式审计报告因为说明的内容丰富，程度不一，因此，很难做出统一措辞或基本统一措辞的要求，不具有标准格式的特点。如对被审计单位经营管理和经济效益审计出具的报告，绝非注册会计师三言两语就能说清楚的，有的多达数万字，甚至数十万字，加上附件资料，这些审计报告内容之多、言辞之多足可以同一本审计理论或实务的专著媲美。

（四）按审计报告的格式可分为文字说明式审计报告与表格式审计报告

文字说明式审计报告是最常见的格式形式，绝大多数审计报告均采用这一格式。表格式审计报告是以表格为主体格式的审计报告。这类审计报告并不多见，而且也不是人们观念中想象的那样通篇均是表格，它或多或少还需要配以一定的文字进行说明，而纯粹的表格式审计报告并不存在。

四、审计报告范文

（一）标准审计报告

当注册会计师出具的无保留意见的审计报告不附加说明段、强调事项段或任何修饰性用语时，该报告称为标准审计报告。无保留意见，是指当注册会计师认为财务报表在所有重大方面按照适用的财务报告编制基础编制并实现公允反映时发表的审计意见。

审计人员在编制无保留意见审计报告时，应以"我们认为"作为意见段的开头，并使用"在所有重大方面公允地反映了"等专业术语，不能使用"我们保证"的字样。因为审计人员发表的是自己的判断或意见，不能对会计报表的真实性、合法性做出绝对保证，以避免会计报表使用者产生误解，同时也可明确审计人员仅仅承担审计责任，它并不能减免被审计单位对会计报表承担会计责任。

因此既不能使用"完全正确""绝对真实"等词汇，也不能使用"大致反映""基本反映"等模糊不清、态度暧昧的术语。

标准审计报告包括对按照企业会计准则编制的财务报表出具的标准审计报告和对按照企业会计准则编制的合并财务报表出具的标准审计报告两种类型。

【典型案例4-1】对按照企业会计准则编制的财务报表出具的标准审计报告范文：

审计报告

ABC股份有限公司全体股东：

一、对财务报表出具的审计报告（说明：如果审计报告中不包含"按照相关法律法规的要求报告的事项"部分，则不需要加入此标题，下同）

我们审计了后附的ABC（股份）有限公司（以下简称ABC公司）财务报表，包括20××年12月31日的资产负债表，20××年度的利润表、所有者权益变动表、现金流量表以及财务报表附注。

（一）管理层对财务报表的责任

编制和公允列报财务报表是××公司管理层的责任。这种责任包括：(1) 按照企业会计准则的规定编制财务报表，并使其实现公允反映；（2）设计、执行和维护必要的内部控制，以使财务报表不存在由于舞弊或错误而导致的重大错报。

（二）注册会计师的责任

我们的责任是在执行审计工作的基础上对财务报表发表审计意见。我们按照中国注册会计师审计准则的规定执行了审计工作。中国注册会计师审计准则要求我们遵守中国注册会计师职业道德守则，计划和执行审计工作以对财务报表是否不存在重大错报获取合理保证。

审计工作涉及实施审计程序，以获取有关财务报表金额和披露的审计证据。选择的审计程序取决于注册会计师的判断，包括对由于舞弊或错误导致的财务报表重大错报风险的评估。在进行风险评估时，注册会计师考虑与财务报表编制和公允列报相关的内部控制，以设计恰当的审计程序，但目的并非对内部控制的有效性发表意见。审计工作还包括评价管理层选用会计政策的恰当性和做出会计估计的合理性，以及评价财务报表的总体列报。

我们相信，我们获取的审计证据是充分、适当的，为发表审计意见提供了基础。

（三）审计意见

我们认为，ABC公司财务报表在所有重大方面按照企业会计准则的规定编制，公允地反映了ABC公司20××年12月31日的财务状况及20××年度经营成果和现金流量。

二、按照相关法律法规的要求报告的事项

（本部分报告的格式和内容，取决于相关法律法规对其他报告责任的规定。）

××会计师事务所　　　　　　　　　　中国注册会计师：×××

（公章）　　　　　　　　　　　　　　　　　　（签名并盖章）

中国注册会计师：×××

（签名并盖章）

中国××市　　　　　　　　　　　　　　二〇××年×月×日

【典型案例4－2】对按照企业会计准则编制的合并财务报表出具的标准审计报告范文：

审计报告

ABC股份有限公司全体股东：

一、对合并财务报表出具的审计报告

我们审计了后附的ABC（股份）有限公司（以下简称ABC公司）合并财务报表，

包括20××年12月31日的合并资产负债表，20××年度的合并利润表、合并现金流量表和合并所有者权益变动表及财务报表附注。

（一）管理层对财务报表的责任

编制和公允列报合并财务报表是××公司管理层的责任。这种责任包括：(1) 按照企业会计准则的规定编制合并财务报表，并使其实现公允反映；(2) 设计、执行和维护必要的内部控制，以使合并财务报表不存在由于舞弊或错误而导致的重大错报。

（二）注册会计师的责任

我们的责任是在执行审计工作的基础上对合并财务报表发表审计意见。我们按照中国注册会计师审计准则的规定执行了审计工作。中国注册会计师审计准则要求我们遵守中国注册会计师职业道德守则，计划和执行审计工作以对财务报表是否不存在重大错报获取合理保证。

审计工作涉及实施审计程序，以获取有关财务报表金额和披露的审计证据。选择的审计程序取决于注册会计师的判断，包括对由于舞弊或错误导致的合并财务报表重大错报风险的评估。在进行风险评估时，注册会计师考虑与合并财务报表编制和公允列报相关的内部控制，以设计恰当的审计程序，但目的并非对内部控制的有效性发表意见。审计工作还包括评价管理层选用会计政策的恰当性和做出会计估计的合理性，以及评价合并财务报表的总体列报。

我们相信，我们获取的审计证据是充分、适当的，为发表审计意见提供了基础。

（三）审计意见

我们认为，合并财务报表在所有重大方面按照企业会计准则的规定编制，公允地反映了ABC公司20××年12月31日的财务状况及20××年度经营成果和现金流量。

二、按照相关法律法规的要求报告的事项

（本部分报告的格式和内容，取决于相关法律法规对其他报告责任的规定。）

××会计师事务所　　　　　　　　　　中国注册会计师：×××
（公章）　　　　　　　　　　　　　　　　　（签名并盖章）
　　　　　　　　　　　　　　　　　　中国注册会计师：×××
　　　　　　　　　　　　　　　　　　　　　　（签名并盖章）

中国××市　　　　　　　　　　　　　　　二〇××年×月×日

（二）非标准审计报告

1. 保留意见的审计报告

注册会计师经过审计后，认为被审计单位会计报表的反映就其整体而言是公允的，

但存在下述情况之一时，应出具保留意见的审计报告：

（1）在获取充分、适当的审计证据后，注册会计师认为错报单独或汇总起来对财务报表影响重大但不具有广泛性。

（2）注册会计师无法获取充分、适当的审计证据以作为形成审计意见的基础，但认为未发现的错报（如存在）对财务报表可能产生重大影响，但不具有广泛性。

审计人员在运用上述条件判断应出具的审计报告类型时，要注意考虑重要性对审计报告选择的影响。即审计人员在遇到可能对被审计单位会计报表产生较大影响的重要事项时，应在审计意见中予以保留；如果性质严重，应出具否定意见的审计报告。

审计人员出具保留意见的审计报告时，应于“意见段”之前另设“说明段”，以说明所持保留意见的理由，并在“意见段”中使用“除‘导致保留意见的事项’段所述事项产生的影响外”等术语。像“以……为条件”和“如前解释”这样的词语不够明确有力，因而要避免使用。

除使用保留意见的特定术语之外，其余应该使用无保留意见的审计报告的术语，表示其他事项已做了公允的反映。

【典型案例4－3】 因财务报表存在重大错报而出具保留意见的审计报告范文：

审计报告

ABC股份有限公司全体股东：

一、对财务报表出具的审计报告

我们审计了后附的ABC（股份）有限公司（以下简称ABC公司）财务报表，包括20××年12月31日的资产负债表，20××年度的利润表、所有者权益变动表、现金流量表以及财务报表附注。

（一）管理层对财务报表的责任

编制和公允列报财务报表是××公司管理层的责任。这种责任包括：（1）按照企业会计准则的规定编制财务报表，并使其实现公允反映；（2）设计、执行和维护必要的内部控制，以使财务报表不存在由于舞弊或错误而导致的重大错报。

（二）注册会计师的责任

我们的责任是在执行审计工作的基础上对财务报表发表审计意见。我们按照中国注册会计师审计准则的规定执行了审计工作。中国注册会计师审计准则要求我们遵守中国注册会计师职业道德守则，计划和执行审计工作以对财务报表是否不存在重大错报获取合理保证。

审计工作涉及实施审计程序，以获取有关财务报表金额和披露的审计证据。选择的审计程序取决于注册会计师的判断，包括对由于舞弊或错误导致的财务报表重大错报风险的评估。在进行风险评估时，注册会计师考虑与财务报表编制和公允列报相关的内部控制，以设计恰当的审计程序，但目的并非对内部控制的有效性发表意见。审计工作还包括评价管理层选用会计政策的恰当性和做出会计估计的合理性，以及评价财务报表的总体列报。

我们相信，我们获取的审计证据是充分、适当的，为发表保留意见提供了基础。

（三）导致保留意见的事项

ABC公司20××年12月31日资产负债表中存货的列示金额为××元。管理层根据成本对存货进行计量，而没有根据成本与可变现净值孰低的原则进行计量，这不符合企业会计准则的规定。公司的会计记录显示，如果管理层以成本与可变现净值孰低的原则对存货进行计量，存货列示金额将减少××元。同时，资产减值损失将增加××元，所得税、净利润和所有者权益分别减少××元、××元和××元。

（四）保留意见

我们认为，除"（三）导致保留意见的事项"段所述事项产生的影响外，ABC公司财务报表在所有重大方面按照企业会计准则的规定编制，公允地反映了ABC公司20××年12月31日的财务状况及20××年度经营成果和现金流量。

二、按照相关法律法规的要求报告的事项

（本部分报告的格式和内容，取决于相关法律法规对其他报告责任的规定。）

××会计师事务所　　　　　　　　　中国注册会计师：×××
（公章）　　　　　　　　　　　　　　　（签名并盖章）
　　　　　　　　　　　　　　　　　中国注册会计师：×××
　　　　　　　　　　　　　　　　　　　（签名并盖章）
中国××市　　　　　　　　　　　　　二〇××年×月×日

2. 否定意见的审计报告

当审计人员经过审计，在获取充分、适当的审计证据后，如果认为错报单独或汇总起来对财务报表影响重大且具有广泛性，注册会计师应发表否定意见。

审计人员在出具否定意见的审计报告时，应于"意见段"之前另设"说明段"，说明所持否定意见的理由，并在"意见段"中使用"由于'导致否定意见的事项'段所述事项的重要性""由于上述问题造成的重大影响外"等专业术语，并指出会计报表"没有在所有重大方面按照企业会计准则的规定编制""未能公允地反映"等术语。

【典型案例4-4】因财务报表存在重大错报而出具否定意见的审计报告范文：

审计报告

ABC股份有限公司全体股东：

一、对财务报表出具的审计报告

我们审计了后附的ABC（股份）有限公司（以下简称ABC公司）财务报表，包括20××年12月31日的资产负债表，20××年度的利润表、所有者权益变动表、现金流量表以及财务报表附注。

（一）管理层对财务报表的责任

编制和公允列报财务报表是××公司管理层的责任。这种责任包括：（1）按照企业会计准则的规定编制财务报表，并使其实现公允反映；（2）设计、执行和维护必要的内部控制，以使财务报表不存在由于舞弊或错误而导致的重大错报。

（二）注册会计师的责任

我们的责任是在执行审计工作的基础上对财务报表发表审计意见。我们按照中国注册会计师审计准则的规定执行了审计工作。中国注册会计师审计准则要求我们遵守中国注册会计师职业道德守则，计划和执行审计工作以对财务报表是否不存在重大错报获取合理保证。

审计工作涉及实施审计程序，以获取有关财务报表金额和披露的审计证据。选择的审计程序取决于注册会计师的判断，包括对由于舞弊或错误导致的财务报表重大错报风险的评估。在进行风险评估时，注册会计师考虑与财务报表编制和公允列报相关的内部控制，以设计恰当的审计程序，但目的并非对内部控制的有效性发表意见。审计工作还包括评价管理层选用会计政策的恰当性和做出会计估计的合理性，以及评价财务报表的总体列报。

我们相信，我们获取的审计证据是充分、适当的，为发表否定意见提供了基础。

（三）导致否定意见的事项

如财务报表附注×所述，××公司的长期股权投资未按企业会计准则的规定采用权益法核算。如果按权益法核算，××公司的长期投资账面价值将减少×万元，净利润将减少×万元，从而导致××公司由盈利×万元变为亏损×万元。

（四）否定意见

我们认为，由于“（三）导致否定意见的事项”段所述事项的重要性，ABC公司财务报表没有在所有重大方面按照企业会计准则的规定编制，未能公允地反映ABC公司20××年12月31日的财务状况及20××年度经营成果和现金流量。

二、按照相关法律法规的要求报告的事项

（本部分报告的格式和内容，取决于相关法律法规对其他报告责任的规定。）

××会计师事务所　　　　　　　　　　中国注册会计师：×××

（公章）　　　　　　　　　　　　　　（签名并盖章）

　　　　　　　　　　　　　　　　　中国注册会计师：×××

　　　　　　　　　　　　　　　　　　（签名并盖章）

中国××市　　　　　　　　　　　　　二〇××年×月×日

3. 无法表示意见的审计报告

也称为拒绝表示意见的审计报告，注册会计师对被审计单位的会计报表不能发表意见时，即对会计报表不发表肯定、否定和保留的审计意见时，就出具拒绝表示意见的审计报告。

但在这方面，应当注意，无法表示意见并不是拒绝接受委托，也不是不发表意见，而是当注册会计师在审计过程中，由于审计范围受到委托人、被审计单位或客观环境的严重限制，不能获取必要的审计证据，以致无法对会计报表整体反映发表审计意见，才会出具无法表示意见的审计报告。

【典型案例4-5】 无法表示意见的审计报告范文：

审计报告

ABC股份有限公司全体股东：

一、对财务报表出具的审计报告

我们审计了后附的ABC（股份）有限公司（以下简称ABC公司）财务报表，包括20××年12月31日的资产负债表，20××年度的利润表、所有者权益变动表、现金流量表以及财务报表附注。

（一）管理层对财务报表的责任

编制和公允列报财务报表是××公司管理层的责任。这种责任包括：（1）按照企业会计准则的规定编制财务报表，并使其实现公允反映；（2）设计、执行和维护必要的内部控制，以使财务报表不存在由于舞弊或错误而导致的重大错报。

（二）注册会计师的责任

我们的责任是按照中国注册会计师审计准则的规定执行审计工作的基础上，对财务报表发表审计意见。但由于“（三）导致无法表示意见的事项”段所述的事项，我们无法获取充分、适当的审计证据为发表审计意见提供基础。

（三）导致无法表示意见的事项

ABC公司未对20××年12月31日的存货进行盘点，金额为×万元，占期末资产总额的40%。我们无法实施存货监盘，也无法实施替代审计程序，以对期末存货的数量和状况获取充分、适当的审计证据。

（四）审计意见

由于“（三）导致无法表示意见的事项”段所述事项的重要性，我们无法获取充分、适当的审计证据为发表审计意见提供基础，因此，我们不对ABC公司财务报表发表审计意见。

二、按照相关法律法规的要求报告的事项

（本部分报告的格式和内容，取决于相关法律法规对其他报告责任的规定。）

××会计师事务所　　　　　　　　　　中国注册会计师：×××
（公章）　　　　　　　　　　　　　　（签名并盖章）
　　　　　　　　　　　　　　　　　　中国注册会计师：×××
　　　　　　　　　　　　　　　　　　（签名并盖章）
中国××市　　　　　　　　　　　　　二〇××年×月×日

【学生思考4-1】

资料：请各小组分别就下列四种情况，指出注册会计师应出具何种意见类型的审计报告，并说明理由：

第1种情况：A公司是生产经营炸药的公司，因危险性很高，所以保险公司不愿意对其财产承保，而该公司未将此事在会计报表中加以揭示。该公司财产可能因为一次爆炸事件损坏无余，但该公司具有极好的安全记录，且从未有过爆炸损失。

第2种情况：B公司拥有自购置之日起就有大幅度增值的房屋一幢。资产负债表中将该房屋以现行评价表示并已充分披露，该公司深信资产负债表中所列房屋估价较为合理。

第3种情况：C公司为非银行金融公司，该公司遵照政府有关部门的规定编制会计报表，但某些项目所涉及的金额不大，且已在会计报表附注中做了充分揭示。

第4种情况：D公司对各子公司都拥有股票投资，已查明各项投资均以原始成本入账，以便于审核各子公司以查明资产负债表中长期投资数额的真实性。

提示：

第1种情况：出具无保留意见的审计报告。通常保险公司不愿意承保财产保险的可能损失，不需列入会计报表中。

第 2 种情况：出具否定意见或保留意见的审计报告。房屋以现行评估价入账，违反《企业会计准则》的规定，如果该幢房屋金额很大，则应出具否定意见的审计报告；如果金额不大，则可出具保留意见的审计报告。

第 3 种情况：出具保留意见的审计报告。公司会计报表的编制必须遵循《企业会计准则》的规定。

第 4 种情况：出具无法表示意见或保留意见的审计报告。如审计范围受到严重限制且如审计范围受到严重限制无法取得适当的对子公司投资的证据，则应出具无法表示意见的审计报告；如审计范围受到限制并不十分严重，则可出具保留意见的审计报告。

第二节　管理建议书

所谓管理建议书，是指注册会计师在完成审计工作后，针对审计过程中已注意到的，可能导致被审计单位财务报表产生重大错误报告的内部控制重大缺陷提出书面建议。现行审计准则要求，注册会计师对审计过程中注意到的内部控制重大缺陷，应当告知被审计单位管理当局，必要时，可出具管理建议书。

一、管理建议书的内容

（一）标题

管理建议书的标题应当统一规范为“管理建议书”。

（二）收件人

管理建议书的收件人应为被审计单位管理当局。

（三）会计报表审计目的及管理建议书的性质

管理建议书应当指明审计目的是对会计报表发表审计意见。管理建议书仅指出了注册会计师在审计过程中注意到的内部控制重大缺陷，不应被视为对内部控制发表的签证意见。所提建议不具有强制性和公正性。

（四）内部控制重大缺陷及其影响和改进建议

管理建议书应当指明注册会计师在审计过程中注意到的内部控制设计及运行方面的重大缺陷，包括前期建议改进但本期仍然存在的重大缺陷。

（五）使用范围及使用责任

管理建议书应当指明其仅供被审计单位管理当局内部参考，因使用不当造成的后果，与注册会计师及其所在会计师事务所无关。

（六）签章

管理建议书应当由注册会计师签章，并加盖会计师事务所公章。

二、作用及注意事项

（一）管理建议书的作用

（1）由于注册会计师的职业特点，在审计过程中按规定需要检查被审计单位的内部控制系统，能够了解被审计单位经营管理中的关键所在。

通过管理建议书，可以针对内部控制弱点，提供进一步完善内部控制，改进会计工作，提高经营管理水平的参考意见。这种意见最及时、有效，能促使被审计单位注意加强控制，改善工作，以防止弊端的发生。

（2）注册会计师借助管理建议书，事先提出了改进建议，可以把注册会计师的法律责任降到最低限度。

（二）运用管理建议书时应注意的事项

（1）运用管理建议书时可能存在审计意见不准确的风险，如管理建议书提到的已被利用的重大缺陷，是否会导致会计报表出现未调整的重大差错而审计报告未加以披露的风险。

（2）运用管理建议书时可能存在审计程序执行不足从而导致审计证据不足的风险，如管理建议书提到的可能会被利用的重大控制缺陷，而未履行充分、完整的审计程序，只是以较小、具有代表性的样本量，或者用其他测试来替代应履行的实质性测试。

【典型案例4-6】管理建议书范文

管理建议书

ABC公司管理当局：

我们接受贵公司委托，对贵公司DE生产线F、G期改扩建项目竣工财务决算进行了审核。我们的责任是根据我们的审核对上述工程决算发表审核意见，我们提供的这份管理建议书，不在审核业务约定书约定项目之内，而是我们基于为贵公司服务的目的，根据审核过程中发现的工程管理和财务管理的问题而提出的。因为我们主要从事的是对贵公司竣工财务决算的审核，所实施的审核范围是有限的，不可能全面了解贵公司在工程控制和管理中存在的全部问题，所以，管理建议书中包括的内部控制和管理方面的缺陷仅是我们注意到的，不应被视为对贵公司工程控制和管理发表的鉴证意见，所提建议不具有强制性和公正性。

一、必须夯实竣工决算的基础工作

作为建设单位，贵公司在竣工决算编制环节缺乏足够的经验，思想上不够重视，在上述项目跨度长达H年的建设期间内未对此做好充分的准备，具体表现为竣工项目资料零乱，以及不及时清理和核对各有关账目等，给竣工决算的正确编制造成了很大的影响。

积累、整理竣工项目资料是编制竣工决算的基础工作，它关系到竣工决算的完整性和质量的好坏。在建设过程中，建设单位必须随时收集项目建设的各种资料，如技术资料、工料结算的经济文件、施工图纸和各种变更与签证资料等，并在竣工验收前，对各种资料进行系统整理，分类立卷，为编制竣工决算提供完整的数据资料，为投产后加强固定资产管理提供依据。

在项目建设过程中和竣工后，建设单位应当注意建设工程从筹建到竣工投产和使用的全部费用的各项账务和债权、债务的清理，认真核实各项交付使用资产的建设成本，做到工程完毕账目清晰，账实相符。

二、必须高度统一项目管理部门和财务管理部门的工作目标

在F、G期改扩建项目建设过程中，贵公司工程项目管理部门和财务管理部门配合不够紧密，具体表现为在工程造价控制方面两个部门缺乏积极有效的沟通，以及诸多的工程变更、施工方向贵公司领用材料的具体去向、不合格设备和配件的处理等事项未能及时、正确地反映为财务信息。

通常，工程技术人员把如何降低工程造价看成是与己无关的财务人员的职责；而财务人员的主要责任是根据财务制度办公，其往往不熟悉工程技术知识，也较少了解工程进展中的各种关系和问题，往往单纯地从财务的角度审核费用开支，难以有效地控制工程造价。

如果项目管理部门未将工程建设中的一些具体或特殊事项及时、准确地通报财务部门，势必会造成财务信息失真，影响财务管理发挥其重要作用，而且事后调查和更正无疑会给工作带来很大的难度，管理成本也会由此上升。

项目管理部门和财务管理部门的工作目标应当是统一的，都是为项目所涉及的资金管理和资产管理而服务，建议贵公司两个部门加强协作，将工程管理工作纳入规范轨道。

三、必须注重工程设计阶段的造价控制

在审核工作中我们注意到，贵公司DE生产线F、G期改扩建项目的设计和概算存在不周之处，在建设过程中也未及时加以修正，一定程度上失去了控制工程造价的作用。

工程造价控制在贯穿于项目建设全过程的同时，还应当注重工程设计阶段的造价

控制。工程造价控制的关键在于前期决策和设计阶段，而在项目投资决策完成后，控制工程造价的关键就在于设计。建设工程全寿命期费用包括工程造价和工程交付使用后的经营开支费用，以及该项目使用期满后的报废拆除费用等。据西方一些国家分析，设计费一般不足建设工程全寿命期费用的1%，但正是这少于1%的费用对工程造价的影响度占到了75%以上。由此可见，设计质量对整个工程建设的效益是至关重要的。

长期以来，国内普遍忽视工程建设项目前期工作阶段的造价控制，而往往把控制工程造价的主要精力放在施工阶段——审核施工图预算、结算建安工程价款，贵公司也是如此。这样做虽然有一定的效果，但毕竟是“亡羊补牢”，事倍功半。要想有效地控制建设工程造价，建议贵公司今后的工程项目应当将控制重点转到建设前期阶段。

四、可以尝试由设计单位总承包项目以达到节约投资目的

F、G期改扩建项目的施工商和供货商多达数百家，由贵公司作为建设单位一一面对，管理成本非常高，也很不利于控制工程造价。目前国内同行业有建设单位委托设计单位总揽工程项目的先例，造价控制效果明显，建议贵公司可以在今后的改建、扩建项目中尝试采用这种方式。

本管理建议书只提供给贵公司，供贵公司管理当局参考。限于工作时间和审核范围，我们所发现的问题和提供的建议中可能会存在不妥的地方，敬请贵公司管理当局谅解。因使用管理建议书不当造成的后果，与本所及执行业务的注册会计师无关。

中国注册会计师

中国注册会计师

地址：

电话：　　　　　　　　　　　　　　　　　　　　　　　　　年　　月　　日

理论与实务测试

一、单项选择题

1. 某位注册会计师在编写审计报告时，在意见段中使用了“除前段所述……的影响外”的术语，这种审计报告是（　　）。

A. 无保留意见审计报告　　　　B. 保留意见审计报告

C. 否定意见审计报告　　　　D. 无法表示意见审计报告

2. 某位注册会计师在编写审计报告时，在意见段中使用了“由于上述问题造成的重大影响”的术语，这种审计报告是（　　）。

A. 无保留意见审计报告　　　　B. 保留意见审计报告

C. 否定意见审计报告　　　　D. 无法表示意见审计报告

3. 某位注册会计师在编写审计报告时，在意见段中使用“由于上述审计范围受到限制可能产生的影响非常重大和广泛”的术语，这种审计报告是（　　）。

A. 无保留意见审计报告　　　　B. 保留意见审计报告

C. 否定意见审计报告　　　　D. 无法表示意见审计报告

4. 注册会计师出具的审计报告的正确性和合法性应由（　　）负责。

A. 会计师事务所　　　　B. 委托单位

C. 国家审计机关　　　　D. 注册会计师

5. 审计人员用于表达审计意见，做出审计结论的书面文件是（　　）。

A. 审计工作底稿　　B. 审计档案　　C. 审计证据　　D. 审计报告

6. 以下关于审计报告的叙述中，正确的是（　　）。

A. 审计报告的收件人是指被审计单位

B. 注册会计师如果出具非无保留意见的审计报告时，应在意见段之前增加说明段

C. 审计报告应该由两位注册会计师签名盖章，并且必须要有主任会计师

D. 审计报告的日期是指编写完审计报告的日期

7. 下列不属于注册会计师对财务报表审计时所出具的审计报告中，注册会计师责任段所描述的内容是（　　）。

A. “我们相信，我们获取的审计证据是充分、适当的，为发表审计意见提供了基础”

B. “审计工作涉及实施审计程序，以获取有关财务报表金额和披露的审计证据”

C. “我们的责任是在实施审计工作的基础上对财务报表发表审计意见”

D. “审计工作还包括评价治理层选用会计政策的恰当性和做出会计估计的合理性，以及评价财务报表的总体列报”

8. 下列（　　）情况属于因被审计单位管理层造成的审计范围受到限制。

A. 管理层不允许注册会计师观察存货盘点

B. 截至资产负债表日处于外海的远洋捕捞船队的捕鱼量无法监盘

C. 被审计单位的部分会计资料被洪水冲走，无法进行检查

D. 外国子公司的存货无法监盘

9. 如果被审计单位财务报表就其整体而言是公允的，但因审计范围受到重要的局部限制，无法按照审计准则的要求取得应有的审计证据时，注册会计师应发表（　　）。

A. 否定意见　　　　B. 保留意见

C. 无法表示意见　　　　D. 带强调事项段的无保留意见

10. 在财务报表审计中，如果注册会计师识别出比较数据存在重大错报，则应当要求管理层更正比较数据，如果管理层拒绝更正，注册会计师应当根据重大错报的程度

出具（　　）类型的审计报告。

A. 保留意见或无法表示意见　　B. 保留意见或否定意见

C. 带强调事项段的无保留意见　　D. 无法表示意见

二、多项选择题

1. 根据审计报告使用的目的不同，可以分为（　　）。

A. 标准审计报告　　B. 非标准审计报告

C. 公布目的的审计报告　　D. 一般审计报告

E. 非公布目的的审计报告

2. 审计报告按其详略程度的不同，可以分为（　　）。

A. 简式审计报告　　B. 详式审计报告

C. 标准审计报告　　D. 非标准审计报告

3. 审计意见一般有下列哪几种（　　）。

A. 无保留意见　　B. 无法表示意见

C. 否定意见　　D. 部分赞成意见

E. 保留意见

4. 下列哪些基本内容属于审计报告所应有的内容（　　）。

A. 意见段　　B. 报告日期　　C. 收件人　　D. 附件

5. 详式审计报告一般适用于（　　）。

A. 政府审计　　B. 内部审计　　C. 民间审计　　D. 效益审计

6. 下列说法中不正确的有（　　）。

A. 审计报告分为标准审计报告和非标准审计报告。标准审计报告包括无保留意见和带强调事项段的无保留意见审计报告；非标准审计报告就是无保留意见的审计报告，包括保留意见的审计报告、否定意见的审计报告和无法表示意见的审计报告

B. 财务报表审计是一个累积和不断修正信息的过程，随着计划的审计程序的实施，如果获取的信息与风险评估时依据的信息有重大差异，注册会计师应当修改原计划的其他审计程序的性质、时间和范围，但不用修正风险评估结果

C. 审计报告应当由两名具备相关业务资格的注册会计师签名盖章并经会计师事务所盖章方为有效。其中一位必须是主任会计师，另一位是负责该项目的注册会计师

D. 审计报告的日期不应晚于注册会计师获取充分、适当的审计证据（包括管理层认可对财务报表的责任且已批准财务报表的证据），并在此基础上对财务报表形成审计意见的日期

7. 同时符合下列（　　）条件时，注册会计师应当出具无保留意见的审计报告。

A. 注册会计师已经按照中国注册会计师审计准则的规定计划和实施审计工作，在

审计过程中未受到限制

B. 财务报表已经按照适用的会计准则和相关会计制度的规定编制，在所有方面公允地反映了被审计单位期末的财务状况、经营成果和现金流量

C. 注册会计师已经按照中国注册会计师独立审计准则的要求计划和实施审计工作，在审计过程中未受到限制

D. 财务报表已经按照适用的会计准则和相关会计制度的规定编制，在所有重大方面公允地反映了被审计单位的财务状况、经营成果和现金流量

8. 在（　　）情况下，注册会计师应当在审计报告的意见段后增加强调事项段。

A. 存在可能导致对持续经营能力产生重大疑虑的事项或情况

B. 会计政策、会计估计发生变更且对财务报表产生重大影响

C. 如果被审计单位选用其他编制基础编制报表，注册会计师认为管理层选用的其他编制基础是适当的，且财务报表已做出充分披露

D. 强调重大的关联方交易、重大的期后事项及重大的会计差错更正

9. 遇到下列（　　）情况时，注册会计师可能对 AS 公司的财务报表出具无法表示意见的审计报告

A. 未能就影响 AS 公司财务报表公允反映的重大关联方交易事项获取充分、适当的审计证据

B. AS 公司管理层拒绝向注册会计师出具管理层声明书

C. AS 公司财务报表整体上没有按照企业会计准则进行编制

D. 在存在疑虑的情况下，注册会计师不能就 AS 公司持续经营假设的合理性获取必要的审计证据

10. 如果其他信息中存在对事实的错报漏报，注册会计师应提请管理层修改其他信息。如果被审计单位拒绝修改，注册会计师应当（　　）。

A. 在征求律师意见后做出适当的处理

B. 将对其他信息的关注以书面形式告知被审计单位治理层

C. 发表保留意见或否定意见审计报告

D. 在审计报告的意见段后增列说明段予以说明

三、判断题

1. 所有的审计报告都是用于对被审计单位年度会计报表发表审计意见的书面文件。（　　）

2. 注册会计师签发的审计报告，与政府审计和内部审计的审计报告一样，是以独立的第三者身份，对被审计单位财务报表的合法性、公允性发表意见。（　　）

3. 在我国，按照《独立审计准则第 7 号——审计报告》的规定，审计报告的标题

统一规范为“审计报告”。(　　)

4. 一般地，审计报告日期不应迟于被审计单位管理当局确认和签署会计报表的日期。(　　)

5. 注册会计师编制和签发审计报告，应做到要素完备、意见准确、证据充分、内容合法。(　　)

6. 通常，标准审计报告是用于对内公布的审计报告。(　　)

7. 如果企业会计处理方法严重违反《企业会计准则》和国家其他有关财务会计法规的规定，被审计单位拒绝进行调整，注册会计师应出具保留意见的审计报告。(　　)

8. 管理建议书不仅可供被审计单位管理当局内部参考，也可供企业的债权人参考。(　　)

9. 企业如果存在问题不严重，审计报告中审计意见可用“基本上反映”等术语。(　　)

10. 管理建议书的收件人应该是审计委托人。(　　)

四、实务分析题

1. 注册会计师对 A 公司 2019 年的会计报表进行审计后，认为 A 公司的会计报表符合国家颁布的企业会计准则和《××企业会计制度》的规定，在所有重大方面公允反映了 A 公司对 2019 年 12 月 31 日的财务状况以及 2019 年度的经营成果和现金流量。

2. 注册会计师对 ABC 公司 2019 年度的会计报表进行审计，通过审计：ABC 公司其他方面均无问题，只是在审查存货时，ABC 公司拒绝注册会计师对存货进行盘点的要求，致使注册会计师无法对存货进行监盘，也无法实施其他替代审计程序，因而不能对存货的情况收集充足适当的审计证据，注册会计师应对 ABC 公司 2019 年度的会计报表出具何种意见类型的审计报告？为什么？

3. 注册会计师对 C 公司 2019 年度的会计报表进行审计，发现 C 公司 2019 年 10 月购入的×类固定资产没有计提折旧。如果按照 C 公司固定资产折旧政策，应当计提折旧费用 5 万元。同时，C 公司 2019 年 12 月 31 日的累计折旧应当增加 5 万元，固定资产账面净值减少 5 万元，2019 年度净利润减少 5 万元。除上述情况对会计报表产生的影响外，C 公司 2019 年度会计报表符合国家颁布的企业会计准则和《××会计制度的规定，在所有重大方面公允反映了其 2019 年 12 月 31 日的财务状况以及 2019 年度的经营成果和现金流量。

4. 注册会计师对 D 公司 2019 年度的会计报表进行审计，在审查应收账款项目时，由于被审计单位未能提供债务人地址，致使注册会计师无法实施函证且无法实施替代审计程序，以获取充分、适当的审计证据。除上述情况对会计报表产生的影响外，D 公司 2019 年度会计报表符合国家颁布的企业会计准则和《××会计制度》的规定，在所有重大方面公允反映了其2019年12月31日的财务状况以及2019年度的经营成果和现金流量。

5. 注册会计师对E公司2019年度会计报表进行审计，发现E公司的长期股权投资未按《企业会计准则》的规定采用权益法核算。如果按权益法核算，E公司的长期股权投资账面价值将减少×万元，净利润将减少×万元，从而导致E公司由盈利×万元变为亏损×万元。

6. 注册会计师对H公司2019年度的会计报表进行审计，在审查存货时，经查，该企业存货账面余额100万元。注册会计师准备对存货实施监盘，被审计单位拒绝注册会计师对存货进行盘点的要求，致使注册会计师无法对存货进行监盘，因而不能获取充分、适当的审计证据。

要求：

（1）分别对上述各种情况，指出注册会计师应出具何种类型的审计意见。

（2）就上述情况选择其中的两种编写两份简式审计报告。

第二部分

审计实务操作部分

第五章　销售与收款循环的审计

教学目的与要求

通过学习，明确销售与收款循环业务所涉及的经济活动和凭单，了解销售与收款循环业务活动内部控制制度，掌握销售与收款循环业务及相关账户的审计方法。

教学重点

主营业务收入的审计；应收款项及坏账准备的审计；应交税费等的审计。

教学难点

销售收入的审计；应交税费的审计。

引导案例

2001 年引起股市地震的银广夏，通过伪造购销合同、伪造出口报关单、虚开增值税专用发票、伪造免税文件和伪造金融票据等手段，虚构主营业务收入，虚构巨额利润 7.45 亿元，其中，1999 年 1.78 亿元，2000 年 5.67 亿元。银广夏案件为 2001 年的中国股市投下了一枚重磅炸弹，而为银广夏审计的中天勤会计师事务所也跟着遭殃。

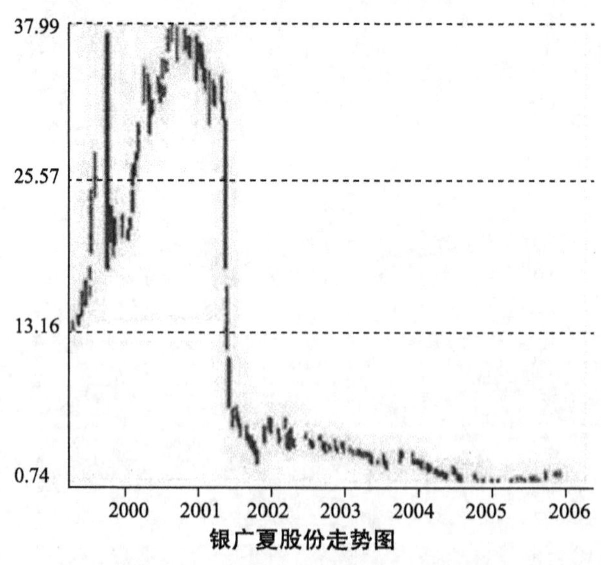

银广夏股份走势图

反思：银广夏等上述案件的有关注册会计师，在审计程序上的最大责任在于没有采取正确的方法对重要的应收账款进行发函询证，或没有对存货进行必要的盘点。

也没有采用分析性的审计技术，来执行收入循环测试、现金及银行存款测试以及成本分析等程序。因为这些技术的采用往往能发现销售的漏洞。如应收账款函证，对应收账款的客户由注册会计师直接进行询证，是查出虚假销售收入最重要的方法。而中天勤会计师事务所却将询证函交给了银广夏公司，给该公司造假留下了一个极大的空间。同时，将销售收入、应收账款的变动与材料成本、人工费用、存货费用等项目变动相结合来进行分析，也往往能发现其可疑之处。正如银广夏公司，其销售收入成倍增加，但存货费、运输费等却分文没有增加，按一般逻辑也能推理出该公司的造假现象。

第一节　销售与收款循环业务概述

一、销售与收款循环业务涉及的主要经济活动

了解企业在销售与收款循环中的典型活动，对该业务循环的审计非常必要。销售与收款循环所涉及的主要业务活动如下图所示：

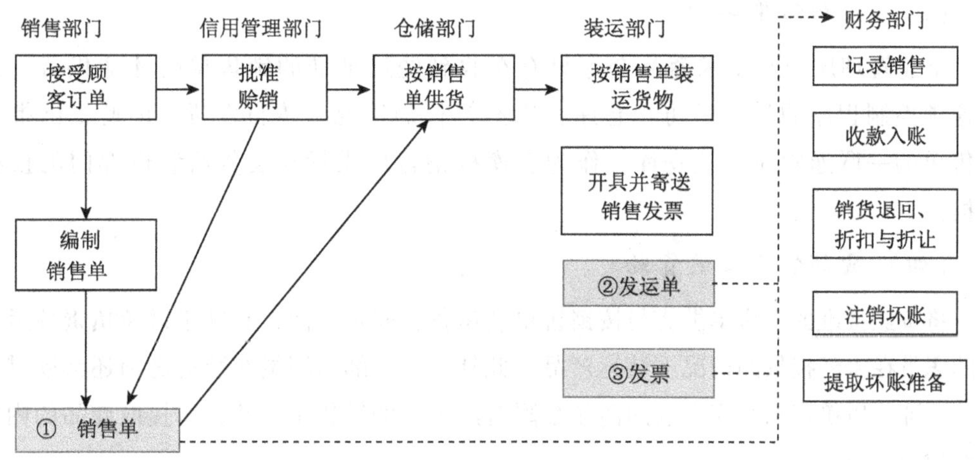

销售与收款循环业务流程

（一）接受客户订购单

客户提出订货要求是整个销售与收款循环的起点。从法律上讲，这是购买某种货物或接受某种劳务的一项申请。

客户的订购单只有在符合企业管理层的授权标准时才能被接受。管理层一般都会列出已批准销售的客户名单。销售单管理部门在决定是否同意接受某客户的订购单时，应追查该客户是否被列入这张名单。如果该客户未被列入，则通常需要由销售单管理部门的主管来决定是否同意销售。

很多企业在批准了客户订购单之后，下一步就应编制一式多联的销售单。销售单是证明管理层有关销售交易的“发生”认定的凭据之一，也是此笔销售交易轨迹的起点。

（二）批准赊销信用

对于赊销业务，赊销批准是由信用管理部门根据管理层的赊销政策在每个客户的已授权的信用额度内进行的。信用管理部门的职员在收到销售单管理部门的销售单后，应将销售单与该客户已被授权的赊销信用额度以及至今尚欠的账款余额加以比较。执行人工赊销信用检查时，还应合理划分工作职责，以切实避免销售人员为扩大销售而使企业承担不适当的信用风险。

企业的信用管理部门应对每个新客户进行信用调查，包括获取信用评审机构对客户信用等级的评定报告。无论是否批准赊销，都要求被授权的信用管理部门人员在销售单上签署意见，然后再将已签署意见的销售单送回销售单管理部门。设计信用批准控制的目的是降低坏账风险，因此，这些控制与应收账款账面余额的“计价和分摊”认定有关。

（三）按销售单供货

企业管理层通常要求商品仓库只有在收到经过批准的销售单时才能供货。设立这项控制程序的目的是防止仓库在未经授权的情况下擅自发货。因此，已批准销售单的一联通常应送达仓库，作为仓库按销售单供货和发货给装运部门的授权依据。

（四）按销售单装运货物

将按经批准的销售单供货与按销售单装运货物职责分离，有助于避免负责装运货物的职员在未经授权的情况下装运产品。此外，装运部门职员在装运之前还必须进行独立验证，以确定从仓库提取的商品都附有经批准的销售单，并且所提取商品的内容与销售单一致。

（五）向客户开具账单

开具账单是指开具并向客户寄送事先连续编号的销售发票。这项功能所针对的主要问题是：①是否对所有装运的货物都开具了账单（即“完整性”认定问题）；②是否只对实际装运的货物才开具账单，有无重复开具账单或虚构交易（即“发生”认定问题）；③是否按已授权批准的商品价目表所列价格计价开具账单（即“准确性”认定问题）。

（六）记录销售

在手工会计系统中，记录销售的过程包括区分赊销、现销，按销售发票编制转账凭证或现金、银行存款收款凭证，再据以登记销售明细账和应收账款明细账或库存现金、银行存款日记账。

（七）办理和记录现金、银行存款收入

这项业务涉及的是有关货款收回，现金、银行存款增加以及应收账款减少的活动。在办理和记录现金、银行存款收入时，最应关心的是货币资金失窃的可能性。货币资金失窃可能发生在货币资金收入登记入账之前或登记入账之后。处理货币资金收入时最重要的是要保证全部货币资金都必须如数、及时地记入库存现金、银行存款日记账或应收账款明细账，并如数、及时地将现金存入银行。在这方面，汇款通知单起着很重要的作用。

（八）办理和记录销售退回、销售折扣与折让

客户如果对商品不满意，销售企业一般都会同意接受退货，或给予一定的销售折让；客户如果提前支付货款，销售企业则可能会给予一定的销售折扣。发生此类事项时，必须经授权批准，并应确保办理此事的有关部门和职员各司其职，分别控制实物流和会计处理。在这方面，严格使用贷项通知单无疑会起到关键的作用。

（九）注销坏账

无论赊销部门的工作如何主动，客户因经营不善、宣告破产、死亡等原因而不支付货款的事仍可能发生。销售企业若认为某项货款再也无法收回，就必须注销这笔货款。对这些坏账，正确的处理方法应该是获取货款无法收回的确凿证据，经适当审批后及时做会计调整。

（十）提取坏账准备

坏账准备提取的数额必须能够抵补企业以后无法收回的销货款。

二、销售与收款循环业务活动中涉及的主要凭证

在内部控制比较健全的企业，处理销售与收款业务通常需要使用很多凭证与会计记录。典型的销售与收款循环所涉及的主要凭证与会计记录有以下几种。

（一）客户订购单

客户订购单即客户提出的书面购货要求。企业可以通过销售人员或其他途径，如采用电话、信函和向现有的及潜在的客户发送订购单等方式接受订货，取得客户订购单。

订购单

单号：　　　　　　　　　　　　　　　　　厂商：
订购日期：　年　月　日　　　　　　　　　电话：　　　　　　　　　传真：
请购单编号：　　　　　　　　　　　　　　进货验收单编号：

送货地点：				联络人：		电话：	
需用日期：　年　月　日　时				实际收货日期：　年　月　日　时			
序号	货号	品名	规格	单位	数量	单价	备注

采购组长：　　　　　　　　　　承办人：

（二）销售单

销售单是列示客户所订商品的名称、规格、数量以及其他与客户订购单有关信息的凭证，作为销售方内部处理客户订购单的凭据。

销售单

2019－05－10　　　　　　　　　　　　　　　　　　　　　　单据编号：No：0000501

购货单位	名　称	电子商城		地址	
	账　号			税号	
编　号	商品名称	单位	数量	单价	金额
02102141	尼康 AF50、1.4D	台	1	2000	2000.00
02102405	Lenspen 镜头笔	支	1	60	60.00
总　计	贰仟零陆拾元整				2060.00
收款账户	工商银行			收款金额	2060.00
供货单位	名称	北京光源科技有限公司		地址	
	账号			税号	

财务：　　　　　　　　业务主管：　　　　　　　　经手人：

（三）发运凭证

发运凭证即在发运货物时编制的，用于反映发出商品的规格、数量和其他有关内容的凭据。发运凭证的一联寄送给客户，其余联（一联或数联）由企业保留。这种凭证可用作向客户开具账单的依据。

（四）销售发票

销售发票是一种用来表明已销售商品的名称、规格、数量、价格、销售金额、运费和保险费、开票日期、付款条件等内容的凭证。销售发票的一联寄送给客户，其余联由企业保留。销售发票也是在会计账簿中登记销售交易的基本凭据。

（五）商品价目表

商品价目表是列示已经授权批准的、可供销售的各种商品的价格清单。

（六）贷项通知单

贷项通知单是一种用来表示由于销售退回或经批准的折让而引起的应收销货款减少的凭证。这种凭证的格式通常与销售发票的格式相同，只不过它不是用来证明应收账款的增加，而是用来证明应收账款的减少。

（七）应收账款账龄分析表

应收账款账龄分析表

账龄	未到期	0~30天	30~60天	60~90天	90天以上
A公司	0.00	0.00	0.00	0.00	1650000.00
B公司	0.00	0.00	150000.00	0.00	0.00
C公司	0.00	40000.00	0.00	0.00	0.00
D公司	160000.00	0.00	0.00	0.00	0.00
合　计	0.00	0.00	0.00	0.00	0.00
百分比	8%	2%	7.5%	0%	82.5%

通常，应收账款账龄分析表按月编制，反映月末尚未收回的应收账款总额的账龄，并详细反映每个客户月末尚未偿还的应收账款数额和账龄。

（八）应收账款明细账

应收账款明细账是一种用来记录每个客户各项赊销、还款、销售退回及折让的明细账。各应收账款明细账的余额合计数应与应收账款总账的余额相等。

（九）主营业务收入明细账

主营业务收入明细账是一种用来记录销售交易的明细账。它通常记载和反映不同类别商品或劳务的销售总额。

（十）折扣与折让明细账

折扣与折让明细账是一种用来核算企业销售商品时，按销售合同规定为了及早收回货款而给予客户的销售折扣和因商品品种、质量等原因而给予客户的销售折让情况的明细账。当然，企业也可以不设置折扣与折让明细账，而将该类业务直接记录于主营业务收入明细账中。

（十一）汇款通知书

汇款通知书是一种与销售发票一起寄给客户，由客户在付款时再寄回销售单位的凭证。这种凭证注明了客户的姓名、销售发票号码、销售单位开户银行账号以及金额等内容。如果客户没有将汇款通知书随同货款一并寄回，一般应由收受邮件的人员在开拆邮件时再代编一份汇款通知书。采用汇款通知书能使现金立即存入银行，可以提高对资产保管的控制。

（十二）库存现金日记账和银行存款日记账

库存现金日记账和银行存款日记账是一种用来记录应收账款的收回或现销收入以及其他各种现金、银行存款收入和支出的日记账。

（十三）坏账审批表

坏账审批表是一种用来批准将某些应收款项注销为坏账，仅在企业内部使用的凭证。

<table>
<tr><td colspan="3" rowspan="2">招手单位名称：</td><td>编制人</td><td></td><td>日期</td><td></td></tr>
<tr><td>复核人</td><td></td><td>日期</td><td></td></tr>
<tr><td colspan="2">期初坏账准备账户余额</td><td></td><td colspan="3">上年申报的坏账准备纳税调整额</td><td></td></tr>
<tr><td colspan="2">期初应收账款余额</td><td></td><td colspan="3">期末应收账款余额</td><td></td></tr>
<tr><td colspan="2">本期实际发生坏账损失</td><td></td><td colspan="3">本期收回已核销的坏账</td><td></td></tr>
<tr><td colspan="2">本期增提坏账准备</td><td></td><td colspan="3">本期按税法规定增提坏账准备</td><td></td></tr>
<tr><td colspan="2">期末坏账准备账户余额</td><td></td><td colspan="3">本期申报的坏账准备的纳税调整额</td><td></td></tr>
<tr><td>行次</td><td>本期实际发生的坏账</td><td>应收账款到期日</td><td>无法收回账款的原因</td><td>债务人名称</td><td colspan="2">债务人详细地址</td></tr>
<tr><td>1</td><td></td><td></td><td></td><td></td><td colspan="2"></td></tr>
<tr><td>2</td><td></td><td></td><td></td><td></td><td colspan="2"></td></tr>
<tr><td>—</td><td></td><td></td><td></td><td></td><td colspan="2"></td></tr>
<tr><td>1</td><td>本期收回已核销的坏账</td><td>应收账款到期日</td><td>重新收回账款原因</td><td>债务人名称</td><td colspan="2">债务人详细地址</td></tr>
<tr><td>1</td><td></td><td></td><td></td><td></td><td colspan="2"></td></tr>
<tr><td>2</td><td></td><td></td><td></td><td></td><td colspan="2"></td></tr>
<tr><td>—</td><td></td><td></td><td></td><td></td><td colspan="2"></td></tr>
<tr><td colspan="7">坏账损失调整额</td></tr>
<tr><td rowspan="3">坏账损失审批情况</td><td colspan="2">本期发生的坏账金额</td><td colspan="4"></td></tr>
<tr><td colspan="2">批准文号</td><td colspan="4"></td></tr>
<tr><td colspan="2">审批金额</td><td colspan="4"></td></tr>
<tr><td colspan="3">本期坏账损失审核金额</td><td colspan="4"></td></tr>
<tr><td colspan="7">坏账准备金调整额</td></tr>
<tr><td colspan="2">账面计提金额</td><td colspan="2"></td><td colspan="2">按税法规定计提金额</td><td></td></tr>
<tr><td colspan="7">审核标识及说明：</td></tr>
<tr><td colspan="7">审核结论：</td></tr>
</table>

（十四）客户月末对账单

客户月末对账单是一种按月定期寄送给客户的用于购销双方定期核对账目的凭证。客户月末对账单上应注明应收账款的月初余额、本月各项销售交易的金额、本月已收到的货款、各贷项通知单的数额以及月末余额等内容。

（十五）转账凭证

转账凭证是指记录转账业务的记账凭证，它是根据有关转账业务（即不涉及现金、银行存款收付的各项业务）的原始凭证编制的。

（十六）收款凭证

收款凭证是指用来记录现金和银行存款收入业务的记账凭证。

第二节　销售与收款循环业务活动内部控制测试

一、销售交易的内部控制及其测试

（一）销售交易的内部控制

1. 适当的职责分离

适当的职责分离有助于防止各种有意或无意的错误。企业有关销售与收款业务相关职责适当分离的基本要求通常包括：

（1）企业应当将办理销售、发货、收款三项业务的部门（或岗位）分别设立。

（2）企业在销售合同订立前，应当指定专门人员就销售价格、信用政策、发货及收款方式等具体事项与客户进行谈判。谈判人员至少应有两人以上，并与订立合同的人员相分离。

（3）编制销售发票通知单的人员与开具销售发票的人员应相互分离。

（4）销售人员应当避免接触销货现款。

（5）企业应收票据的取得和贴现必须经由保管票据以外的主管人员的书面批准。

2. 正确的授权审批

（1）在销售发生之前，赊销已经正确审批；

（2）非经正当审批，不得发出货物；

（3）销售价格、销售条件、运费、折扣等必须经过审批；

（4）审批人应当根据销售与收款授权批准制度的规定，在授权范围内进行审批，不得超越审批权限。

3. 充分的凭证和记录

每个企业交易的产生、处理和记录等制度都有其特点，因此，也许很难评价其各项控制是否足以发挥最大的作用。只有具备充分的记录手续，才有可能实现其他各项控制目标。

例如，企业在收到客户订购单后，就立即编制一份预先编号的一式多联的销售单，分别用于批准赊销、审批发货、记录发货数量以及向客户开具账单等。在这种制度下，只要定期清点销售发票，漏开账单的情形就几乎不会发生。相反的情况是，有的企业只在发货以后才开具账单，如果没有其他控制措施，这种制度下漏开账单的情况就很可能发生。

4. 凭证的预先编号

对凭证预先进行编号，旨在防止销售以后遗漏向客户开具账单或登记入账，也可防止重复开具账单或重复记账。当然，如果对凭证的编号不做清点，预先编号就会失去其控制意义。由收款员对每笔销售开具账单后，将发运凭证按顺序归档，而由另一位职员定期检查全部凭证的编号，并调查凭证缺号的原因，就是实施这项控制的一种方法。

5. 按月寄出对账单

由不负责现金出纳和销售及应收账款记账的人员按月向客户寄发对账单，能促使客户在发现应付账款余额不正确后及时反馈有关信息，因而这是一项有用的控制。为了使这项控制更加有效，最好将账户余额中出现的所有核对不符的账项，指定一位不掌管货币资金也不记录主营业务收入和应收账款账目的主管人员处理。

6. 内部核查程序。

由内部审计人员或其他独立人员核查销售交易的处理和记录，是实现内部控制目标所不可缺少的一项控制措施。

（二）销售交易的内部控制测试

（1）检查销售发票副联是否附有发运凭证（或提货单）及销售单（或客户订购单）。

（2）检查客户的赊购、销售发票是否经适当的授权批准。

（3）观察是否寄发对账单，并检查客户回函档案。

（4）检查尚未开具收款账单的发货和尚未登记入账的销售交易。

（5）检查销售发票、发运凭证连续编号的完整性。

（6）检查会计科目表是否适当。

（7）检查有关凭证上内部复核和核查的标记。

（8）检查将应收账款明细账余额合计数与其总账余额进行比较的标记。

二、收款交易的内部控制及其测试

（一）收款交易的内部控制

（1）企业应当按照《现金管理暂行条例》《支付结算办法》等规定，及时办理销售收款业务。

（2）企业应当将销售收入及时入账，不得账外设账，不得擅自坐支现金。销售人员应当避免接触销售现款。

（3）企业应当建立应收账款账龄分析制度和逾期应收账款催收制度。

（4）企业应当按客户设置应收账款台账，及时登记每一客户应收账款余额增减变动情况和信用额度使用情况。

（5）企业对于可能成为坏账的应收账款应当报告有关决策机构，由其进行审查，确定是否确认为坏账。

（6）企业注销的坏账应当进行备查登记，做到账销案存。

（7）企业专用票据的取得和贴现必须经过保管票据以外的主管人员的书面批准。

（8）企业应当定期与往来客户通过函证等方式核对应收账款、应收票据、预收账款等往来款项。如有不符，应查明原因，及时处理。

（二）收款交易的内部控制测试

（1）观察。

（2）检查现金折扣是否经过适当的审批手续。

（3）检查是否存在未入账的现金收入。检查是否向客户寄出对账单，了解是否定期进行。

（4）检查复核标记。

（5）检查是否定期盘点，检查盘点记录。

（6）检查银行对账单和检查银行存款余额调节表。

总而言之，销售与收款内部控制检查的主要内容包括：

（1）销售与收款交易相关岗位及人员的设置情况。重点检查是否存在销售与收款交易不相容职务混岗的现象。注册会计师通常通过观察被审计单位有关人员的活动，以及与这些人员进行讨论，来实施职责分离的控制测试。

（2）销售与收款交易授权批准制度的执行情况。重点检查授权批准手续是否健全，是否存在越权审批行为。对于授权审批，内部控制通常存在前述的四个关键点上的审批程序。注册会计师主要通过检查凭证在这四个关键点上是否经过审批，可以很容易地测试出授权审批方面的内部控制效果。

（3）销售的管理情况。重点检查信用政策、销售政策的执行是否符合规定。

（4）收款的管理情况。重点检查销售收入是否及时入账，应收账款的催收是否有效，坏账核销和应收票据的管理是否符合规定。

（5）销售退回的管理情况。重点检查销售退回手续是否齐全，退回货物是否及时入库。

三、销售与收款循环常见的重大错报风险

（1）销售发票开票过程中的非法行为，如虚开发票、不开或少开发票行为等。

（2）人为改变销售的入账时间，如推迟或提前入账。

（3）有意或无意漏记销售收入。

（4）入账金额不正确，如多记或少记收入等。

（5）混淆各种业务收入的分类，如混淆主营业务收入、其他业务收入和营业外收入。

（6）虚列应收账款，并由此虚列销售收入。

（7）应收账款长期挂账。

（8）通过调节坏账准备而达到调节利润的目的。

（9）人为改变应收账款账龄，如为了多提坏账准备而人为延长应收账款的账龄。

第三节　销售与收款循环业务的实质性程序

一、销售与收款交易的实质性程序

（一）销售与收款交易的实质性程序

通常，注册会计师在对交易和余额实施细节测试前实施实质性程序，符合成本效益原则。具体到销售与收款交易和相关余额，其应用包括：

（1）识别需要运用实质性程序的账户余额或交易。就销售与收款交易和相关余额而言，通常需要运用实质性程序的是销售交易、收款交易、营业收入项目和应收账款项目。

（2）确定期望值。基于注册会计师对经营活动、市场份额、经济形势和发展历程的了解，与营业额、毛利率和应收账款等的预期相关。

（3）确定可接受的差异额。在确定可接受的差异额时，注册会计师首先应当确定管理层使用的关键业绩指标，并考虑这些指标的适当性和监督过程。

（4）识别需要进一步调查的差异并调查异常数据关系。

（5）调查重大差异并做出判断。注册会计师在分析上述与预期相联系的指标后，如果认为存在未预期的重大差异，就可能需要对营业收入发生额和应收账款余额实施更加详细的细节测试。

（6）评价分析程序的结果。注册会计师应当就收集的审计证据是否能支持其试图

证实的审计目标和认定形成结论。

（二）销售交易的细节测试

1. 登记入账的销售交易是真实的

注册会计师一般关心三类错误的可能性：一是未曾发货却已将销售交易登记入账；二是销售交易的重复入账；三是向虚构的客户发货，并作为销售交易登记入账。前两类错误可能是有意的，也可能是无意的，而第三类错误肯定是有意的。不难想象，将不真实的销售登记入账的情况虽然极少，但其后果却很严重，因为这会导致高估资产和收入。

鉴别高估销售究竟是有意还是无意的，这一点非常关键。尽管无意的高估也会导致应收账款的明显增多，但注册会计师通常可以通过函证轻易发觉。对于有意地高估就不同了，由于作假者试图加以隐瞒，使得注册会计师较难发现。在这种情况下，注册会计师就有必要制定并实施适当的细节测试以发现这种有意地高估。

2. 已发生的销售交易均已登记入账

销售交易的审计一般侧重于检查高估资产与收入的问题，因此，通常无须对完整性目标实施交易的细节测试。但是，如果内部控制不健全，如被审计单位没有由发运凭证追查至主营业务收入明细账这一独立内部核查程序，就有必要对完整性目标实施交易的细节测试。

3. 登记入账的销售交易均经正确计价

销售交易计价的准确性包括：按订货数量发货，按发货数量准确地开具账单，以及将账单上的数额准确地记入会计账簿。对这三个方面，每次审计中一般都要实施细节测试，以确保其准确无误。

4. 登记入账的销售交易分类恰当

如果销售分为现销和赊销两种，应注意不要在现销时借记应收账款，也不要在收回应收账款时贷记主营业务收入，同样不要将营业资产的销售（如固定资产销售）混作正常销售。

5. 销售交易的记录及时

发货后应尽快开具账单并登记入账，以防止无意中漏记销售交易，确保它们记入正确的会计期间。在实施计价准确性细节测试的同时，一般要将所选取的提货单或其他发运凭证的日期与相应的销售发票存根、主营业务收入明细账和应收账款明细账上的日期做比较。如有重大差异，被审计单位就可能存在销售截止期限上的错误。

6. 销售交易已正确地记入明细账并正确地汇总

应收账款明细账的记录若不正确，将影响被审计单位收回应收账款的能力，因此，将全部赊销业务正确地记入应收账款明细账极为重要。同理，为保证财务报表准确，主营业务收入明细账必须正确地加总并过入总账。在多数审计中，通常都要加总主营业务收入明细账，并将加总数和一些具体内容分别追查至主营业务收入总账和应收账款明细账或库存现金、银行存款日记账，以检查在销售过程中是否存在有意或无意的错报问题。不过这一测试的样本量要受内部控制的影响。从主营业务收入明细账追查至应收账款明细账，一般与为实现其他审计目标所实施的测试一并进行；而将主营业务收入明细账加总，并追查、核对加总数至其总账，则应作为一项单独的测试程序来执行。

（三）收款交易的细节测试

收款交易的细节测试范围在一定程度上取决于关键控制是否存在以及控制测试的结果。由于销售与收款交易同属一个循环，在经济活动中密切相连，因此，收款交易的一部分测试可与销售交易的测试一并执行，但收款交易的特殊性又决定了其另一部分测试仍需单独实施。

二、主要账项审计的实质性程序

（一）营业收入审计的目标

（1）确定营业收入的内容、数额是否合理、正确、完整。

（2）确定对销售退回、销售折扣与折让的处理是否适当。

（3）确定营业收入的会计处理是否正确。

（4）确定营业收入的披露是否恰当。

【知识链接】主营业务收入常见的错弊形式

（1）未严格管理发票。主要表现在为他人代为开具发票、开“阴阳票”、不开销售发票等。这样就给贪污盗窃、偷税漏税、私设“小金库”等舞弊行为留下了可乘之机。

（2）产品（商品）销售收入入账时间不正确。

（3）产品（商品）销售收入的入账金额不实。

（4）故意隐匿收入。

（5）虚增销售收入。

（6）将企业正常的销售收入作为其他业务收入或营业外收入处理。

（7）销售折扣及折让处理不规范。

（8）对销货退回的处理不正确。

（9）对销项税额的处理不正确。

（二）主营业务收入的实质性程序

（1）获取或编制主营业务收入明细表。

①复核加计是否正确，并与总账数和明细账合计数核对是否相符，结合其他业务收入账户与报表数核对是否相符；

②检查以非记账本位币结算的主营业务收入的折算汇率及折算是否正确。

（2）检查主营业务收入的确认条件、方法是否符合企业会计准则，前后期是否一致；关注周期性、偶然性的收入是否符合既定的收入确认原则、方法。

企业商品销售收入，应在下列条件均能满足时确认：

第一，企业已将商品所有权上的主要风险和报酬转移给购货方；

第二，企业既没有保留通常与所有权相联系的继续管理权，也没有对已售出的商品实施有效控制；

第三，收入的金额能够可靠地计量；

第四，相关的经济利益很可能流入企业；

第五，相关的已发生或将发生的成本能够可靠地计量。

对主营业务收入的实质性程序，主要应测试企业是否依据上述五个条件确认销售收入。

销售方式	销售收入确认时点
1. 交款提货	开出发票、提货单
2. 预收款项	发出商品时
3. 托收承付	商品发出，办妥收款手续
4. 委托其他单位代销	支付手续费：收到代销清单 视同买断：发出商品时
5. 递延方式	摊销（实际利率法）
6. 长期工程合同	完工百分比法
7. 对外转让土地使用权和销售商品房	办理移交手续，提交发票结算账单

【典型案例5－1】注册会计师于2020年12月20日，在审查ABC公司2020年11月的主营业务收入时，发现以前盈利的甲产品本月却发生了亏损。注册会计师怀疑可能有问题，于是调阅了“主营业务收入”明细账、“主营业务成本”明细账与“库存商品”明细账等，发现11月份有7台甲产品成本已结转，主营业务收入和应交增值税却未核算，为了进一步查明此事，注册会计师抽查了11月份甲产品的发票存根、出库单，查明11月份已销售给DEF公司的7台甲产品已开出发票，货于11月20日发出，货款为300000元，增值税为39000元。为了查明该款是否收到，注册会计师调阅了11

月“银行存款日记账”，发现11月5日摘要栏记录为“预收DEF公司的货款”，检查其收款凭证，其会计分录为

借：银行存款　　339 000
**　贷：预收账款　　339 000**

该收款凭证后附单据为进账单一张。

问题分析：根据企业会计制度的规定，预收货款方式销售商品应在发出商品时确认销售的实现，该公司未按规定核算收入及税金，从性质上讲，属于偷税行为。

调账：由于本月发现上月错弊，应编制如下调整分录：

借：预收账款　　339 000
　贷：主营业务收入　　300 000
　　应交税费——应交增值税（稍项税额）　　39 000

【典型案例5-2】某企业在2019年9月与乙公司签订预收货款的销售合同，在该合同中规定：先由乙公司预付该企业货款及增值税共计565000元。其中，2019年10月预付226000元，11月份补付259900元，2020年1月补付79100元。由该企业向乙公司提供机床10台，其中2019年12月6台，2020年2月4台，该企业增值税税率13%。上述业务发生后，该项企业的账务处理如下：

（1）2019年10月预收款时：

借：银行存款　　226 000
**　贷：主营业务收入　　200 000**
**　　应交税费——应交增值税（销项税额）　　26 000**

（2）2019年11月收到款时：

借：银行存款　　259 900
**　贷：主营业务收入　　230 000**
**　　应交税费——应交增值税（销项税额）　　29 900**

（3）2020年1月收到款项时：

借：银行存款　　79 100
**　贷：主营业务收入　　70 000**
**　　应交税费——应交增值税（销项税额）　　9 100**

问题分析：根据以上审计工作发现，再结合销售合同的规定，审阅与该项业务有关的“银行存款”“主营业务收入”及“应交税费”等明细账，抽查有关会计凭证，验算有关的销售收入与增值税额。

（1）验算2019年11月的主营业务收入及应交的增值税额：

主营业务收入 $=565000\div(1+13\%)\div10\times6=300000$（元）

增值税 = 300000 × 13% = 39000（元）

（2）验算2020年1月的销售收入及应交的增值税额：

主营业务收入 = 565000 ÷（1 + 13%）÷ 10 × 4 = 200000（元）

增值税 = 200000 × 13% = 26000（元）

结论：

（1）该企业2019年10、11月虽然预收货款485900元，但本月份却未发货，预收的款项只能记入“预收账款”账户，不能记入“主营业务收入”账户。

（2）该企业2019年12月发货6台，应确认收入300000元，增值税39000元，实际多确认收入130000元及增值税额16900元。

（3）2020年1月销售4台，2月份应确认收入200000元，增值税额26000元，实际少确认收入130000元及增值税额169000元。

调整：

（1）应将该企业2019年多记的主营业务收入130000（430000 - 300000）元和增值税额16900（55900 - 39000）予以调整。

借：以前年度损益调整　　130 000

　　应交税费——应交增值税（未交增值税）　16 900

　贷：预收账款　　146 900

（2）应将2020年2月少记的主营业务收入130000元和增值税额16900元，予以补记。

借：预收账款　　146 900

　贷：主营业务收入　　130 000

　　　应交税费——应交增值税（未交增值税）　16 900

【学生思考5 - 1】企业上述做法对其应缴纳的所得税有什么影响？后续工作中如何调账？

（3）获取产品价格目录，抽查售价是否符合价格政策，并注意销售给关联方或关系密切的重要客户的产品价格是否合理，有无以低价或高价结算的方法相互之间转移利润的现象。

（4）抽取一定数量的发运凭证，审查存货出库日期、品名、数量等是否与销售发票、销售合同、记账凭证等一致。

（5）抽取一定数量的记账凭证，审查入账日期、品名、数量、单价、金额等是否与销售发票、发运凭证、销售合同等一致。

（6）结合对应收账款实施的函证程序，选择主要客户函证本期销售额。

（7）对于出口销售，应当将销售记录与出口报关单、货运提单、销售发票等出口单据进行核对，必要时向海关函证。

（8）实施销售截止的测试。确定销售是否存在跨期现象，有无提前或滞后入账的情况。

（9）存在销货退回的，检查相关手续是否符合规定，结合原始销售凭证检查其会计处理是否正确，结合存货项目审计其真实性。

（10）检查销售折扣与折让。

企业在销售交易中，往往会因产品品种不符、质量不符合要求以及结算方面的原因发生销售折扣与折让。尽管引起销售折扣与折让的原因不尽相同，其表现形式也不尽一致，但都是对收入的抵减，直接影响收入的确认和计量。因此，注册会计师应重视销售折扣与折让的审计。

（11）检查销售折扣与折让的会计处理是否正确。

（12）检查有无特殊的销售行为，如附有销售退回条件的商品销售、委托代销、售后回购、以旧换新、商品需要安装和检验的销售、分期收款销售、出口销售、售后租回等，选择恰当的审计程序进行审核。

（13）调查向关联方销售的情况，记录其交易品种、价格、数量、金额以及占主营业务收入总额的比例。对于合并范围内的销售活动，记录应予合并抵销的金额。

（14）调查集团内部销售的情况，记录其交易价格、数量和金额，并追查在编制合并财务报表时是否已予以抵销。

（15）确定主营业务收入的列报是否恰当。

（三）其他业务收入的实质性程序

（1）获取或编制其他业务收入明细表，复核加计是否正确，并与总账数和明细账合计数核对是否相符，结合主营业务收入科目与营业收入报表数核对是否相符。

（2）计算本期其他业务收入与其他业务成本的比率，并与上期该比率比较，检查是否有重大波动，如有，应查明原因。

（3）检查其他业务收入内容是否真实、合法，收入确认原则及会计处理是否符合规定，则要抽查原始凭证予以核实。

（4）对异常项目，应追查入账依据及有关法律文件是否充分。对用材料进行非货币性资产交换的，应确定其是否具有商业实质且公允价值能够可靠计量。

（5）抽查资产负债表日前后一定数量的记账凭证，实施销售截止测试，追踪到销售发票、收据等，确定入账时间是否正确，对于重大跨期事项作必要的调整建议。

（6）确定其他业务收入在财务报表中的列报是否恰当。

【知识链接】其他业务收入业务常见的错弊形式：

1. 其他业务收入入账时间提前或拖后入账。

2. 其他业务收入入账金额不正确，漏记、虚增、隐瞒其他业务收入。

（1）多列或虚列固定资产出租、包装物出租等其他业务收入，从而达到虚增利润的目的。

（2）少计或不计其他业务收入（尤其是一些不经常发生的收现业务），从而达到隐瞒利润、私设“小金库”或个人贪污、挪用的目的。

3. 其他业务收入的会计处理不规范。

具体包括以下4种情形：

（1）其他业务收入实现后，记入“管理费用”等账户。

（2）其他业务收入实现后，记入“营业外收入”账户。直接冲销“其他业务支出”“管理费用”，没有记入“其他业务收入”账户。

（3）其他业务收入实现后，只记入“其他业务收入”账户，没有相应结转成本和支出，违背了配比原则。

（4）将属于产品或商品销售收入或营业外收入、投资收益的收入误列作其他业务收入。

【典型案例5－3】2020年2月在审查兴达公司时发现，该企业于2019年7月1日出租一台生产使用的机床，该机床账面原值为100000元，预计使用年限10年，累计折旧为20000元。租赁合同规定，租期2年，月租金500元，租金每年支付1次。该企业于当年12月31日未做相应账务处理。

分析：对于这项固定资产出租业务，注册会计师认为可能存在以下问题：

（1）出租原因可能不正常。因为本企业生产所需的固定资产一般不应出租。

（2）租金过低。因为从固定资产的账面资料可以计算现今固定资产的年折旧额为10000元，而合同中的月租金为500元，1年为6000元，大大低于年折旧额。

（3）当年末对本年应收未收的租金未做相应的账务处理。

注册会计师应进一步审查，面询签订固定资产出租合同的负责人，询问出租的原因及租金的约定等事项，以查明此项业务的合规性、合法性。

调整：注册会计师根据审查情况，对于年末未收到的租金，应建议企业补做如下账务处理：

借：其他应收款　　3 000

　贷：以前年度损益调整　　3 000

借：以前年度损益调整　　750

　贷：应交税费——应交所得税　　750

（四）应收账款的实质性程序

应收账款的审计目标：①确定应收账款是否存在；②确定应收账款是否归被审单位所有；③确定应收账款增减变动的记录是否完整；④确定应收账款是否可收回，坏账准备的计提方法和比例是否恰当，计提是否充分；⑤确定应收账款的期末余额是否正确；⑥确定应收账款在会计报表上的披露是否恰当。

1. 取得或编制应收账款明细表

（1）复核加计正确，并与总账数和明细账合计数核对是否相符；结合坏账准备科目与报表数核对是否相符。应当注意，应收账款报表数反映企业因销售商品、提供劳务等应向购买单位收取的各种款项，减去已计提的相应的坏账准备后的净额。因此，其报表数应同应收账款总账数和明细账数分别减去与应收账款相应的坏账准备总账数和明细账数后的余额核对相符。

（2）检查非记账本位币应收账款的折算汇率及折算是否正确。

（3）分析有贷方余额的项目，查明原因，必要时建议作重分类调整。

（4）结合其他应收款、预收款项等往来项目的明细余额，调查有无同一客户多处挂账、异常余额或与销售无关的其他款项（如代销账户、关联方账户或员工账户）。如有，应做出记录，必要时提出调整建议。

（5）标识重要的欠款单位，计算其欠款合计数占应收账款余额的比例。

2. 检查涉及应收账款的相关财务指标

（1）复核应收账款借方累计发生额与主营业务收入是否配比，并将当期应收账款借方发生额占销售收入净额的百分比与管理层考核指标比较，如存在差异应查明原因。

（2）计算应收账款周转率、应收账款周转天数等指标，并与被审计单位以前年度指标、同行业同期相关指标对比分析，检查是否存在重大异常。

3. 检查应收账款账龄分析是否正确

（1）获取或编制应收账款账龄分析表。

注册会计师可以通过获取或编制应收账款账龄分析表来分析应收账款的账龄，以便了解应收账款的可收回性。应收账款账龄分析表的合计数减去已计提的相应坏账准备后的净额，应该等于资产负债表中的应收账款项目余额。

（2）如果应收账款账龄分析表由被审计单位编制，应测试其计算的准确性。

（3）将应收账款账龄分析表中合计数与应收账款总分类账余额相比较，并调查重大调节项目。

（4）检查原始凭证，如销售发票、运输记录等，测试账龄核算的准确性。

4. 向债务人函证应收账款

函证应收账款的目的在于证实应收账款账户余额的真实性、正确性，防止或发现被审计单位及其有关人员在销售交易中发生的错误或舞弊行为。通过函证应收账款，可以比较有效地证明被询证者（即债务人）的存在和被审计单位记录的可靠性。

5. 确定已收回的应收账款金额

请被审计单位协助，在应收账款账龄明细表中标出至审计时已收回的应收账款金额，对已收回金额较大的款项进行常规检查，如核对收款凭证、银行对账单、销货发票等，并注意凭证发生日期的合理性，分析收款时间是否与合同相关要素一致。

6. 对未函证应收账款实施替代审计程序

通常，注册会计师不可能对所有应收账款进行函证，因此，对于未函证应收账款，注册会计师应抽查有关原始凭据，如销售合同、销售订购单、销售发票副本、发运凭证及回款单据等，以验证与其相关的应收账款的真实性。

7. 检查坏账的确认和处理

首先，注册会计师应检查有无债务人破产或者死亡的，以及破产或以遗产清偿后仍无法收回的，或者债务人长期未履行清偿义务的应收账款；其次，应检查被审计单位坏账的处理是否经授权批准，有关会计处理是否正确。

8. 抽查有无不属于结算业务的债权

不属于结算业务的债权，不应在应收账款中进行核算。因此，注册会计师应抽查应收账款明细账，并追查有关原始凭证，查证被审计单位有无不属于结算业务的债权。如有，应建议被审计单位做适当调整。

9. 检查应收账款的贴现、质押或出售

检查银行存款和银行借款等询证函的回函、会议纪要、借款协议和其他文件，确定应收账款是否已被贴现、质押或出售，应收账款贴现业务属质押还是出售，其会计处理是否正确。

企业以其按照销售商品、提供劳务的销售合同所产生的应收债权向银行等金融机构贴现，在进行会计核算时，应按照“实质重于形式”的原则，充分考虑交易的经济实质。对于有明确的证据表明有关交易事项满足销售确认条件，如与应收债权有关的风险、报酬实质上已经发生转移等，应按照出售应收债权处理，并确认相关损益。否则，应作为以应收债权为质押取得的借款进行会计处理。

10. 对应收账款实施关联方及其交易审计程序

标明应收关联方［包括持股5%以上（含5%）股东］的款项，实施关联方及其交易审计程序，并注明合并财务报表时应予抵销的金额；对关联企业、有密切关系的主要客户的交易事项作专门核查。

11. 确定应收账款的列报是否恰当

如果被审计单位为上市公司，则其财务报表附注通常应披露期初、期末余额的账龄分析，期末欠款金额较大的单位账款，以及持有5%以上（含5%）股份的股东单位账款等情况。

【知识链接】应收账款的会计错弊形式：

(1) 应收账款的入账金额不实。

根据会计制度的规定，在存在销货折扣与折让的情况下，应收账款的入账金额采用总额法，在实际工作中可能出现按净额法入账的情况私吞折扣和折让的目的。

(2) 应收账款记录的内容不真实、不合理、不合法。

应收账款反映的内容应真实、正确地记录企业因销售产品、提供劳务等应向购货方收取的货款、增值税款和各种代垫费用情况。但在实际工作中，“应收账款”账户往往成为营私舞弊的“调节器”，成为掩盖各种不正常经营的“防空洞”。

(3) 应收账款回收期过长、周转速度慢。

从理论上讲，应收账款是变现能力最强的流动资产之一，因此，其回收期不能过长，否则会影响企业正常的生产经营活动。但在实际工作中存在着应收账款迟迟不能收回的情况。企业应对超过标准回收期的款项进行调查，看是否存在款项收回后通过不正当手段私分的情况。

(4) 应收账款平均占用额过大。

一般来讲，应收账款余额在企业流动资产中的比率不能过大，否则，不利于本企业的资金周转，从而影响正常的生产经营活动。对此应通过查阅应收账款明细账，确定哪些客户欠款过多，原因是什么；是否存在有关人员损公肥私、收受回扣情况等。

(5) 对坏账损失的处理不合理。

按照现行会计制度的规定，企业对于坏账损失可以采用直接转销法，也可以采用备抵法，但选用某种方法后年内不得随意变更，以保持前后各期口径一致。在实际工作中，经常有未按坏账损失确认标准处理坏账的现象发生，如将预计可能收回的应收账款作为坏账处理，以换取个人或局部的利益；或将应列为坏账的应收账款长期挂账，造成资产不实。

此外，收回已经核销的坏账时，不是增加“坏账准备”，而是作为“应付账款”或不入账私吞。

（五）坏账准备的实质性程序

坏账准备的审计目标：①确定坏账准备的计提方法和比例是否恰当，计提是否充分；②确定坏账准备增减变动的记录是否完整；③确定坏账准备期末余额是否正确；④确定坏账准备的披露是否恰当。

企业会计准则规定，企业应当在期末对应收款项进行检查，并预计可能产生的坏账损失。应收款项包括应收票据、应收账款、预付款项、其他应收款和长期应收款等。下面以应收账款相关的坏账准备为例，阐述坏账准备审计常用的实质性程序。

（1）取得或编制坏账准备明细表，复核加计是否正确，与坏账准备总账数、明细账合计数核对是否相符。

（2）将坏账准备本期计提数与信用减值损失相应明细项目的发生额核对是否相符。

（3）检查坏账准备计提和核销的批准程序，取得书面报告等证明文件，评价计提坏账准备所依据的资料、假设及方法。企业通常应采用备抵法核算坏账损失，计提坏账损失的具体方法由企业自行确定。

（4）实际发生坏账损失的，检查转销依据是否符合有关规定，会计处理是否正确。

（5）已经确认并转销的坏账重新收回的，检查其会计处理是否正确。

（6）检查函证结果。对债务人回函中反映的例外事项及存在争议的余额，注册会计师应查明原因并作记录。必要时，应建议被审计单位作相应的调整。

（7）实施分析程序。通过比较前期坏账准备计提数和实际发生数，以及检查期后事项，评价应收账款坏账准备计提的合理性。

（8）确定坏账准备的披露是否恰当。企业应当在财务报表附注中清晰地说明坏账的确认标准、坏账准备的计提方法和计提比例。

【典型案例5－4】 **某企业应收账款账户上年年末余额为400万元，其所属明细账借方余额的合计数为450万元，贷方合计数为50万元。该企业年末预收账款总账贷方余额为200万元，其所属明细账贷方余额合计为300万元，借方余额合计数为100万元。年末企业计提的坏账准备金额为4000000×0.5%＝20000（元）**

要求：针对上述情况进行审计，并指出存在的问题。

解析：

（1）应收账款明细账中的贷方余额50万元属于预收账款，不能冲减其他应收账款明细账的借方余额，应在预收账款项目中列示。

（2）预收账款明细账的借方余额100万元实质是应收账款，不能冲减预收账款其他明细账的贷方余额。

（3）企业年末的应收账款余额应为550万元（450＋100＝550万元）；应提取的坏账准备：5500000×0.5%＝27500（元）

（4）少计提坏账准备7500元（27500－20000＝7500元），导致利润表中“资产减值损失”虚增7500元；税前利润虚减7500元；资产负债表中“应收账款净额”虚增7500元。应调整相关账户，并调整所得税费用（假定企业所得税税率为25%）。调整如下：

借：以前年度损益调整　　　　　　　　　　　　7 500

　贷：坏账准备　　　　　　　　　　　　　　　　7 500

计算所得税：7500×25%=2475（元）

借：应交税费-应交所得税　　　　　　　　　　2 475

　贷：以前年度损益调整　　　　　　　　　　　　2 475

其他调整从略。

（六）应交税费审计的实质性程序

应交税费的审计目标：①确定应计和已缴税费的记录是否正确；②确定应交税费的期末余额是否正确；③确定应交税费在会计报表上的披露是否恰当。

应交税费审计的实质性程序一般包括以下几个方面：

（1）查阅了解被审单位年度内适用的税种、计税依据、适用税率等内容，并确认其征、免、减税的产品或项目的范围和期限是否符合规定，有无批准文件。

（2）获取和编制未交税费明细表，复核其加计数是否正确，是否与明细账及总账余额核对相符。

（3）审查各种税费的金额计算是否正确，纳税依据是否真实，税率选用是否合规，会计处理是否正确。

（4）核对年初未交税费是否与税务机关的认定数一致，若有差异。应查明原因，并做出记录，进行适当的调整。

（5）审查本年度的交税凭证及有关账簿记录，确定本年度已交税款和年末未交税款。

（6）确定未交税费在资产负债表上的披露是否恰当。

【知识链接】应交税费业务常见的错弊形式：

（1）多计进项税额。将不应当抵扣的进项税额作抵扣处理，如工程物资、非动力用电的进项税额。

（2）少计或不计销项税额。主要是视同销售业务，往往只按发出存货的账面成本计算、甚至不计算销项税额。

（3）进项税额转出事项处理不正确。如在建工程领用货物、存货发生的非常损失等，没有按规定对进项税额予以核销。

（4）混合销售行为采用低税率计税 。

（5）非法取得虚假的增值税专用发票以抵扣销项税额。

【典型案例5-5】审计人员在审查某企业应交税费的账簿记录时，发现11月21日有一笔应交消费税的记录，随即检查了其记账凭证和原始凭证，了解到企业接受委托

给甲公司加工10台应税消费品（机器设备），原材料由受托方提供，加工完成向委托方收取加工费50000元和原材料费350000元，消费税税率为10%。相应记账凭证上的会计分录为

借：税金及附加　　　　　　　　　　　　　　5 000

　贷：应交税费——应交消费税　　　　　　　　　　5 000

分析：根据《消费税暂行条例》的有关规定，由受托方提供原材料进行加工，应作为自制应税消费品销售处理，其应交消费税按受托方的同类消费品销售价格计算。

而企业应交消费税是否是按照受托方的同类消费品销售价格计算出来的？审计人员表示怀疑。

追踪查证：审计人员通过调查，了解到同类消费品的销售价格为45000元/台，按照此价格计算，企业应交消费税为45000元（450000×10%）。

结论：该企业以收取的加工费用计算应交消费税，少计了消费税，属于偷漏税行为。

调账：审计人员应提请该企业作调账处理，及时补交税金，分录如下：

借：税金及附加　　　　　　　　　　　　　　40 000

　贷：应交税费——应交消费税　　　　　　　　　　40 000

其他调账从略。

（七）销售费用的实质性测试程序

（1）获取或编制销售费用明细表，复核加计正确，与总账、明细账核对相符。

（2）审查销售费用是否已在损益表上恰当披露。

（3）将本年度销售费用与上年度销售费用进行比较。

（4）选择重要或异常的销售费用，审查其原始凭证是否合法，会计处理是否正确。

（5）核对销售费用有关项目金额与累计折旧、应付职工薪酬等项目相关金额的钩稽关系。

（6）审查销售费用的结转是否正确、合规，查明有无多转、少转或不转销售费用。

（7）审查销售费用各项目开支标准是否符合有关规定，开支内容是否与被审计单位的产品销售活动有关，计算是否正确。

【典型案例5－6】审计人员在12月份对某公司销售费用进行审查时，发现11月份的销售费用增幅较大。于是详细审查了该公司11月份的销售费用，发现：

（1）该公司11月27日一次性支付以后三个年度的销售机构的房屋租赁费180000元全部作为当期销售费用处理；

（2）该公司下设的5个销售机构的职工工资、福利费开支120万元，处理如下：

借：销售费用　　　　　　　　　　　　1 200 000

贷：银行存款　　　　　　　　　　　　1 200 000

要求：说明上述事项存在的问题，并提出处理意见。

分析：

（1）根据权责发生制原则，一次性支付以后三个年度的销售机构的房屋租赁费不能作为当期费用处理。

借：长期待摊费用　　　　　　　　　　180 000

贷：销售费用　　　　　　　　　　180 000

11 月摊销本月租金：1800000 ÷36 =5000（元）

借：销售费用　　　　　　　　　　　5 000

贷：长期待摊费用　　　　　　　　5 000

（2）专设销售机构职工的工资及福利费，是可以计入营业费用的，但其会计处理应通过“应付职工薪酬”科目核算，审计人员应做出记录，以备以后与应付职工薪酬相关内容进行索引核对。

【学生思考 5 -2】**针对上述问题，应如何进行后续调账处理？**

（八）管理费用的实质性测试程序

管理费用的实质性测试程序与销售费用基本相同。

【典型案例 5 -7】**审计人员对某企业 2019 年 6 月“管理费用”明细账进行审查时，发现账面包括下列内容：**

（1）支付驾驶员违章罚款 50 元；

（2）支付未按期交纳税款的滞纳金 450 元；

（3）房屋进行大修理领用水泥 1000 元；

（4）支付推销产品广告费 12000 元；

（5）提取本月应计流动资金借款利息 36000 元；

（6）由于非常损失毁损材料 10000 元。

要求：（1）指出上述各项目存在的问题，按规定应在哪列支；

（2）计算多计的管理费用；

（3）计算上述事项对利润总额的影响。

分析：（1）各项目按规定处理如下：

① 驾驶员违章罚款应由个人负担；

② 未按期交纳税款的滞纳金应由税后利润列支；

③ 房屋大修理领用水泥应计入在建工程；

④ 支付推销产品广告费应计入营业费用；

⑤ 提取本月应计流动资金借款利息应计入财务费用；

⑥ 非常损失毁损材料应计入营业外支出。

（2）多计的管理费用为

50 + 450 + 1000 + 12000 + 36000 + 10000 = 59500（元）

（3）将使利润总额减少：50 + 1000 = 1050（元）

【学生思考5 - 3】针对上述问题，应如何进行调账？对所得税有何影响？

【学生思考5 - 4】审计人员在审阅某单位管理费用明细账时，发现该单位1～6月份业务招待费开支25000元，正好与国家规定的税前列支标准相符。而6月份后，管理费用账中却没有一笔业务招待费开支。

问题：对于这种明显有悖常理的现象，是否值得怀疑？可能是什么问题？为什么会有这样的情况发生？怎样查？

理论与实务测试

一、单项选择题

1. 注册会计师在运用销售与收款循环中的各种凭证时应注意，商品价目表对于主营业务收入来说一般只能证明（　　）认定，而不能证明其他认定。

A. 发生　　B. 准确性　　C. 完整性　　D. 权利和义务

2. 适当的职责分离有助于防止各种有意的或无意的错误，以下的表述中进行了适当的职责分离的是（　　）。

A. 负责应收账款记账的职员负责编制银行存款余额调节表

B. 由某一会计专门负责应收票据的取得、贴现和保管

C. 在销售合同订立前，由专人就销售价格、信用政策、发货及收款方式等具体事项与客户进行谈判

D. 编制销售发票通知单的人员同时开具销售发票

3. 下列各项中，预防员工贪污、挪用销售货款的最有效的方法是（　　）。

A. 记录应收账款明细账的人员不得兼任出纳

B. 定期与客户进行对账

C. 请顾客将货款直接汇入公司所指定的银行账户

D. 收取顾客支票与收取顾客现金由不同人员担任

4. 报告年度销售或以前年度销售的商品，在年度终了后至年度财务报告批准报出前退回的，应（　　）。

A. 冲减收入发生年度主营业务收入及相关的成本、税金

B. 直接调整年初未分配利润

C. 冲减报告年度主营业务收入及相关的成本、税金

D. 冲减退回年度的收入、成本及税金

5. 被审单位销售时采用了现金折扣的方式，如果购货方实际享受了现金折扣，被审单位对现金折扣应作的会计处理是（　　）。

A. 冲减当期主营业务收入　　B. 增加当期财务费用

C. 增加当期主营业务成本　　D. 增加当期管理费用

6. 为了证实被审计单位登记入账的销售是否均经正确的计价，下列程序中的（　　）是最无效的。

A. 将销售发票上的数量与发运凭证上的数量相核对

B. 将销售发票上的单价与商品价目表上的价格相核对

C. 将销售单上金额与顾客订货单上的金额相核对

D. 将发运凭证上的数量与销售单上的数量相核对

7. 2019 年 1 月 1 日，华北建筑公司与客户签订一项固定造价建造合同，承建一幢办公楼，预计 2020 年 6 月 30 日完工；合同总金额为 26000 万元，预计合同总成本为 24000 万元。2020 年 4 月 28 日，工程提前完工并符合合同要求，客户同意支付奖励款 200 万元。截至 2020 年 12 月 31 日，华北建筑公司已确认合同收入 20000 万元。2020 年度，华北建筑公司因该固定造价建造合同应确认的合同收入为（　　）万元。

A. 4000　　B. 4200　　C. 6000　　D. 6200

8. 注册会计师对被审计单位的营业收入进行审计时，往往要实施以下审计程序，其中，与证实管理层对营业收入项目的“完整性”认定关系最为密切的审计程序是（　　）。

A. 从发运凭证中选取样本，追查至销售发票存根和主营业务收入明细账

B. 检查售后租回的情况，若售后租回形成一项融资租赁，核实是否对售价与资产账面价值之间的差额予以递延，并按该项租赁资产的折旧进度进行分摊，作为折旧费用调整

C. 确定被审计单位主营业务收入会计记录的归属期是否正确，应计入本期或下期的主营业务收入是否存在推迟或提前的情况

D. 计算本期重要产品的毛利率，并与上期进行比较，同时注意收入与成本是否配比，并查清重大变动和异常情况的原因

9. 下列关于营业收入审计的说法中，正确的是（　）。

A. 被审单位出售无形资产和出租无形资产取得的收益，均作为其他业务收入处

理，注册会计师在审计时认同了被审单位的这一做法

B. 被审单位销售合同或协议明确销售价款的收取采用递延方式，实质上具有融资性质的，应当按照应收的合同或协议价款的公允价值确定销售商品收入金额

C. 被审单位存在投资性房地产业务，本期对外销售了公允价值模式下的投资性房地产，注册会计师在审计时，认可了企业将持有期间产生的公允价值变动损益转入到营业外收入科目的做法

D. 被审单位期末有预收款项的所属明细科目的借方余额，那么应该在预付账款项目中列示

10. 如果应收账款明细账出现贷方余额，注册会计师应当提请被审计单位编制重分类分录，以便在资产负债表中（　　）项目反映。

A. 预付款项　　B. 应付账款　　C. 应收账款　　D. 预收款项

二、多项选择题

1. 登记销售交易是真实的这一目标时，注册会计师一般关心的错误有（　　）。

A. 未曾发货却已将销售交易登记入账

B. 销售交易重复入账

C. 向虚构的顾客发货，并作为销售交易登记入账

D. 检查金额是否正确

2. 注册会计师对被审计单位已发生的销货业务是否均已登记入账进行审计时，常用的控制测试程序有（　　）。

A. 检查发运凭证连续编号的完整性

B. 检查赊销业务是否经过授权批准

C. 检查销售发票连续编号的完整性

D. 观察已经寄出的对账单的完整性

3. 在以下销售与收款授权审批关键点控制中，下列做到恰当控制的是（　　）。

A. 在销售发生之前，赊销已经正确审批

B. 对于赊销业务，未经赊销批准的销货一律不准发货

C. 销售价格、销售条件、运费、折扣必须经过审批

D. 对于超过既定销售政策和信用政策规定范围的特殊销售业务，被审计单位采用集体决策方式

4. 下列说法中正确的有（　　）。

A. 注册会计师如果将收入与资产虚报问题确定为被审计单位销货业务的审计重点，则通常无须对销货业务完整性进行实质性程序

B. 被审计单位对售出的商品由收款员对每笔销货开具账单后，将发运凭证按顺序

归档，且收款员应定期检查全部凭证的编号是否连续，注册会计师予以了认可该做法

C. 被审计单位在签订销售合同前，指定两名以上专门人员与购货方谈判，并由他们中的首席谈判代表负责签订销售合同，注册会计师予以了认可该做法

D. 注册会计师通常通过观察被审计单位有关人员的活动，以及与这些人员进行讨论，来实施对被审计单位相关职责是否分离的控制测试

5. 注册会计师对 M 公司 2019 年的相关收入进行审计时，发现 M 公司存在以下与收入确认相关的交易处理情况，其中正确的是（　）。

A. M 公司拟以在 2019 年 12 月按合同约定给 A 公司发出产品时，对方告知由于发生巨额亏损，资金周转困难，无法承诺付款。为了保持良好的客户关系，M 公司仍于 2019 年末交付产品，但在 2019 年未确认相应的主营业务收入

B. M 公司确认对 B 公司销售收入计 2000 万元（不含税，增值税税率为 13%），相关会计记录显示，销售给 B 公司的产品系按其要求定制，成本为 1800 万元，支付了 1000 万元款项，该产品尚存放于 Y 公司，且 M 公司尚未开具增值税发票和通知 B 公司提货

C. 2019 年 12 月，M 公司销售一批商品给 C 公司。C 公司已根据 M 公司开出的发票账单支付了货款，取得了提货单，但 M 公司尚未将商品移交 C 公司。M 公司未确认该笔收入

D. 2019 年 12 月 30 日，M 公司销售一批高档家具给 D 宾馆。该批家具总售价 1000 万元，12 月 30 日装运家具时，已收到 800 万元货款，合同约定，M 公司应将该家具送抵 D 宾馆并按照图纸摆放到各客房。M 公司在 2020 年 1 月 3 日安装摆放完毕，且收到剩余货款。2019 年，M 公司确认了销售收入 1000 万元

6. 注册会计师计划测试 M 公司 2019 年度营业收入的完整性。以下各项审计程序中，可实现上述审计目标的是（　　）。

A. 抽取 2019 年开具的销售发票，检查相应的发运单和账簿记录

B. 抽取 2019 年的发运单，检查相应的销售发票和账簿记录

C. 从主营业务收入明细账中抽取业务，检查相应的记账凭证、发运单和销售发票

D. 从主营业务收入明细账中抽取 2019 年 1 月 1 日～10 日的明细记录，检查相应的记账凭证、发运单和销售发票

7. 在对主营业务收入的截止测试时，注册会计师应该围绕的审计路线是（　　）。

A. 从报表日前后若干天的账簿记录查至记账凭证，检查发票存根与发运凭证

B. 从报表日前后若干天的发票存根查至发运凭证与账簿记录

C. 从销售发票追查至发运凭证

D. 从报表日前后若干天的发运凭证查至发票开具情况与账簿记录

8. 在主营业务收入的确认中，注册会计师审计时，应该重点关注的日期有（　　）。

A. 发票开具日期　　　　　　　　　B. 记账日期

C. 提供劳务日期　　　　　　　　　D. 发货日期

9. 在注册会计师寄发的企业应收账款询证函中，摘录了以下四个语句，你认为能表明“积极式”询证函的语句有（　　）。

A. 回函请直接寄往 W 会计师事务所

B. 如与贵公司记录相符，请在本函下端“数据证明无误”处签章证明

C. 如与贵公司记录不符，请在“数据不符”处列明不符金额

D. 若款项在上述日期之后已经付清，仍请及时复函为盼

10. 注册会计师收回的应收账款询证函有差异，应当查明原因，有可能是登记入账的时间不同而产生的不符事项的有（　　）。

A. 询证函发出时，债务人已经付款，而被审计单位尚未收到货款

B. 询证函发出时，被审计单位的货物已经发出并已做销售记录，但货物仍在途中，债务人尚未收到货物

C. 债务人对收到的货物的数量、质量及价格等方面有异议而全部或部分拒付货款

D. 债务人由于某种原因将货物退回，而被审计单位尚未收到

三、判断题

1. 客户提出订货要求是整个销售与收款循环的起点。（　　）

2. 通常，企业管理层要求商品仓库只有在收到经过批准的销售单时才能供货。（　　）

3. 在内部控制比较健全的企业，处理销售与收款业务通常需要使用很少凭证与会计记录。（　　）

4. 贷项通知单是一种用来表示由于销售退回或经批准的折让而引起的应收销货款减少的凭证。（　　）

5. 主营业务收入明细账通常记载和反映同类别商品或劳务的销售总额。（　　）

6. 坏账审批表是一种用来批准将某些应收款项注销为坏账，仅在企业内部使用的凭证。（　　）

7. 企业专用票据的取得和贴现必须经过保管票据以外的主管人员的书面批准。（　　）

8. 销售交易的审计一般侧重于检查低估资产与收入的问题。（　　）

9. 收款交易的细节测试范围在一定程度上取决于关键控制是否存在。（　　）

10. 对异常项目，注册会计师应追查入账依据及有关法律文件是否充分。（　　）

四、实务分析题

1. 兴业股份公司 2019 年 10 月 20 日销售一批新产品给 A 公司，公司为增值税一般纳税人，税率 13%，已开具增值税专用发票，不含税产品销售金额为 40 万元，该批产

品成本为 30 万元，货款已经收到。但在审查销售合同时，双方约定，如果 A 公司不满意，可在三个月内退货，退货概率无法估计。兴业股份公司按正常销售处理：

借：银行存款　452 000

贷：主营业务收入　400 000

应交税费——应交增值税（销项税额）　52 000

借：主营业务成本　300 000

贷：库存商品　300 000

2. 审计人员在审查新华公司 2019 年 11 月“低值易耗品”明细账时，发现 11 月份 24 日增加价值 100000 元低值易耗品时，同日的“银行存款”日记账中对此未记录。审计人员查阅了该项业务的记账凭证，会计分录如下。

借：低值易耗品　100 000

贷：库存商品　100 000

经过询问有关会计人员，了解到该公司以成本为 100000 元的库存商品换取了另一企业的同等价值的库存商品作为本企业的低值易耗品，但双方企业为了隐瞒收入，偷税漏税，均未通过“主营业务收入”账户反映。

3. 2019 年 12 月 30 日从仓库发出商品 880000 元，并开出销售发票，长城公司作如下会计处理：

借：应收账款———C 公司　2 260 000

贷：应交税费——应交增值税（销项税额）　260 000

主营业务收入　2 000 000

借：主营业务成本　800 000

贷：库存商品———A 产品　800 000

但预计 2020 年 2 月 8 日商品才到达销售合同中约定的口岸。

4. 审计人员审查某企业时发现该企业将 10.5 吨自制甲产品用于本厂在建工程项目。企业所作会计分录为

借：在建工程　339 000

贷：库存商品——甲产品　300 000

应交税费——应交增值税（销项税额）　39 000

记账凭证后附的领料单载明：领料数量 10 吨，单价 3000 元，总计 300000 元。经与甲产品明细账核对，完全相符。但以记入“应交税金”账户的销项税额除以 13% 的增值税率，计算求得的销售收入却为 339000 元，恰为领用甲产品的成本金额。甲产品是一种新产品，尚未上市，没有同类产品售价可参考。

要求：分析上述会计处理是否存在问题。

第六章　采购与付款循环的审计

教学目的与要求

通过学习，明确购货与付款循环业务所涉及的经济活动和凭单，了解购货与付款循环业务活动内部控制制度，掌握购货与付款循环业务及相关账户的审计方法。

教学重点

应付款项的审计；固定资产及累计折旧的审计。

教学难点

固定资产的审计。

引导案例

美国法尔莫公司起源于对美国俄亥俄州阳土敦市一家药店的获得，在随后的十年中公司董事长米奇·莫纳斯又收购了另外299家药店，从而组建了全国连锁的法尔莫公司。不幸的是，这一切的辉煌都是建立在资产造假——未检查出来的存货高估和虚假利润的基础上的，这些舞弊行为最终导致了莫纳斯及其公司的破产。同时也使为其提供审计服务的“五大”事务所损失惨重。

案件经过：

自获得第一家药店开始，莫纳斯就梦想着把他的小店发展成一个庞大的药品帝国。其所实施的策略就是他所谓的“强力购买”，即通过提供大比例折扣来销售商品。莫纳斯首先做的就是把实际上并不盈利且未经审计的药店报表拿来，用自己的笔为其加上并不存在的存货和利润。然后，凭着自己空谈的天分及一套夸大了的报表，在一年之内骗得了足够的投资用以收购了8家药店，奠定了他的小型药品帝国的基础。这个帝国后来发展到了拥有300家连锁店的规模。

一次偶然的机会导致这个精心设计的、至少引起5亿美元损失的财务舞弊事件浮出水面，此时，莫纳斯和他的公司炮制虚假利润已达十年之久。这并非一件容易的事。当时法尔莫公司的财务总监认为因公司以低于成本出售商品而招致了严重的损失，但是莫纳斯认为通过“强力购买”，公司完全可以发展得足够大以使它能顺利地坚持它的销售方式。最终在莫纳斯的强大压力下，这位财务总监卷入了这起舞弊案件。在随后的数年中，他和他的几位下属保存了两套账簿，一套用以应付注册会计师的审计，一套反映糟糕的现实。

他们先将所有的损失归入一个所谓的“水桶账户”，然后再将该账户的金额通过虚增存货的方式重新分散划入到公司的数百家成员药店中。他们仿造购货发票、制造增加存货并减少销售成本的虚假记账凭证、确认购货却不同时确认负债、多计或加倍计算存货的数量。财务部门之所以可以隐瞒存货短缺是因为注册会计师只对300家药店中的4家进行存货监盘，而且他们会提前数月通知法尔莫公司他们将检查哪些药店。管理人员随之将那4家药店堆满实物存货，而把那些虚增的部分分配到其余的296家药店。如果不考虑其会计造假，法尔莫公司实际已濒临破产。在最近一次审计中，其现金已紧缺到供应商因其未能及时支付购货款而威胁取消对其供货的地步。

后果：注册会计师们一直未能发现这起舞弊案件，他们为此付出了昂贵的代价。这项审计失败使会计师事务所在民事诉讼中损失了3亿美元。那位财务总监被判33个月的监禁，公司董事长米奇·莫纳斯本人则被判入狱5年。

认识：此案件给我们敲响了警钟，存货审计是如此的重要，也是如此的复杂，存货舞弊并非仅凭简单的监盘就可查出。不过，如果注册会计师能够弄清这些欺骗性操纵是如何进行的，对于发现这些舞弊将会大有帮助，这就意味着注册会计师必须掌握识别存货舞弊的技术。

讨论：

1. 结合本例，分析“一个以低于成本出售商品的公司怎能赚钱?”法尔莫公司采取了哪些手段?

2. 为何注册会计师们一直未能发现法尔莫公司舞弊的迹象呢?

第一节　采购与付款循环的概述

一、采购与付款循环中的主要经济业务活动

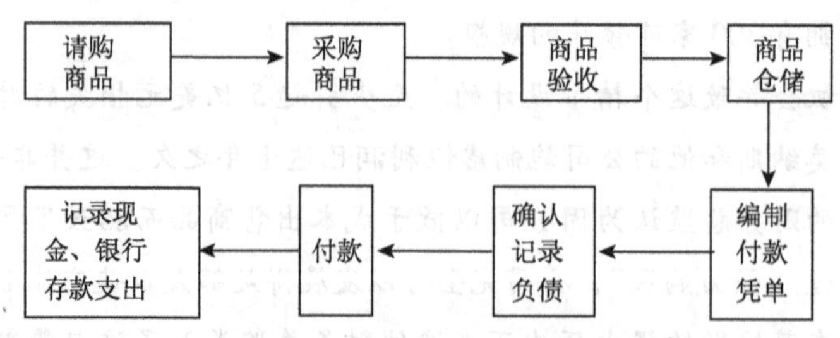

采购与付款循环业务流程

（一）请购商品或劳务

企业仓库管理部门和商品或劳务的使用部门均可以提出购买商品或劳务的申请。请购须填写请购单，请购单是证明有关采购交易的“发生”认定的凭据之一，也是采购交易轨迹的起点。

（二）订购商品

采购部门在收到请购单后，只能对经过批准的请购单发出订购单。订购单应正确填写所需要的商品品名、数量、价格、厂商名称和地址等，预先予以顺序编号并经过被授权的采购人员签名。其正联应送交供应商，副联则送至企业内部的验收部门、应付凭单部门和编制请购单的部门。随后，应独立检查订购单的处理，以确定是否确实收到商品并正确入账。这项检查与采购交易的“完整性”认定有关。

（三）验收商品

订购的商品到达之后，应由验收部门进行验收。验收完毕之后，验收部门应按规定编制验收单或验收报告，作为会计记录的依据。验收单是支持资产或费用以及与采购有关的负债的“存在或发生”认定的重要凭证。定期独立检查验收单的顺序以确定每笔采购交易都已编制凭单，则与采购交易的“完整性”认定有关。

（四）储存商品

经过验收合格的商品交仓库管理部门储存，是保证资产安全、完整的重要措施。商品验收后入库时，仓库保管人员应编制入库单。将已验收商品保管与采购的其他职责相分离，可减少未经授权的采购和盗用商品的风险。存放商品的存货区应相对独立，限制无关人员接近。这些控制与商品的“存在”认定有关。

（五）编制付款凭单

货物验收入库或交付使用之后，应付凭单部门应在核对订购单、验收单和购货发票基础上，确认负债，编制付款凭单，并将经审核后的付款凭单，连同每日的凭单汇总表一起，送交会计部门，作为会计部门编制记账凭证和登记有关明细账和总账的依据。

（六）记录资产和负债

会计部门首先检查购货发票的内容与订购单、验收单以及运货单是否一致，并验算购货发票金额的计算是否正确。

然后根据已审批的付款凭单及时地编制记账凭证，登记有关资产和负债明细账和总账，并由稽核人员定期进行账证、账账核对。

（七）支付货款

会计人员应根据审批后的付款凭单、供应商的付款条件以及本企业的资金状况，采用适当的结算方式合理地安排付款。

（八）记录现金、银行存款支出

会计部门应根据付款原始凭证编制付款记账凭证，并据以登记库存现金或银行存款日记账和应付账款等账簿，并由稽核人员独立检查现金、银行存款明细账和应付账款明细账的金额一致性。

二、采购与付款循环业务活动中涉及的主要凭证

（一）请购单

请购单是由产品制造、资产使用等部门的有关人员填写，送交采购部门，申请购买商品、劳务或其他资产的书面凭证。

请购单

项目	品名	规格型号	数量	单价	金额
1					
2					
…					
	总金额		RMB:		
	供应商电话				
1					
2					
…					
到货时间及付款条件					
备注					

制单：　　　　核批：　　　　承办：　　　　年　月　日

（二）订购单

订购单是由采购部门填写，向另一企业购买订购单上所指定的商品、劳务或其他资产的书面凭证。

（三）验收单

货物验收单

产品名称	交付数量	验收数量	验收结果		备注
			合格		
			不合格		
			合格		
			不合格		

验收单位：　　　　　　　　　　验收人：　　　　　　　　　　验收日期：

验收单是收到商品、资产时所编制的凭证，列示从供应商处收到的商品、资产的种类和数量等内容。

（四）卖方发票

卖方发票（供应商发票）是供应商开具的，交给买方以载明发运的货物或提供的劳务、应付款金额和付款条件等事项的凭证。

（五）付款凭单

付款凭单是采购方企业的应付凭单部门编制的，载明已收到的商品、资产或接受的劳务、应付款金额和付款日期的凭证。付款凭单是采购方企业内部记录和支付负债的授权证明文件。

（六）转账凭证

转账凭证是指记录转账交易的记账凭证，它是根据有关转账交易（即不涉及库存现金、银行存款收付的各项交易）的原始凭证编制的。

付款凭单　　　　编号：

年　月　日　　　　附件：　张

收款人	
付款用途	
金额	人民币 （大写）　　¥

财会主管　　记账　　出纳　　部门主管　　制单　　收款人签收：

（七）付款凭证

付款凭证包括现金付款凭证和银行存款付款凭证，是指用来记录库存现金和银行存款支出交易的记账凭证。

（八）应付账款明细账

对 账 单

收货单位：　　　　　　　　　　　　　　对账时间：　　年　　月　　日至　　年　　月　　日

上月余额：

序号	送货日期	产品名称	规格	净重	单价	金额	预付款
1							
2							
3							
…							
合计总额：							

供货方：　　　　　　　　　　　　　　　电话：　　　　　　　　　传真：

（九）库存现金日记账和银行存款日记账

（十）供应商对账单

第二节　采购与付款循环业务内部控制测试

一、采购交易的内部控制

（一）职责分离控制

企业应当建立采购与付款业务的岗位责任制，明确工作岗位的职责、权限，以确保采购与付款业务中不相容职务相互分离、相互制约和监督。在采购与付款业务中不相容职务主要包括以下几个方面：

（1）请购与审批；

（2）询价与确定供应商；

（3）采购合同的订立与审批 ；

（4）采购与验收；

（5）采购、验收与相关会计记录；

（6）付款审批与付款执行。

（二）请购控制

购入物资时，一般由物资使用部门根据需要制订采购计划，填制请购单，向主管部门提出采购申请，请购单由使用者部门主管审批同意，然后经过资金预算的负责人同意签字后，采购部门才能办理采购手续。

（1）企业应当建立采购申请制度。

（2）企业应当建立采购业务的预算管理制度。

（3）企业应当建立严格的请购审批制度。

（三）订货控制

（1）企业应当建立采购与验收环节的管理制度。

（2）企业应当根据物品或劳务等的性质及其供应情况确定采购方式。

（3）企业应当制定例外紧急需求的特殊采购处理程序。

（4）企业应当充分了解和掌握供应商的信誉、供货能力等有关情况，采取由采购、使用等部门共同参与比质比价的程序，并按规定的授权批准程序确定供应商。

（5）小额零星采购也应由经授权的部门事先对价格等有关内容进行审查。

（四）验收控制

（1）企业应当根据规定的验收制度和经批准的订购单、合同等采购文件，由独立的验收部门或指定专人对所购物品或劳务等的品种、规格、数量、质量和其他相关内容进行验收。

（2）验收人员验收完毕之后，必须填制包括供应商名称、收货日期、货物名称、数量、质量、货运人名称、原订购单编号等内容的验收单或验收报告，并经验收人员签字。

（3）对验收过程中发现的异常情况，负责验收的部门或人员应当立即向有关部门报告；有关部门应查明原因及时处理。货物的验收应由独立于请购部门、采购部门和会计部门的其他部门及其人员来承担，验收部门及人员的主要责任是检验收到货物的数量和质量。

（五）应付账款控制

（1）记录独立。应付账款的记录必须由独立于请购、采购、验收、付款的职员负责记录。

（2）入账审核。应付账款必须是在取得和审核各种必要的凭证后才可以进行。

（3）冲抵预付。对于有预付货款的交易事项，在收到供应商发票后，应该将预付金额冲抵部分发票金额来记录应付账款。

（4）折扣后记账。对于享有折扣的交易事项，应该根据供应商发票金额减去折扣金额的净额登记应付账款。

（5）每月核对。每月应该将应付账款明细账与供应商的对账单进行核对。

（六）对账控制

对账的关键控制包括：

（1）应付账款明细账与卖方对账单的核对。

（2）银行对账单与银行存款日记账余额的核对。

（3）有关账户总账和明细账的核对。

二、付款交易的内部控制

（1）企业应当按照《现金管理暂行条例》《支付结算办法》等有关货币资金内部会计控制的规定办理采购付款交易。

（2）企业财会部门在办理付款交易时，应当对采购发票、结算凭证、验收证明等相关凭证的真实性、完整性、合法性及合规性进行严格审核。

（3）企业应当建立预付账款和定金的授权批准制度，加强预付账款和定金的管理。

（4）企业应当加强应付账款和应付票据的管理，由专人按照约定的付款日期、折扣条件等管理应付款项。已到期的应付款项需经有关授权人员审批后方可办理结算与支付。

（5）企业应当建立退货管理制度，对退货条件、退货手续、货物出库、退货货款回收等做出明确规定，及时收回退货款。

（6）企业应当定期与供应商核对应付账款、应付票据、预付款项等往来款项。如有不符，应查明原因及时处理。

三、固定资产内部控制

（一）固定资产的预算制度

预算制度是固定资产内部控制中最重要的部分。通常大中型企业应编制旨在预测与控制固定资产增减和合理运用资金的年度预算；小规模企业即使没有正规的预算，对固定资产的购建也要事先加以计划。注册会计师应注意检查固定资产的取得与处置是否依据预算，对实际支出与预算之间的差异以及未列入预算的特殊事项，检查其是否履行特别的审批手续。如果固定资产增减均能处于良好的经批准的预算内部之下，注册会计师即可减少针对固定资产增加、减少实施的实质性程序的样本量。

（二）授权批准制度

完善的授权批准制度包括：企业的资本性支出预算只有经过董事会等高层管理机构批准方可生效；所有固定资产的取得和处置均须经企业管理当局的书面认可。注册会计师不仅要检查授权批准制度本身是否完善，还要关注授权批准制度是否得到切实执行。

（三）账簿记录制度

除固定资产总账外，被审计单位还须设置固定资产明细分类账和固定资产登记卡、按固定资产类别、使用部门和每项固定资产进行明细分类核算。固定资产增减变化均有原始凭证。一套设置完善的固定资产进行明细分类账和登记卡，将为注册会计师分析固定资产的取得和处置、复核折旧费用和修理支出的列支带来帮助。

（四）职责分工制度

对固定资产的取得、记录、保管、使用、维修、处置等，均应明确划分责任。由专门部门和专人负责。明确的职责分工制度，有利于防止舞弊，降低注册会计师的审计风险。

（五）资本性支出和收益性支出的区分制度

企业应制定区分资本性支出和收益性支出的书面标准。通常需明确资本性支出的范围和最低金额，凡不属于资本性支出的范围、金额低于下限的任何支出，均应列作费用并抵减当期收益。

（六）固定资产的处置制度

固定资产的处置。包括投资转出、报废、出售等，均要有一定的申请报批程序。

（七）固定资产的定期盘点制度

对固定资产的定期盘点，是验证账面各项固定资产是否真实存在、了解固定资产放置地点和使用状况以及发现是否存在未入账固定资产的必要手段。注册会计师应了解和评价企业固定资产盘点制度，并应注意查询盘盈、盘亏固定资产的处理情况。

（八）固定资产的维护保养制度

固定资产应有严密的维护保养制度，以防止其因各种自然和人为的因素而遭受损失，并应建立日常维护和定期检修制度，以延长其使用寿命。

四、内部控制测试

（1）注册会计师应当通过控制测试获取支持将被审计单位的控制风险评价为中或低的证据。如果能够获取这些证据，注册会计师就可以接受较高的检查风险，并在很大程度上可以通过实施实质性程序获取进一步的审计证据，同时减少对采购与付款交易和相关余额实施细节测试的依赖。

（2）考虑到采购与付款交易控制测试的重要性，注册会计师通常对这一循环采用属性抽样审计方法。在测试该循环中的大多数属性时，注册会计师通常选择相对较低的可容忍误差。另外，由于采购与付款循环中各财务报表项目所涉及的交易业务量和金额的大小往往相差悬殊，使得注册会计师在审计时常将其中大额的和不寻常的项目筛选出来，百分之百地加以测试。

(3) 注册会计师在实施控制测试时，应抽取请购单、订购单和商品验收单。检查请购单、订购单是否得到适当审批；验收单是否有相关人员的签名；订购单和验收单是否按顺序编号。有些被审计单位的内部控制要求应付账款记账员定期汇总该期间生成的所有订购单，并与请购单核对，编制采购信息报告。对此，注册会计师在实施控制测试时，应抽取采购信息报告，检查其是否已复核，如有不符，是否已经及时调查和处理。

(4) 对于编制付款凭单、确认与记录负债这两项主要业务活动，被审计单位的内部控制通常要求应付账款记账员将采购发票所载信息与验收单、订购单进行核对，核对相符应在发票上加盖“相符”印戳。对此，注册会计师在实施控制测试时，应抽取订购单、验收单和采购发票，检查所载信息是否核对一致，发票上是否加盖了“相符”印戳。

(5) 对于付款这项主要业务活动，有些被审计单位内部控制要求由应付账款记账员负责编制付款凭证，并附相关单证，提交会计主管审批。在完成对付款凭证及相关单证的复核后，会计主管在付款凭证上签字，作为复核证据，并在所有单证上加盖“核销”印戳。对此，注册会计师在实施控制测试时，应抽取付款凭证，检查其是否经由会计主管复核和审批，并检查款项支付是否得到适当人员的复核和审批。

(6) 固定资产的内部控制测试。

1) 固定资产业务中是否实行了职务分离控制。

①固定资产购置、处置和支出的批准人应独立于申请人。

②资本预算的复核审批人应独立于资本预算的编制人。

③固定资产的验收人同采购或款项支付人职务分离。

④资产使用或保管人不能同时担任资产的记账工作。

⑤资产盘查工作不能只由使用或保管人员或只由负责记账的人员来进行，应由独立于这些人员的第三者共同参加。

⑥资产报废的审批人不能同时是资产报废通知单的编制人。

2) 固定资产是否进行正确确认和记录。

3) 新增固定资产是否履行了必要的验收手续。

①检查预算文件、采购合同及设备部有关人员发出的付款通知，审查固定资产购置金额是否控制在预算之内。

②清点数量，看实物与凭证所列数量是否一致，所备附件是否齐全；核实造价，

看新增固定资产的造价和购进、调进的价格是否符合实际。

③检查质量，看设备的性能是否良好，质量是否符合技术要求。

④核实造价，看新增固定资产的造价和购进、调进的价格是否符合实际；是否按取得时发生的实际成本计价；是否根据验收单据办理财务转账手续。

4）调出固定资产，是否办理了正常的移交手续。

5）报废固定资产，是否进行了鉴定清理。财务人员要会同资产管理人员到现场参加鉴定，做好清理工作。

6）清查固定资产，是否现场查点实物。

①查物点数，核对账目。对盘盈、盘亏和毁损的固定资产要及时查明原因，写出书面报告，报相应级别的主管人员批准。

②检查固定资产的保管，使用和维护情况。了解固定资产有无长期闲置、使用不当的情况；有无保管不妥，维护不够精心的情况；管理制度有无不够健全之处。

第三节　采购与付款循环业务的实质性程序

一、采购与付款交易的实质性程序

（一）实质性程序

（1）根据对被审计单位的经营活动、供应商的发展历程、贸易条件和行业惯例的了解，确定应付账款和费用支出的期望值。

（2）根据本期应付账款余额组成与以前期间交易水平和预算的比较，定义采购和应付账款可接受的重大差异额。

（3）识别需要进一步调查的差异并调查异常数据关系，如零余额的主要供应商，与周期趋势不符的费用支出。

（4）通过询问管理层和员工，调查重大差异额是否表明存在重大错报风险，是否需要设计恰当的细节测试程序以识别和应对重大错报风险。

（5）形成结论，即实质性程序是否能够提供充分、适当的审计证据，或需要对交易和余额实施细节测试以获取进一步的审计证据。

（二）采购与付款交易和相关余额的细节测试

当出现下列情形时，注册会计师通常应考虑对采购与付款交易和相关余额实施细节测试：

（1）重大错报风险评估为高，例如，存在非正常的交易，包括在期末发生对账户的非正常调整和缺乏支持性文件的关联方交易等；

（2）实质性程序显示出未预期的趋势；

（3）需要在财务报表中单独披露的金额或很可能存在错报的金额，例如，差旅费、修理和维护费、广告费、税费、咨询费等；

（4）对需要在纳税申报表中单独披露的事项进行分析；

（5）需要为有些项目单独出具审计报告，例如，被审计单位如果要向国外的特许权授予方支付特许权使用费，就可能存在这种需要。

（三）采购与付款业务中常见的重大错报风险

（1）盲目采购或购建，造成资金积压与低效使用；

（2）收受回扣、中饱私囊等贪污舞弊行为造成资金损失；

（3）混淆采购成本和资本性支出的界限；

（4）保管不善，变质报废；

（5）固定资产与周转材料核算混淆；

（6）固定资产闲置不处理，造成报废损耗；

（7）多提或少提折旧与减值准备，虚列维修费用支出。

二、主要账项审计的实质性程序

（一）应付账款的实质性测试程序

（1）获取或编制应付账款明细表。复核加计正确，并与报表数、总账数和明细账合计数核对，以确定被审计单位资产负债表上应付账款的金额与其明细表的金额是否相符，并将明细表上的汇总金额和应付账款总账金额、应付账款明细账合计金额核对相符。

【知识链接】应付账款业务常见的错弊形式：

（1）虚列应付账款，调节成本费用。

（2）多列应付账款，将多余款项私吞。

（3）购货退回不冲减应付账款，从而贪污货款。

（4）应付账款长期挂账。

【典型案例6－1】注册会计师在2019年12月12日审查某企业“应付账款”明细账并追查其记账凭证和原始凭证时，调阅了9月4日107#记账凭证，其会计分录为：

借：应付账款——甲公司　　226 000

　贷：银行存款　　223 740

　　　库存现金　　2 260

该记账凭证所附原始凭证为转账支票存根和现金收据各一张。

又调阅了9月1日105#记账凭证，其会计分录为：

借：原材料　　　　　　　　　　　　　　　200 000

　　应交税费——应交增值税（进项税额）　　　　26 000

　贷：应付账款—甲公司　　　　　　　　　　　226 000

该记账凭证所附原始凭证为：供货单位发票一张，合同一份。供货单位的现金折扣政策为（1/10，n/30），即10天内付款给予1%的现金折扣，付款期为30天。

分析：为了进一步查清问题，注册会计师通过向甲公司发函询证，证实了甲公司只收到一张金额为226000元的转账支票。

注册会计师又询问了该企业的出纳员，了解到由会计王某从保险柜中取出现金并签发支票用于货款结算。

王某利用该企业财务制度不健全和职务之便，贪污现金折扣2260元。注册会计师应提请该企业责成王某退回赃款。

调账处理：

借：其他应收款——王某　　　　　　　　　　2 260

　贷：财务费用　　　　　　　　　　　　　　　2 260

（2）根据被审计单位的实际情况，对应付账款进行分析程序。

①计算应付账款占进货的比率、应付账款占流动负债的比率，并与以前各期相比较，以评价应付账款总体的合理性；

②分析长期挂账的应付账款，以发现可能存在的问题；

③分析存货、主营业务收入和主营业务成本的增减变动幅度，并与应付账款增减变动幅度相比较，以判断应付账款总体的合理性。

（3）函证应付账款。

1）一般不需要对应付账款进行函证，主要原因是购货发票本身就是外部凭证，并且应付账款函证并不能保证查出未入账的应付账款，加之注册会计师能够取得购货发票、运输单等外部凭证来证实应付账款的余额。

2）需要函证的情况。

①被审计单位内部控制风险较高；②某些应付账款账户金额较大；③被审计单位处于经济困难阶段。

3）函证对象。

①金额较大的债权人；②在资产负债表日金额不大、甚至为零，但却是企业重要供货商的债权人，因为这种情况下应付账款更可能被低估；③存在关联方交易的债权人。

4）函证方式：最好采用肯定式。

5）注册会计师必须对函证的过程进行控制，要求被函证方直接回函给注册会计师，并根据回函情况，编制与分析函证结果汇总表，对未回函的，决定是否再次进行函证。

6）如果存在未回函的重大项目，注册会计师应采用替代审计程序，确定其是否真实。

通常可以检查决算日后应付账款明细账及现金和银行存款日记账，核实其是否已支付，同时检查该笔债务的相关凭证资料，核实交易事项的真实性。

【典型案例6－2】 审计人员在对某公司会计报表时，决定对某些应付账款进行函证。考虑从下列客户中选取两个函证对象：

供应商	年末应付账款余额（元）	本年度进货金额（元）
A公司	0	2938700
B公司	89000	129000
C公司	37000	564000
D公司	48000	1643000

分析要点： 试选出两个最重要的供应商，作为函证对象，并说明理由。

答案提示： 应选择A公司和D公司为函证对象。选择重要供应商进行函证时，应以年度内交易金额大小作为选择依据。尽管A公司年末应付账款余额为零，但其年度内交易金额最大，是最重要的供应商。

（4）查找未入账的应付账款。

（5）审查应付账款是否存在借方余额。

应付账款一般应为贷方余额，注册会计师审计时应付账款明细账户出现借方余额，应查明原因，必要时建议被审计单位做调整。

（6）结合预付账款的明细余额，查明是否有应付账款和预付账款同时挂账的项目；结合其他应付款的明细余额，查明是否有不属于应付账款的其他应付款。

注册会计师应结合预付账款的审计，查明被审计单位是否存在应付账款和预付账款同时挂账的情况，如有，应做出记录，必要时提请被审计单位做重分类调整或会计误差调整。

（7）审查长期挂账的应付账款。

注册会计师应检查被审计单位有无长期挂账的应付账款，如有，应查明原因，做出记录，必要时建议被审计单位予以调整。

审计时重点关注企业是否有确实无法支付的应付账款，如有，应审查是否按企业会计制度规定转入营业外收入，相关依据及审批手续是否完备。

（8）检查应付账款列报是否恰当。

一般来说，"应付账款"项目应根据"应付账款"和"预付账款"科目所属明细科目的期末贷方余额的合计数填列。注册会计师应检查资产负债表中"应付账款"项目的金额是否与审定数一致。

【典型案例6－3】审计人员2020年8月审计发现某企业2019年经济效益较好，为了给今后留有余地，调节当年利润。2019年终以车间修理为名，虚列提供劳务单位，虚列劳务费用20万元，作为应付款项处理，做会计分录如下：

借：制造费用——修理费　　　　200 000

**　贷：应付账款——X工程公司　　　　200 000**

要求：审计分析并调账。

分析：这样做的结果使当年12月的产品成本增加了20万元。若12月份生产的产品全部完工入库，并已销售了60%，则结转的已销产品成本中，自然也就包括了制造费用中虚列的60%费用。结果虚减了利润12万元，相应也偷漏了所得税3万元。

调账：

借：应付账款　　　　200 000

　贷：库存商品　　　　80 000

　　以前年度损益调整　　　　120 000

借：以前年度损益调整　　　　30 000

　贷：应交税费——应交所得税　　　　30 000

2020年末，应将"以前年度损益调整"账户余额转入"利润分配——未分配利润"账户。

（二）应付票据的实质性测试程序

应付票据明细

种类	编号	出票日期	面额	到期日	债权人	利息率	付款条件	抵押品		
								品名	数量	金额

（1）获取或编制应付票据明细表（见下表）。将应付票据明细表与明细账和总账核对，以审查复核其金额是否正确，有无遗漏和错报。

（2）函证应付票据。审计人员可分票据种类，对于重要的票据向银行或其他债权人进行函证，以确定应付票据余额是否正确。

（3）复核票据利息。对带息票据复核其利息，确定其计算是否正确，会计处理是否合理。

（4）审查逾期未付的票据。若存在逾期未付的票据应查明其原因，如系抵押票据，应做出适当记录，并提请被审单位进行适当披露。

（5）确定应付票据在资产负债表上的披露是否恰当。应付票据的金额、利息率、到期日、担保抵押资产是否在资产负债表附注中予以详细说明。

【知识链接】应付票据业务常见的错弊形式：

（1）应付票据及利息费用、应付利息等账户金额错误。

（2）应付票据的明细表总数与结账日各级票据总分类账余额不一致，可能的原因包括：未将分期偿付款入账，或未归入票据存根簿或其他簿籍，过入账户错误；应付票据贴现时，分录有误以及票据面额包括本息时，以净收额贷记入账，而不以面额入账。

【典型案例6-4】审计人员审计某单位“应付票据”项目，在逐份审验确认应付票据的数额、日期和是否属于带息票据时，发现其中有两份是带息票据，一份是2019年4月1日开具应付A单位1200万元，付款日期为2019年6月1日，票面利率为月息5‰；另一份是2019年5月1日开具应付B单位800万元，付款日期为2019年8月1日，票面利率为月息5‰，未按规定计提应计利息。

要求：根据“权责发生制”的原则，公司开出的商业汇票，如为带息票据，应于中期期末或年度终了，计算应付利息。

答案提示：依据业务，该单位应计应付A单位票据利息1200万元×2×5‰=12万元；应计应付B单位票据利息800万元×3×5‰=12万元。并将审验情况提请被审单位调整如下：

借：财务费用　　240 000
　贷：应付利息——A单位　　120 000
　　　　　　——B单位　　120 000

（三）预付账款的实质性测试程序

（1）获取或编制预付账款明细表。复核加计正确，并与报表数、总账数和明细账合计数核对相符；同时请被审计单位协助，在预付账款明细表上标出会计报表日至审计日止已收到货物并冲销预付账款的项目。

（2）分析预付账款账龄及余额构成。根据审计策略选择大额或异常的预付账款重要项目（包括零余额账户），函证其余额是否正确。

（3）结合应付账款明细账抽查入库记录。查核有无重复付款或将同一笔已付清的账款在预付账款和应付账款两个科目中同时挂账的情况。

（4）分析预付账款明细账余额。对于出现贷方余额的项目，应查明原因，必要的建议进行重新分类调整。

（5）对于用非记账本位币结算的预付账款，检查其采用的折算汇率和汇兑损益处理的正确性。

（6）检查预付账款长期挂账的原因。

（7）检查预付账款是否在资产负债表上恰当披露。

【典型案例6-5】 审计人员在查阅某企业“预付账款”明细账时，发现该笔业务在“预付账款”账户的摘要栏说明不真实，况且是先有贷方，后又冲平的，由此怀疑这笔业务有问题，决定进一步查证。

追踪查证：

首先进行账证核对，调阅其记账凭证，内容为：

借：银行存款　　　　　　　　　　　　　　20 000

　贷：预付账款　　　　　　　　　　　　　　　20 000

该记账凭证的附件为一张银行存款进账单，付款单位为废品收购站；再调阅冲减时的记账凭证，内容为：

借：预付账款　　　　　　　　　　　　　　20 000

　贷：银行存款　　　　　　　　　　　　　　　20 000

该记账凭证后所附的原始凭证为一张支票存根，收款单位为某食品公司。审计人员根据记账凭证上经办人员的签字，调查询问有关人员，了解有关情况，从而查实该企业出售一批废品，收到款项后，用于给职工购买食品，购货发票在财务科保存。

要求：审计分析，该企业的上述处理所存在的问题，并调账。

分析：该企业利用“预付账款”账户隐瞒收入，用于由企业福利费开支的项目，违反了国家的有关财务规定。

调账：

（1）如果上述利用“预付账款”账户隐瞒收入的事项仍挂在“预付账款”账户上（福利发放前），应作如下账务处理：

借：预付账款　　　　　　　　　　　　　　20 000

　贷：其他业务收入　　　　　　　　　　　　　20 000

（2）如果在这笔收入作非法开支使用以后才发现（福利发放后），则应做如下调账处理：

借：应付职工薪酬——职工福利　　　　　　20 000

　贷：其他业务收入　　　　　　　　　　　　　20 000

（四）固定资产的实质性测试程序

固定资产及累计折旧分类汇总

年　月　日

被审单位：　　编制：　　日期：　　索引号：

会计部门：　　复核：　　日期：

固定资产类别	固定资产				累计折旧					
	期初余额	本期增加	本期减少	期末余额	折旧方法	折旧率	期初余额	本期增加	本期减少	期末余额
合计										

（1）获取或编制固定资产和累计折旧分类汇总表。

（2）对固定资产实施实质性程序。

（3）实地检查重要固定资产，重点是本期新增加的重要固定资产。

（4）检查固定资产的所有权或控制权。

（5）检查本期固定资产的增加，检查支持性凭证，测试其计价是否正确，审批手续是否齐全，会计处理是否正确。

（6）检查本期固定资产的减少。

（7）检查固定资产的后续支出。

（8）检查固定资产的租赁。

（9）检查暂时闲置固定资产。

（10）获取已提足折旧仍继续使用固定资产的相关证明文件，并作相应记录。

（11）获取持有待售固定资产的相关证明文件，并作相应记录。检查对其预计净残值调整是否正确、会计处理是否正确。

（12）检查固定资产保险情况，复核保险范围是否足够。

【知识链接】固定资产业务常见的错弊形式：

（1）未按标准和原则划分固定资产与低值易耗品。

（2）固定资产分类不正确。

（3）固定资产计价错弊：计价方法错误；价值构成错误；任意变动固定资产的账面价值。

（4）固定资产修理业务及其支出不真实、不合理。

【典型案例6－6】2020年审计人员对某公司固定资产进行审查时，发现下列问题：2019年9月购入专用设备一台，买价300000元，共发生运杂费2000元和设备安装费2500元，两笔费用都计入管理费用。专用设备于该年9月投入使用（该设备预计净残

值为0，采用直线法折旧，年折旧率为10%）。

要求：指出上述处理存在的问题，并作账务调整。

答案提示：存在固定资产的计价错误。购入固定资产的原值包括买价，运杂费和安装调试费。由于计价错误，将会影响到本年度损益及资产负债表上的资产项目及折旧额。现调整如下：

应补提的折旧数 =4500×10%×3/12 =112.5（元）

借：固定资产　　4 500

　贷：累计折旧　　112.50

　　以前年度损益调整　　4 387.50

计算所得税：4387.50×25% =1096.86

借：以前年度损益调整　　1 096.86

　贷：应交税费——应交所得税　　1 096.86

年末，将“以前年度损益调整”账户的余额转入“利润分配——未分配利润”账户。

（五）累计折旧的实质性测试程序

（1）获取或编制固定资产及累计折旧分类汇总表，复核加计正确，并与报表数、总账数和明细账合计数核对相符。

（2）检查被审计单位制定的折旧政策和方法是否符合国家有关财务会计制度的规定，确定其所采用的折旧方法能否在固定资产使用年限内合理分摊其成本，前后期是否一致。

（3）分析程序。

①对折旧计提的总体合理性进行复核，方法是用应计提折旧的固定资产乘本期的折旧率；

②计算本期计提折旧额占固定资产原值的比率，并与上期比较，分析本期折旧计提额的合理性和准确性；

③计算累计折旧占固定资产原值的比率，评估固定资产的老化率，并估计因闲置、报废等原因可能发生的固定资产损失。

④审查折旧的计提和分配。注意有关折旧的会计处理是否符合规定，通过更新改造而增加的固定资产是否重新计算折旧费用。

⑤将“累计折旧”账户贷方的本期计提折旧额与相应的成本费用中的折旧费用明细账户的借方相比较，以查明所计提折旧金额是否已全部摊入本期产品成本或费用。

⑥结合固定资产审计，确定其折旧的计提是否正确无误，并追查至固定资产登记卡。特别应注意有无已提足折旧的固定资产继续超提折旧的情况和在用固定资产不提

或少提折旧的情况。

⑦对于因资产评估调整累计折旧的，取得有关资产评估报告，检查其会计处理是否正确。

⑧验明累计折旧的披露是否恰当。

【知识链接】累计折旧业务常见的错弊形式：

企业不按照国家有关财务制度规定提取折旧，以通过扩大或缩小折旧费用最终达到减少或扩大利润的目的。其主要表现在：

（1）未按规定的范畴计提折旧。

（2）未按规定选用折旧方法。

（3）未按规定确定折旧年限。

（4）折旧方法与折旧年限随意变动。

（5）固定资产的净残值预计不符合规定。

（6）月折旧额的计算不真实、不正确。

（六）在建工程的实质性测试程序

（1）获取或编制在建工程明细表，复核加计正确，并与报表数、总账数和明细账合计数核对相符。

（2）审查在建工程项目是否经授权批准。

（3）抽查在建工程增加数、转出数的原始凭证是否齐全，会计处理是否正确。检查在建工程期末余额的构成内容，并实地观察工程现场，确定在建工程是否存在。

（4）审查是否存在已交付使用，尚未办理竣工结算手续的项目。

（5）审查在建工程明细账，确定资本性支出和收益性支出是否划分合规。

（6）验证在建工程在资产负债表上的披露是否恰当。

【典型案例 6－7】审计人员审查 F 公司自营建造的厂房时，发现其账面所列投资额与现实状况存在较大出入，怀疑该公司可能将工程支出挤入了生产成本或期间费用。审计人员查阅了本年度的产品成本及管理费用，发现该公司某产品 1～6 月的单位成本水平高于以往任何时期，同期的管理费用也高于正常情况。根据这一线索，审计人员详细审阅了该期间的生产领料单，发现领料单中所记录的原材料 20 吨总额 50 万元实际用于在建工程。审计人员通过对照工资分配表上的姓名，发现在建工程人员的工资列入了同期管理费用，共计 10 万元。

要求：指出 F 公司在建工程上存在的问题，并提出相应审计意见。

答案提示：审计人员认为该公司将在建工程支出列入生产成本和管理费用，混淆了资本性支出和收益性支出的界限。虚增当期费用，影响了当期损益，也造成在建工程成本计算不真实。建议F公司冲回多计的生产成本及管理费用，调整在建工程成本。调整分录如下：

借：在建工程　　665 000

　贷：库存商品　　500 000

　　　管理费用　　100 000

　　　应交税费——应交增值税（进项税额转出）　65 000

（七）无形资产的实质性测试程序

（1）获取或编制无形资产明细表，复核其加计数是否准确，并与明细账和总账余额核对相符。

（2）获取有关文件、资料，检查无形资产的构成内容和计价依据。

（3）检查以接受投资或购入方式取得的无形资产的价值是否分别与验资报告及资产评估结果确认书或合同协议等证明文件一致，检查取得无形资产的法律程序是否完备。

（4）检查无形资产的摊销方法，复核计算无形资产的摊销及其会计处理是否正确。

（5）验明无形资产是否已在资产负债表上恰当披露。

【知识链接】无形资产业务常见的错弊形式：

（1）隐瞒转让无形资产收入。

（2）侵吞无形资产对外投资差价。

（3）企业违规以“无形资产”价值充补注册资本。

（4）无形资产摊销中企业用多摊、不摊或少摊无形资产的手段调节利润。

【典型案例6-8】审计人员接受委托对甲公司2016年度的财务报表进行审计，在审查该公司“无形资产——专利权”明细账时，发现如下记录：

①公司购入A项专利权，实际支付价格733560元。

②12月A项专利权摊销613元，记入销售费用明细账。

会计凭证记录为：

借：销售费用　　613

**　贷：无形资产　　613**

审计人员抽查有关会计凭证和合同书时，查明公司购入该项无形资产有合法合同，合同规定有效期限为10年，已使用6年。审计人员怀疑无形资产摊销不正确。

要求：复算12月份的摊销额为12月份摊销额是否正确并调账。

复算：审计人员复算12月份的摊销额为12月份摊销额 $=733560\div10\div12=6113$（元）

从而计算出12月份少摊销额=6113－613=5500（元）

复算结果表明： 该公司12月份少摊无形资产5500元。经询问有关会计人员后证实，这是由于有关会计人员计算与账务处理出现差错导致的。该企业将12月份的无形资产应摊销额6113元误算为613元，错入“销售费用”，建议企业补摊5500元。

调账如下：

借：无形资产　　613

　管理费用——无形资产摊销　　6 113

　贷：销售费用　　613

　　累计摊销　　6 113

【学生思考6－1】 ***如果审计时间为次年6月份，又应如何调账？***

理论与实务测试

一、单项选择题

1. 在企业内部控制制度比较健全的情况下，下列可以证明有关采购交易的“发生”认定的凭据之一，同时也是采购交易轨迹起点的是（　　）。

A. 订购单　　B. 请购单　　C. 验收单　　D. 付款凭单

2. 下列说法中正确的是（　　）。

A. 采购部门对经过批准的请购单发出订购单，询价后确定最佳供应商，但询价与确定供应商的职能要分离

B. 定期独立检查验收单的顺序以确定每笔采购交易都已编制凭单，则与采购交易的“存在”认定有关

C. 采购部门对经过批准的请购单发出订购单，询价后确定最佳供应商，但询价与确定供应商的职能可以不分离

D. 将已验收商品的保管与采购的其他职责相分离，可减少未经授权的采购和盗用商品的风险。存放商品的存货区应相对独立，限制无关人员接近。这些控制与商品的“完整性”认定相关

3. 在购货业务中，采购部门在收到请购单后，只能对经过批准的请购单发出订购单。订购单一般为一式四联，其副联无须送交（　　）。

A. 编制请购单的部门　　B. 验收部门

C. 应付凭单部门　　D. 供应商

4. 以下程序中，（　　）属于测试采购交易与付款交易内部控制“存在性”目标的常用控制测试程序。

A. 检查企业验收单是否有缺号　　B. 检查付款凭单是否附有卖方发票

C. 检查卖方发票连续编号的完整性　　D. 审核采购价格和折扣的标志

5. 采购与付款循环中“发生”认定的关键内部控制程序是（　　）。

A. 注销凭证以防重复使用　　B. 已填制的验收单均已登记入账

C. 检查验收单连续编号的完整性　　D. 采购的价格和折扣均经适当批准

6. 注册会计师在对应付账款进行实质性程序时用到的下列实质性程序表述不正确的是（　　）。

A. 将期末应付账款余额与期初余额进行比较，分析波动原因

B. 分析存货和营业成本等项目的增减变动，判断应付账款增减变动的合理性

C. 计算应付账款与存货的比率，应付账款与流动负债的比率，并与以前年度相关比率对比分析，评价应付账款整体的合理性

D. 分析长期挂账的应付账款，要求被审计单位做出解释，判断被审计单位应付账款的波动情况

7. 注册会计师X为审查宏丽公司未入账负债而实施的下列审计程序中，最为有效的是（　　）。

A. 审查债权人名单

B. 审查应付账款、应收票据明细账

C. 审查应付账款、应付票据的函证回函

D. 审查资产负债表日后货币资金支出情况

8. 在验证应付账款余额不存在漏报时，注册会计师黎平获取的以下审计证据中，证明力最强的是（　　）。

A. 供应商开具的销售发票

B. 供应商提供的月对账单

C. 被审计单位编制的连续编号的验收报告

D. 被审计单位编制的连续编号的订货单

9. 注册会计师张霞在审查公司2015年度应付账款项目时，发现W公司应付账款明细账中存在确实无法支付的巨额应付账款。对此，张霞应提请W公司管理层作（　　）的会计处理。

A. 借记“应付账款”，贷记“营业外收入”

B. 借记“坏账准备”，贷记“营业外收入”

C. 借记“应付账款”，贷记“资本公积”

D. 借记“坏账准备”，贷记“资本公积”

10. 为证实会计记录中所列的固定资产是否存在，了解其目前的使用状况，注册会

计师应当实施（　）程序。

A. 对固定资产实地观察

B. 检查固定资产的所有权归属

C. 以实地为起点，追查固定的明细分类账

D. 以固定资产明细分类账为起点，进行实地追查

二、多项选择题

1. 被审计单位的下列有关工程项目业务中，注册会计师认为属于不相容岗位的有（　　）。

A. 项目建议和项目决策　　B. 项目实施和价款支付

C. 竣工决算和竣工审计　　D. 工程概预算与审核

2. 假定不考虑审计重要性水平，A 注册会计师对下列事项应提出审计调整建议的有（　）。

A. L 公司 2019 年 10 月从母公司购买办公楼，并于当月启用，该办公楼自 2019 年 11 月起计提折旧，截至 2019 年 12 月 31 日，L 公司尚未取得该办公楼的产权证明

B. 为保持某设备的生产能力，L 公司对该设备进行修理和改造，发生 80 万元维修改造费，并将其计入固定资产账面价值

C. 因尚未办理竣工决算，L 公司对于 2019 年 5 月启用的厂房暂估入账，并按规定计提折旧。该厂房的竣工决算于 2020 年 1 月 5 日完成，其固定资产原值和已计提的折旧也相应自 2020 年 1 月起按决算金额进行调整

D. L 公司的某台生产设备因关键部件老化而经常生产大量不合格产品，因此，L 公司对该设备全额计提了减值准备

3. 根据被审计单位实际情况，注册会计师可以选择以下方法对应付账款执行实质性程序的有（　　）。

A. 将期末应付账款余额与期初余额进行比较，分析波动原因

B. 检查与应付账款有关的供应商发票、验收报告或入库单到账簿记录

C. 计算应付账款与存货的比率，应付账款与流动负债的比率，并与以前年度相关比率对比分析，评价应付账款整体的合理性

D. 分析长期挂账的应付账款，要求被审计单位做出解释，判断被审计单位是否缺乏偿债能力或利用应付账款隐瞒利润；并注意其是否可能无须支付，对确定无须支付的应付款的会计处理是否正确，依据是否充分

4. 注册会计师在对被审计单位应付账款审计时，下列程序中可以检查应付账款是否计入正确的会计期间，存在未入账的应付账款的有（　）。

A. 获取被审计单位与其供应商之间的对账单，并将对账单和被审计单位财务记录

之间的差异进行调节

B. 检查债务形成的相关原始凭证，如供应商发票、验收报告或入库单等

C. 针对资产负债表日后付款项目，检查银行对账单及有关付款凭证，询问被审计单位内部或外部的知情人员

D. 检查资产负债表日后应付账款明细账贷方发生额的相应凭证，关注其购货发票的日期

5. 注册会计师在审计应付账款过程中，实施的审计程序对查找未入账应付账款有效的是（　　）。

A. 从供应商发票、验收报告或入库单追查至应付账款明细账

B. 检查资产负债表日后应付账款明细账贷方发生额的相关购货发票等凭证

C. 从财务部门获取被审计单位与其供应商之间的对账单并与应付账款进行核对

D. 针对资产负债表日后付款项目，检查银行对账单及有关付款凭证（如银行划款通知、供应商收据等）

6. 下列说法中正确的有（　　）。

A. 如果发现因重复付款、付款后退货、预付货款等原因导致某些应付账款账户出现较大借方余额，注册会计师除了在审计工作底稿中编制建议调整的重分类分录之外，还应建议被审计单位将这些借方余额在资产负债表中列示为资产

B. 注册会计师王华和李明在审计 W 公司年度财务报表时，注意到与采购和付款循环相关的内部控制存在缺陷。他们认为 W 公司管理层在资产负债表日故意推迟记录发生的应付账款，于是决定实施审计程序进一步查找未入账的应付账款

C. 如果被审计单位为上市公司，则通常在其财务报表附注中应说明有无欠持有10% 以上表决权股份的股东单位账款

D. 注册会计师在审查应付账款账户在资产负债表中披露的恰当性时，应核实资产负债表中“应付账款”项目是否根据“应付账款”和“预收账款”科目的期末贷方余额的合计数填列

7. 下列有关固定资产说法错误的有（　　）。

A. 如果被审计单位以非货币交换（假设具有商业实质）换入多项没有单独标价的固定资产，注册会计师应检查被审计单位是否按照各项固定资产的原账面价值的比例对总成本进行分配，分别确定各项固定资产的入账价值

B. 被审计单位购买的固定资产，其延期支付的购买价款超过了正常信用条件，实质上具有融资性质的，注册会计师认为所购资产的成本应当以实际支付的总价款为基础确认

C. 实施实地检查审计程序时，注册会计师可以以固定资产明细分类账为起点，进行实地追查，以证明会计记录中所列固定资产确实存在，并了解其目前的使用状况；

也可以以实地为起点，追查至固定资产明细分类账，以获取实际存在的固定资产均已入账的证据

D. 计算累计折旧占固定资产原值的比率，评估固定资产的老化程度，并估计因闲置、报废等原因可能发生的固定资产损失，结合固定资产减值准备，分析是否合理

8. 注册会计师在对被审计单位固定资产进行实质性程序时，计算固定资产原值与全年产量的比率，并与以前年度比较，分析其波动原因，可以发现（　　）。

A. 减少固定资产未在账户上注销

B. 闲置固定资产

C. 发现本期折旧额计算上可能存在的错误

D. 增加的固定资产尚未进行处理

9. 下列项目中，注册会计师认为应计提折旧的固定资产有（　　）。

A. 因季节性等原因而暂停使用的固定资产

B. 因改扩建等原因而暂停使用的固定资产

C. 企业临时性出租给其他企业使用的固定资产

D. 融资租入的固定资产

10. 被审计单位采购与付款循环中涉及的主要业务活动包括（　　）。

A. 处理订购单　　B. 验收商品

C. 确认债务　　D 处理和记录现金支出

三、判断题

1. 验收单是收到商品、资产时所编制的凭证，列示从供应商处收到的商品、资产的种类和数量等内容。（　）

2. 企业购入物资时，一般由物资采购部门根据需要制定采购计划，填制请购单。（　）

3. 应付账款的记录必须由独立于请购、采购、验收、付款的职员负责记录。（　　）

4. 小规模企业如没有正规的预算，对固定资产的购建无须事先加以计划。（　　）

5. 注册会计师应当通过控制测试获取支持将被审计单位的控制风险评价为中或低的证据。（　）

6. 有些被审计单位内部控制要求，由会计人员负责编制付款凭证。（　　）

7. 应付账款一般不需要进行函证。（　　）

8. 一般来说，“应付账款”项目应根据“应付账款”和“预收账款”科目所属明细科目的期末贷方余额的合计数填列。（　　）

四、实务分析题

1. 审计人员审查某企业“应付账款”明细账时，发现7月3日25 #凭证记录应付账款增加5.15万元，7月4日36 #凭证记录偿还5.15万元货款，支付货款如此迅速，怀疑其中存在现金折扣，决定追查相关凭证。

审计人员调阅25#凭证，其记录为：

借：材料采购　　50 000

　　应交税费——应交增值税（进项税额）　　15 000

　贷：应付账款—A　　65 000

所附单据为供货单位发票一张，合同一份，规定付款期一个月，10天内付款，给予现金折扣2%。

另调阅36#凭证，其记录如下：

借：应付账款—A　　65 000

　贷：银行存款　　63 700

　　　库存现金　　1 300

所附原始凭证为转账支票存根和现金收据两张。

疑点：一笔货款采用两种结算方式，且现金折扣金额用现金支付，其中必定存在问题。

要求：审计分析并调账。

2. 审计人员在审查某公司2020年2月份“预付账款”明细账时，发现有一笔预付账款数额较大且时间也较长，决定进一步查证。

追踪查证：审计人员查阅2020年1月此笔预付款的原始资料，某公司经有关方面介绍向某经销部订购一批优质钢材，并预付定金70万，合同明确交货期为3个月。但该公司对某经销部的资信情况并不了解，且合同未经公正，到期后该经销部因长年亏损无法经营而倒闭，通过多方追收，仅收回20万元，尚有50万元无法收回。

要求：审计分析并调账。

3. 审计人员于2019年4月在审计某企业同年1月发生的一项固定资产出售业务时，发现其记账凭证上记录为

借：银行存款　　20 000

　　累计折旧　　80 000

　贷：固定资产——车床　　100 000

审计人员认为，该固定资产出售业务处理存在问题：首先，没有通过“固定资产清理”账户核算出售过程；其次，一般固定资产的出售价格很少与固定资产净值正好相符，怀疑该固定资产出售业务有隐瞒收入、漏交营业税等情况。

追踪查证：

审计人员调出与出售车床日期相近的银行存款账目，发现另有收到由购买车床单位支付的款项 30000 元，其相应记账凭证为

借：银行存款　　　　　　　　　　　　30 000

　贷：其他应付款　　　　　　　　　　　　30 000

会计人员不肯说出 30000 元为何款项，进一步调查发现，该车床出售共得收入 5 万元，企业将 3 万元存入小金库，而作如上处理。

要求：审计分析并调账。

4. 审计人员在对某企业 2019 年度原有固定资产与新增固定资产应计提的折旧额进行验证时发现，该企业全年计提的折旧额小于应计提的金额。经逐月进行核对，发现 2019 年 10 ~ 12 月这 3 个月计提的折旧额不足。该企业 2019 年 9 月采用融资租赁方式租入了制冷设备一台，此后再无固定资产增减业务发生。因此，审计人员怀疑是该项融资租入的固定资产没有计提折旧，而将它作为经营租入固定资产处理了。经过进一步追踪查证，审计人员调阅了 10 ~ 12 月计提折旧的 3 张转账凭证。通过审阅转账凭证后所附的“固定资产折旧计算表”发现，所提折旧额正是融资租入固定资产应计提的折旧额。审计认为：本企业会计人员根据领导的授意，故意少计提折旧，减少本期费用，增加利润，以使年度利润额大幅度增加，作为晋升提级的资本。

要求：审计分析并调账。

第七章　生产与存货循环的审计

教学目的与要求

通过学习，明确生产和存货循环业务所涉及的经济活动和凭单，了解生产和存货循环业务活动内部控制制度，掌握生产和存货循环业务及相关账户的审计方法。

教学重点

生产与存货内部控制测试；生产与存货交易的实质性程序。

教学难点

生产与存货交易的实质性程序。

引导案例

1996 年，琼民源虚构了 5.66 亿元利润、虚增资本公积金 6.57 亿元。虚增的利润主要来源于：(1) 将合作方香港冠联置业公司投入的股本及合作建房资金 1.95 亿元确认为收入；(2) 通过三次循环转账手法，虚构收到转让北京民源大厦部分开发权 2.7 亿元；(3) 向开源公司转让民源大厦未建成的商场经营权所获得的 5000 万元确认为收入；(4) 将收到合作者的民源大厦的建设补偿费 5100 万元确认为收入；(5) 从北京市富强新技术开发公司取得的厂房经营收入 3000 万元确认为收入。

上述虚构的结果导致公司的固定资产、在建工程、无形资产都大幅度增加，使其利润由 1995 年的 67 万元“猛增”至 1996 年的 5.7093 亿元，净资产收益率由 1995 年的 0.034 元/股增加到 1996 年的 21.51 元/股，股票价格也由 3 元飙升至 30 多元。

面对这些人为的利润调整，承担琼民源 1996 年度财务报表审计业务的中华会计师事务所，出具了含有严重虚假内容的审计报告，误导了投资者，在社会上造成了恶劣影响，中华会计师事务所及其相关的审计人员因此受到了严厉的惩罚。

讨论：

1. 本案例中的注册会计师和相关事务所承担了什么法律责任？

2. 本案例中的注册会计师是否遵守的注册会计师执业准则，你如果是他们，该如何做？

提示 1： 本案例中，为琼民源出具审计报告的海南中华会计师事务所主要负责人的注册会计师资格证书被吊销，海南中华会计师事务所被处以警告，暂停其证券业务资格6个月，对该事务所在琼民源财务审计报告上签字的注册会计师，暂停其从事证券业务资格3年。对海南大正会计师事务所罚款30万元，暂停其从事证券相关资产评估业务资格6个月，对负有直接责任的注册会计师，暂停其从事证券业务资格3年。

提示2：本案例中，风险其实很大。首先，琼民源每年都更换会计师事务所；其次，对注册会计师要求提供报告的时限要求过紧，不顾实际情况，要求事务所1月22日就结束审计。注册会计师在审计过程中缺乏必要的职业谨慎，没有核实土地使用权的情况；没有保持独立性，在分析性程序可以显而易见地看出巨额增长的利润和资本公积令人疑惑时，没有增加审计程序；在琼民源关联交易众多的情况下，没有进一步审计，揭露其隐含的风险；没有根据实际情况来确定审计报告出具日期，而对被审计单位的要求进行妥协。

第一节 生产与存货循环的概述

审计人员在对产品的生产和存货循环经济活动中所涉及的经济业务进行审计时，必须要了解这一循环过程中经济活动的主要流程以及所涉及的相关凭单。

一、生产与存货循环中的主要经济业务活动

在企业产品的生产和存货业务活动中，所涉及的主要经济活动包括以下几个环节：

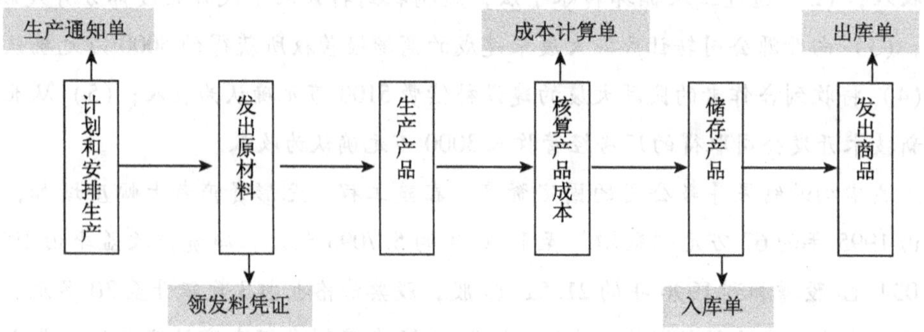

生产与仓储循环业务流程

（一）计划和安排生产

生产计划是关于企业生产运作系统总体方面的计划，是企业在计划期应达到的产品品种、质量、产量和产值等生产任务的计划和对产品生产进度的安排。

（二）发出原材料

原材料库管员应该根据经过审批的领料单发放原材料，发放时应做到：认真核对领料单的各项内容，如材料的品名、型号和数量，符合领料或出库凭证要求的才能发放；发放完毕，库管员应根据领料单与原料出库单进行审核，仓库主管签章确认。

（三）生产产品

生产部门在收到生产任务通知单和领到原材料后，应当及时将生产任务和原材料下发到生产车间每一个生产单位，生产单位根据生产任务通知单积极组织生产。产品完工后通过企业质检部门验收合格后办理产品的入库手续，或将生产完工的半成品在办理相关手续后交由其他生产单位进行下一步的加工。

（四）核算产品成本

为了能够准确地对产品成本进行核算和有效控制产品成本，企业必须建立完善的产品成本核算制度。一方面，生产部门要对产品生产过程中的“料、工、费”准确地记录，并将有关资料及时汇总到会计部门，以便会计部门检查、核对和成本计算；另一方面，会计部门应根据本企业产品生产的特点和管理要求设置相关账户对产品成本进行核算。通过成本核算和成本分析，反映企业产品生产真实情况的同时考察成本控制的有效性。

（五）储存产品

产品完工后，首先，由存货部门验收人员点验检查、签收后，填写“产品入库单”，并将产品的实际数量及时通知会计部门；其次，存货部门应根据不同产品的品质特征分类存放，并贴上标签，以利于日后产品的收发盘点。

（六）发出商品

企业发出商品一般情况下主要是指对外销售，另外还有自产自用、对外投资、对外捐赠、偿还债务等方面。通常商品的发出，都是由独立的发运部门根据有关部门核准的发运通知单发出商品，并据此编制出库单。

二、生产与存货循环业务活动中涉及的主要凭证

（一）生产任务通知单

<u>生产通知单</u>

编号：

产品名称				生产部门			
规格				下单日期		年　月　日	
单位				计划完工日期		年　月　日	
数量				实际完工日期		年　月　日	
序号	型号	品名	颜色	数量	单位	单位成本	产值

续表

序号	型号	品名	颜色	数量	单位	单位成本	产值
备注：各工序保质、保量按时完成生产任务。节约原材料，杜绝浪费，违者重罚							

生产责任人：　　　　审核：　　　　表单编号：

生产任务通知单又称为“生产通知单”“生产计划指令”，是企业向生产部门下达的生产任务的书面通知文件。存货部门据此发料，生产部门据此生产，会计部门据此进行成本核算。

（二）产量和工时记录

产量和工时记录是生产部门在特定时间内生产任务完成情况、工人出勤情况等相关信息的原始记录。如工作通知单、工作班产量报告、产量明细表、废品通知单、工作班考勤记录等，会计部门据此核算相关产品的成本费用。

（三）材料费用分配表

材料费用分配表是用来汇总和反映一定时间内各生产车间、各种产品或各生产工序半成品所耗材料费用的原始记录。

（四）工资结算单

工资结算单是用来汇总和反映一定时间内企业各部门及所属员工各项工薪及福利费等内容的原始记录。会计部门据此核算企业各部门、个人、各产品工资费用的归集和分配。

（五）制造费用分配汇总表

制造费用分配汇总表是用来汇总和反映一定时间内各生产部门、各种产品应负担的制造费用的原始记录。会计部门据此核算相关产品的成本费用。

除上述单证外，生产与存货循环业务活动中涉及的凭证还有材料、产品的验收单、入库单、出库单等相关单证。

第二节　生产与存货业务循环内部控制及其测试

存货内部控制是企业为管理好存货，针对存货收、发、存与供、产、销各环节的特点，事先制定的一套相互牵制、相互验证的内部监控制度。存货内部控制是企业整个内部控制中的重点内容和中心环节。企业制定存货内部控制的目的在于保障存货资产的安全完整，加速存货资金周转，提高存货资金使用效益。

一、生产与存货业务循环内部控制

与存货相关的内部控制涉及被审计单位供、产、销各个环节，包括采购、验收入库、存货、加工、运输等方面，具体而言包括：

（一）采购环节内部控制

与采购相关的内部控制的总体目标是所有交易都已经获得了适当授权与批准。使用订货单是一项基本的内部控制措施，订货单应当预先连续编号，事先确定采购价格并获得批准。此外，对订货单还应当定期进行清点。

（二）验收环节内部控制

与存货验收相关的内部控制的总体目标是所有收到的货物都已得到记录。使用验收单是一项基本的内部控制措施。被审计单位应当设置独立的部门负责验收货物，该部门具有验收存货实物、确定存货数量、编制验收单、将验收单传送至会计部门以及运送货物至仓库等一系列职能。

（三）存储环节的内部控制

与存储相关的内部控制的总体目标是确保与存货实物的接触必须得到管理层的指示和批准。被审计单位应当采取实物控制措施，使用适当的存储设施，以使存货免受意外损毁、盗窃或破坏。

（四）领用环节的内部控制

与领用相关的内部控制的总体目标是所有存货的领用均应得到批准和记录。使用领用单是一项基本的内部控制措施。对存货领用单应当定期进行清点。

（五）加工或生产环节内部控制

与加工或生产环节相关的内部控制的总体目标是对所有的生产过程做出适当的记录。使用生产报告单是一项基本控制措施，在生产报告单中，应当对产品质量缺陷和零部件使用及报废情况及时做出说明。

（六）装运出库环节的内部控制

与装运出库相关的内部控制的总体目标是所有的装运都得到了记录。使用装运单是一项基本的内部控制措施。装运单应当预先编号，定期进行清点，并作为日后开具收款账单的依据。

（七）存货数量的盘存制度

存货数量的盘存制度一般分为实地盘存制和永续盘存制。盘存制度不同，对存货数量控制程度的影响也不同。即使采用永续盘存制，也应对存货进行实地盘点。与存货实地盘点相关的内部控制通常包括：制订合理的盘点计划，确定合理的存货盘点程序，配备相应的监督人员，对存货进行独立的内部验证，将盘点结果与永续存货记录进行独立的调节，对盘点表和盘点标签进行充分控制。

二、生产与存货内部控制测试

（1）注册会计师应当通过控制测试获取支持将被审计单位的控制风险评价为中或低的证据。如果能够获取这些证据，注册会计师就可以接受较高的检查风险，并在很大程度上可以通过实施实质性程序获取进一步的审计证据，减少对生产与存货交易和营业成本、存货等相关项目的细节测试的依赖。

（2）对于计划和安排生产这项主要业务活动，有些被审计单位的内部控制要求，根据经审批的月度生产计划书，由生产计划经理签发预先按顺序编号的生产通知单。对此，注册会计师在实施控制测试时，应抽取生产通知单检查是否与月度生产计划书中的内容一致。

（3）对于发出原材料这项主要业务活动，有些被审计单位的内部控制要求：

①仓库管理员应把领料单编号、领用数量、规格等信息输入计算机系统，经存货经理复核并以电子签名方式确认后，系统自动更新材料明细台账。

②原材料仓库分别于每月、每季和年度终了，对原材料存货进行盘点，会计部门对盘点结果进行复盘。由仓库管理员编写原材料盘点明细表，发现差异及时处理，经存货经理、财务经理和生产经理复核后调整入账。

相应地，注册会计师在实施控制测试时应当抽取出库单及相关的领料单，检查是否正确输入并经适当层次复核；抽取原材料盘点明细表并检查是否经适当层次复核，有关差异是否得到处理。

（4）对于生产产品和核算产品成本这两项主要业务活动，有些被审计单位的内部控制要求：

①生产成本记账员应根据原材料出库单，编制原材料领用凭证，与计算机系统自动生成的生产记录日报表核对材料耗用和流转信息；由会计主管审核无误后，生成记账凭证并过账至生产成本及原材料明细账和总分类账。

②每月末，由生产车间与仓库核对原材料、半成品、产成品的转出和转入记录，如有差异，仓库管理员应编制差异分析报告，经存货经理和生产经理签字确认后交会计部门进行调整。

③每月末，由计算机系统对生产成本中各项组成部分进行归集，按照预设的分摊公式和方法，自动将当月发生的生产成本在完工产品和在产品中按比例分配；同时，将完工产品成本在各不同产品类别中分配，由此生成产品成本计算表和生产成本分配表；由

生产成本记账员编制成生产成本结转凭证，经会计主管审核批准后进行账务处理。

相应地，注册会计师在实施控制测试时应当抽取原材料领用凭证，检查是否与生产记录日报表一致，是否经适当审核，如有差异是否及时处理；抽取核对记录，检查差异是否已得到处理；抽取生产成本结转凭证检查与支持性文件是否一致并经适当复核。当然，必要时应当考虑利用计算机专家的工作。

（5）对于储存产成品和发出产成品这两项主要业务活动，有些被审计单位的内部控制要求：

①产成品入库时，质量检验员应检查并签发预先按顺序编号的产成品验收单，由生产小组将产成品送交仓库。仓库管理员应检查产成品验收单，并清点产成品数量，填写预先顺序编号的产成品入库单，经质检经理、生产经理和存货经理签字确认后，由仓库管理员将产成品入库单信息输入计算机系统，计算机系统自动更新产成品明细台账并与采购订购单编号核对。

②产成品出库时，由仓库管理员填写预先顺序编号的出库单，并将产成品出库单信息输入计算机系统，经存货经理复核并以电子签名方式确认后，计算机系统自动更新产成品明细台账，并与发运通知单编号核对。

③产成品装运发出前，由运输经理独立检查出库单、销售订购单和发运通知单，确定从仓库提取的商品附有经批准的销售订购单，并且，所提取商品的内容与销售订购单一致。

④每月末，生产成本记账员根据计算机系统内状态为“已处理”的订购单数量，编制销售成本结转凭证，结转相应的销售成本，经会计主管审核批准后进行账务处理。

⑤产成品仓库分别于每月、每季和年度终了，对产成品存货进行盘点，由会计部门对盘点结果进行复盘。仓库管理员应编写产成品存货盘点明细表，发现差异及时处理，经存货经理、财务经理和生产经理复核后调整入账。

相应地，注册会计师在实施控制测试时应当抽取产成品验收单、产成品入库单并检查输入信息是否准确；抽取发运通知单、出库单并检查是否一致；抽取发运单和相关销售订购单，检查内容是否一致；抽取销售成本结转凭证检查与支持性文件是否一致并适当复核；抽取产成品存货盘点报告并检查是否经适当层次复核，有关差异是否得到处理。

（6）成本会计制度的控制测试。包括直接材料成本控制测试、直接人工成本控制测试、制造费用控制测试和生产成本在当期完工产品与在产品之间分配的控制测试四项内容。

①直接材料成本控制测试。

对采用定额成本的企业，可选择某一成本报告期若干种具有代表性的产品成本计算单，获取样本的生产指令或产量统计记录及其直接材料单位消耗定额，根据材料明细账或采购业务测试工作底稿中各该直接材料的单位实际成本，计算直接材料的总消耗量和总成本，与该样本成本计算单中的直接材料成本核对，并注意下列事项：生产指令是否经过授权批准；单位消耗定额和材料成本计价方法是否适当，在当年度有无重大变更。

对未采用定额成本的企业，可获取材料费用分配汇总表、材料发出汇总表（或领料单）、材料明细账（或采购业务测试工作底稿）中各该直接材料的单位成本，作如下检查：成本计算单中直接材料成本与材料费用分配汇总表中该产品负担的直接材料费用是否相符，分配标准是否合理；将抽取的材料发出汇总表或领料单中若干种直接材料的发出总量和各种材料的实际单位成本之积，与材料费用分配汇总表中各该种材料费用进行比较，并注意领料单的签发是否经过授权批准，材料发出汇总表是否经过适当的人员复核，材料单位成本计价方法是否适当，在当年有无重大变更。

对采用标准成本法的企业，获取样本的生产指令或产量统计记录、直接材料单位标准用量、直接材料标准单价及发出材料汇总表或领料单，检查下列事项：根据生产量、直接材料单位标准用量和标准单价计算的标准成本与成本计算单中的直接材料成本核对是否相符；直接材料成本差异的计算与账务处理是否正确，并注意直接材料的标准成本在当年年度内有无重大变更。

②直接人工成本控制测试。

对采用计时工资制的企业，获取样本的实际工时统计记录、职员分类表和职员工薪手册（工资率）及人工费用分配汇总表，如，检查成本计算单中直接人工成本与人工费用分配汇总表中该样本的直接人工费用核对是否相符；样本的实际工时统计记录与人工费用分配汇总表中该样本的实际工时核对是否相符；抽取生产部门若干天的工时台账与实际工时统计记录核对是否相符；当没有实际工时统计记录时，则可根据职员分类表及职员工薪手册中的工资率，计算复核人工费用分配汇总表中该样本的直接人工费用是否合理。

对采用计件工资制的企业，获取样本的产量统计报告、个人（小组）产量记录和经批准的单位工薪标准或计件工资制度，检查下列事项：根据样本的统计产量和单位工薪标准计算的人工费用与成本计算单中直接人工成本核对是否相符；抽取若干个直接人工（小组）的产量记录，检查是否被汇总记入产量统计报告。

对采用标准成本法的企业，获取样本的生产指令或产量统计报告、工时统计报告和经批准的单位标准工时、标准工时工资率、直接人工的工薪汇总表等资料，检查下列事项：根据产量和单位标准工时计算的标准工时总量与标准工时工资率之积同成本计算单中直接人工成本核对是否相符；直接人工成本差异的计算与账务处理是否正确，并注意直接人工的标准成本在当年内有无重大变更。

③制造费用控制测试。

获取样本的制造费用分配汇总表、按项目分列的制造费用明细账、与制造费用分配标准有关的统计报告及其相关原始记录，作如下检查：制造费用分配汇总表中，样本分担的制造费用与成本计算单中的制造费用核对是否相符；制造费用分配汇总表中的合计数与样本所属成本报告期的制造费用明细账总计数核对是否相符；制造费用分配汇总表选择的分配标准（机器工时数、直接人工工资、直接人工工时数、产量等）与相关的统计报告或原始记录核对是否相符，并对费用分配标准的合理性做出评估。如果企业采用预计费用分配率分配制造费用，则应针对制造费用分配过多或过少的差额，检查其是否做了适当的账务处理；如果企业采用标准成本法，则应检查样本中标准制造费用的确定是否合理，计入成本计算单的数额是否正确，制造费用差异的计算与账务处理是否正确，并注意标准制造费用在当年度内有无重大变更。

④生产成本在当期完工产品与在产品之间分配的控制测试。检查成本计算单中在产品数量与生产统计报告或在产品盘存表中的数量是否一致；检查在产品约当产量或其他分配标准是否合理；计算复核样本的总成本和单位成本，最终对当个采用的成本会计制度做出评价。

第三节　生产与存货业务循环业务的实质性程序

一、生产与存货交易的实质性程序

生产与存货交易的实质性程序可区分为实质性程序、生产与存货交易和相关余额的细节测试两个方面。

（一）实质性程序

（1）根据对被审计单位的经营活动、供应商的发展历程、贸易条件、行业惯例和行业现状的了解，确定营业收入、营业成本、毛利以及存货和周转费用支出项目的期望值。

（2）根据本期存货余额组成、存货采购、生产水平与以前期间和预算的比较，定义营业收入、营业成本和存货可接受的重大差异额。

（3）比较存货余额和预期周转率。

（4）计算实际数和预计数之间的差异，并同管理层使用者的关键业绩指标进行比较。

（5）通过询问管理层和员工，调查实质性程序得出的重大差异额是否表明存在重大错报风险，是否需要设计恰当的细节测试程序以识别和应对重大错报风险。

（6）形成结论。即实质性程序是否能够提供充分、适当的审计证据，或需要对交易和余额实施细节测试以获取进一步的审计证据。

（二）生产与存货交易和相关余额的细节测试

1. 交易的细节测试

（1）注册会计师应从被审计单位存货业务流程层面的主要交易流中选取一个样本，检查其支持性证据。例如，从存货采购、完工产品的转移、销售和销售退回记录中选取一个样本：

①检查支持性的供应商文件、生产成本分配表、完工产品报告、销售和销售退回文件；

②从供应商文件、生产成本分配表、完工产品报告、销售和销售退回文件中选取一个样本，追踪至存货总分类账户的相关分录；

③重新计算样本所涉及的金额，检查交易经授权批准而发生的证据。

（2）对期末前后发生的诸如采购、销售退回、销售、产品存货转移等主要交易，实施截止测试。

2. 存货余额的细节测试

存货余额的细节测试内容很多，如，观察被审计单位存货的实地盘存；通过询问确定现有存货是否存在寄存情形，或者被审计单位存货在盘点日是否被寄存在他人处；获取最终的存货盘点表，并对存货的完整性、存在和计量进行测试；检查、计算、询问和函证存货价格；检查存货的抵押合同和寄存合同；检查、计算、询问和函证存货的可变现净值等。

二、存货的实质性程序

（一）存货审计概述

存货是指企业在日常活动中持有以备出售的产成品或商品处在生产过程中的在产品，在生产过程或提供劳务过程中耗用的材料和物料等。审计中许多复杂和重大的问题都与存货有关。存货、产品生产和销售成本构成了会计、审计乃至企业管理中最为普遍、重要和复杂的问题。

正是由于存货对于企业的重要性、存货问题的复杂性以及存货与其他项目密切的关联度，要求注册会计师对存货项目的审计应当予以特别的关注。相应地，要求实施存货项目审计的注册会计师应具备较高的专业素质和相关业务知识，分配较多的审计工时，运用多种有针对性的审计程序。

【知识链接】存货业务常见的错弊形式：

存货收入	（1）将应计入外购材料成本中的有关进货费用计入当期损益；或将应计入当期费用的有关进货费用计入商品采购成本。 （2）有些企业对购货折扣的处理不正确或前后各期不一致，影响商品购进成本的真实性和可比性。 （3）在存货购进过程中对增值税的处理不正确。 （4）任意虚列自制存货和委托加工存货的成本，达到少交税的目的。 （5）接受捐赠的存货不入账，形成账外财产或有意将其出售后形成“小金库”。 （6）对存货购进过程中发生的溢缺、毁损的会计处理不正确、不合理。 （7）对包装物、低值易耗品等存货的购进核算不够严密，形成账外财产。 （8）存货有关账户设置不科学、不合理
存货发出	（1）随意变更存货的计价方法。 （2）人为地多计或少计存货发出的成本。 （3）存货改变用途或发生非常损失时，在注销相应存货的同时，有意不结转相应的进项税额。 （4）以报销样品、材料、商品或产成品报损的方式发出存货私分或出售后存入“小金库”
存货管理	（1）采购人员图谋私利，在物资采购供应中营私舞弊。 （2）以物易物，不结算不划账，截留利润，偷税逃税。 （3）在账外设置物资“小金库”。 （4）监守自盗，虚报损失。 （5）移花接木、“调包计”。 （6）虚列多报

（二）存货监盘

1. 存货监盘的定义和作用

《中国注册会计师审计准则第 1311 号——存货监盘》规定，存货监盘是指注册会计师现场观察被审计单位存货的盘点，并对已盘点存货进行适当检查。可见，存货监盘有两层含义：一是注册会计师应亲临现场观察被审计单位存货的盘点；二是在此基础上，注册会计师应根据需要适当抽查已盘点存货。

2. 存货监盘计划

（1）制定存货监盘计划的基本要求。

注册会计师应当根据被审计单位存货的特点、盘存制度和存货内部控制的有效性等情况，在评价被审计单位存货盘点计划的基础上，编制存货监盘计划，对存货监盘做出合理安排。

（2）制定存货监盘计划应实施的工作。

在编制存货监盘计划时，注册会计师应当实施下列审计程序：了解存货的内容、性质、各存货项目的重要程度及存放场所；了解与存货相关的内部控制；评估与存货相关的重大错报风险和重要性；查阅以前年度的存货监盘工作底稿；考虑实地察看存货的存放场所，特别是金额较大或性质特殊的存货；考虑是否需要利用专家的工作或其他注册会计师的工作；复核或与管理层讨论其存货盘点计划。

在编制存货盘点计划时，审计人员应着重注意几点：

①盘点的时间。盘点的时间应尽可能地接近年终结账日。

②盘点人员。盘点应包括供应、存储、财务及生产部门的有关人员参与。

③存货应停止流动，并分类摆放。

④编制连续编号的盘点标签或盘点清单（见下表），如有可能应绘制存货摆放示意图，并规划盘点路线。

⑤召开盘点准备会，将盘点计划传达到每一位参与盘点人员。

盘存单

单位名称：　　　　　　　　　　　　　　　　　　　　编号：

盘点时间：　　　　　　　　存货类别：　　　　　　　存放地点：

编号	名称	计量单位	数量	单价	金额	备注

（3）实施存货监盘。

盘点开始时，审计人员应到现场观察和监督盘点人员的操作程序和盘点过程。监盘时应注意以下几个方面的问题：

①确定存货的摆放是否有序，每种存货是否都附有盘点标签，盘点标签或清单填制是否符合要求，有无重记、漏记的情况。对于未纳入盘点范围的存货应查明原因。

②观察盘点人员的盘点和记录是否符合要求，计点数量是否准确，存货中有无混进废料或空箱、空包等物。

③关注存货的状况，被审单位是否已将毁损、陈旧、过时及残次的存货恰当的予以区分。

④审计人员应将盘点日前后存货收发的凭证号码摘录下来，便于确定存货库存记录和截止日的正确性。

⑤对于企业寄存或寄销在外地的存货，应选择恰当的方式进行盘点。例如，委托当地会计师事务所或派人前往进行盘点；若存货量不大，也可向保管单位进行函证。

（4）复盘抽点。

被审单位盘点完毕之后，审计人员应根据观察的情况，进行复盘抽查。通常选择重点存货项目进行抽点，抽查的样本不少于被抽存货的10%。抽查发现的差异，应督促企业更正；若发现差异较大，应扩大抽查范围，或要求企业重新盘点。

（5）盘点记录。

盘点工作结束后，审计人员应根据存货盘点情况，编制实存账存对比表（见下表）将盘点程序，盘点中重大问题与处理意见、盘点结果予以记载，并连同被审单位的盘点计划、盘点表等其他资料一起整理成审计工作底稿，形成存货盘点的审计档案。

实存账存对比表

单位名称： 年 月 日

编号	类别及名称	计量单位	单价	实存		账存		差异				备注
								盘盈		盘亏		
				数量	金额	数量	金额	数量	金额	数量	金额	

【典型案例7－1】审计人员在查阅某企业（一般纳税人）“材料采购”明细账时，查阅了当月几笔采购材料业务的记账凭证。其中当月6日，第13号记账凭证，会计分录为：

借：材料采购 56 500

管理费用 3 200

贷：银行存款 59 700

该记账凭证所附的原始凭证为1张增值税专用发票和两张费用发票。专用发票上注明该批材料价款50000元，税额6500元，增值税税率13%。费用发票（普通发票）上注明，运费3000元，包装费200元。

要求：指出上述记录存在的问题并作调整分录。

答案提示：按采购材料计价范围的规定，购入材料所发生的运杂费和包装费在扣除运费的进项税额（一般纳税人为运费的9%）后应计入材料采购成本，不应列作管理费用。企业如此处理，一方面使该批材料的实际成本少记，会影响以后月份经营成果的准确性，另一方面扩大了当月管理费用的列支，影响了企业当期损益的计算。建议企业作如下调整分录：

借：应交税费——应交增值税（进项税额） 6 770

贷：材料采购 3 570

管理费用 3 200

理论与实务测试

一、单项选择题

1. 如果将与存货相关的内部控制评估为高风险，注册会计师可能（　　）。

A. 增加测试与存货相关的内部控制的范围

B. 要求该公司在期末进行盘点

C. 检查购货、生产、销售的记录和凭证，以确定期末存货余额

D. 在期末前或后实施存货监盘程序，并测试盘点日至期末发生的存货交易

2. 下列属于被审计单位健全有效的存货内部控制需要由独立的采购部门负责的是（　　）。

A. 编制购货订单　　B. 编制请购单

C. 检验购入货物的数量、质量　　D. 控制存货水平以免出现积压

3. 有关存货审计的下列表述中，不恰当的是（　　）。

A. 对于多处存放存货的情况，注册会计师应当考虑被审计单位的内部控制措施和盘点惯例，评价审计风险以及除存货监盘外的其他替代程序的可行性，从而确定需要参与监盘的范围

B. 存货存在与完整性的认定具有高水平的重大错报风险，而且注册会计师通常只有一次机会通过存货的实地监盘对有关认定做出评价

C. 被审计单位的期末存货盘点已经完成，注册会计师只能评估存货内部控制的有效性，对存货进行适当检查

D. 存货截止测试的主要方法是抽查存货盘点日前后的购货发票、验收报告（或入库单）与会计记录，检查三者的截止是否正确

4. 在对存货实施监盘程序时，以下做法中，B 注册会计师下列做法中不恰当的是（　　）。

A. 对于受托代存存货，实施向存货所有权人函证等审计程序

B. 乙公司相关人员完成存货盘点程序后，注册会计师进入存货存放地点对已盘点存货实施检查程序

C. 对于已作质押的存货，向债权人函证与质押存货相关的内容

D. 对于因特殊性质而无法监盘的存货，实施向顾客或供应商函证等程序

5. 有关存货监盘的下列表述中，不正确的是（　　）。

A. 注册会计师无法亲临现场，即由于不可抗力导致其无法到达存货存放地实施存货监盘，可以考虑改变存货监盘日期，并对预订盘点日与改变后的存货监盘日之间发生的交易进行测试

B. 对存货进行监盘是证实存货计价和分摊的重要程序，除非出现无法实施存货监盘的特殊情况。在绝大多数情况下都必须亲自观察存货盘点过程，实施存货监盘程序

C. 对于存放在公共仓库中的存货，可通过函证方式查验

D. 对于危害性物质，如果被审计单位对其生产、使用和处置存有正式报告，注册会计师可通过追查至有关报告的方式确定此类危害性物质是否存在

6. A 注册会计师在设计与存货项目相关的审计程序时，确定了以下审计策略，其中不正确的是（　　）。

A. 对由少数项目构成的存货，以实施实质性程序为主

B. 实施实质性程序时，检查存货的范围取决于存货的性质和样本选择方法

C. 对单位价值较高的存货，以实施控制测试程序为主

D. 对单位价值较高的存货，以实施实质性程序为主

7. 王萍是源启会计师事务所派往乙公司实施存货监盘的外勤人员。在乙公司盘点存货之前，王萍应当（　　）。

A. 跟随被审计单位的盘点人员

B. 观察存货盘点计划的执行情况

C. 确定存货数量和状况记录的准确性

D. 观察盘点现场存货的排列情况以及是否附有盘点标示

8. 下列关于存货监盘计划的说法中，正确的是（　　）。

A. 注册会计师应该根据自己的专业判断和往年的审计经验，编制存货监盘计划

B. 存货监盘程序是实质性程序，不包括控制测试

C. 注册会计师应当根据对被审计单位存货盘点和对被审计单位内部控制的评价结果确定检查存货的范围

D. 存货监盘范围的大小取决于注册会计师审计时间的分配以及审计成本的核算

9. 下列有关存货计价测试的说法中错误的是（　　）。

A. 注册会计师除应了解掌握被审计单位的存货计价方法外，还应对该计价方法的合理性和一贯性予以关注，被审计单位没有足够理由，计价方法在同一会计年度内不得变动

B. 存货成本的计价测试包括对直接材料成本的审计、直接人工成本的审计和制造费用等审计内容

C. 在测试时，如果发现被审计单位是为执行销售合同而持有的存货，对于超过销售合同约定部分的存货，注册会计师仍然应该以合同价格为基础计算存货的可变现净值

D. 在进行计价测试时，注册会计师应尽量排除被审计单位已有计算程序和结果的

影响，对相关存货进行独立测试

10. 注册会计师在选择存货计价测试的样本时，一般所采用的抽样方法是（　　）。

A. 随机抽样　　B. 系统抽样　　C. 分层抽样　　D. 随意抽样

二、多项选择题

1. 注册会计师在对S公司的内部控制进行调查及记录相关审计工作底稿时，注意到以下情况（假定以下情况互不相关），其中存货相关内部控制可能存在缺陷的有（　　）。

A. S公司在审计年度内未对存货实施盘点，但有完整的存货会计记录和仓库记录

B. 采用预先编号、采购价格已确定、并按获得批准的购货订单进行购货，且定期清点存货

C. S公司生产产品所需的零星P材料由黄河公司代管，S公司对P材料的变动暂不进行会计记录；另外，S公司财务部门会计记录和仓库明细账均反映了代黄河公司保管的E材料

D. S公司每年12月28日后发生的存货在仓库的明细账上记录，不在财务部门的会计账上反映

2. 如果注册会计师采用以控制测试为主的方式进行存货监盘，并准备信赖被审计单位存货盘点的控制措施与程序，则其实施的绝大部分审计程序将限于（　　）。

A. 询问　　B. 重新执行　　C. 观察　　D. 抽查

3. 下列说法中，不正确的有（　　）。

A. 无论是销售业务、购货业务、成本费用业务，还是货币资金业务，对于审批人超越授权范围审批的业务，经办人均有权拒绝办理，并及时向审批人的上级授权部门报告

B. 为了提高企业的工作效率，合理安排人员工作，企业存货的验收、保管、清查及处置最好由一人执行

C. 存货监盘不仅对期末结存数量和状况予以确认，还能验证财务报表上存货余额的真实性

D. 注册会计师在生产与存货循环审计中经常大量运用分析程序获取证据，并形成审计结论

4. 有关存货审计的下列表述中，不正确的有（　　）。

A. 对存货进行监盘是证实存货“完整性”“计价和分摊”认定的重要程序

B. 存货截止测试的主要方法是抽查存货盘点日前后的购货发票与验收报告（或入库单），确定每张发票均附有验收报告（或入库单）

C. 存货计价审计的样本应着重选择余额较大且价格变动较频繁的存货项目，同时考虑所选样本的代表性

D. 对难以盘点的存货，应根据企业存货收发制度确认存货数量

5. 注册会计师在对期末存货进行截止测试时，下列应当关注的内容正确的有（　　）。

A. 所有在截止日以前入库的存货项目是否均未包括在盘点范围内，且未包括在截止日的存货账面余额中

B. 所有在截止日以前装运出库的存货项目是否均未包括在盘点范围内，且未包括在截止日的存货账面余额中

C. 在途存货和被审计单位直接向顾客发运的存货是否均未得到适当的会计处理

D. 所有已记录为购货但尚未入库的存货是否均已包括在盘点范围内，并已反映在会计记录中

6. 注册会计师应当实施一项或多项审计程序，以获取有关本期期初存货余额的充分、适当的审计证据，下列能获取该审计证据的程序是（　　）。

A. 复核上期存货盘点记录及文件　　B. 查阅前任注册会计师工作底稿

C. 运用毛利百分比法等进行分析　　D. 检查本期存货交易记录

7. 注册会计师对被审计单位涉及保密问题的特殊性质存货进行审计，因无法实施监盘，此时注册会计师应当考虑的审计程序有（　　）。

A. 向接触到相关存货项目的第三方检查人员询证

B. 实施其他替代审计程序，比如追查该批存货的生产、使用和处置等有关报告确定此类存货的存在

C. 被审计单位存在值得信赖的内部控制

D. 审阅购货、生产和销售记录以获取必要的审计证据

8. 下列属于注册会计师对被审计单位存货监盘时应特别关注的问题有（　　）。

A. 注册会计师应当特别关注存货的状况，观察被审计单位是否已经恰当地区分了所有毁损、陈旧、过时及残次的存货

B. 注册会计师应当获取盘点日前后存货收发及移动的凭证，检查库存记录与会计记录期末截止日期是否正确

C. 注册会计师应当特别关注存货的移动情况，防止遗漏或重复盘点

D. 在存货监盘过程中，注册会计师应当获取存货验收入库、装运出库以及内部转移截止等信息，以便将来追查至被审计单位的会计记录

9. 下列说法中正确的有（　　）。

A. 注册会计师在对存货进行监盘时的检查时，其目的既可以是为了确证被审计单位的盘点计划得到适当的执行（实质性程序），也可以是为了证实被审计单位的存货实物总额（控制测试）

B. 注册会计师可以通过查阅以前年度的存货监盘工作底稿，来了解被审计单位的

存货情况、存货盘点程序以及其他在以前年度审计中遇到的重大问题

C. 存货监盘的范围大小取决于存货的内容、性质及与存货相关的内部控制的完善程度和重大错报风险的评估结果

D. 在对存货实施具体的监盘程序时，包括注册会计师对被审计单位盘点的实地观察程序和对已盘点的存货进行适当检查，将检查结果与被审计单位盘点记录相核对，并形成相应记录

10. 被审计单位将存货账面余额全部转入当期损益，注册会计师认可的情况有（　　）。

A. 已霉烂变质的存货

B. 企业使用该项原材料生产的产品成本大于产品的销售价格

C. 已过期不可退货的存货

D. 生产中已不再需要，并且无转让价值的存货

三、判断题

1. 为了能够准确地对产品成本进行核算和有效控制产品成本，企业必须建立完善的产品成本核算制度。（　　）

2. 注册会计师应当通过控制测试获取支持将被审计单位的控制风险评价为中或低的证据。（　　）

3. 注册会计师针对存货业务中的重大错报风险应实施符合性审计程序。（　　）

4. 存货监盘后，注册会计师对已盘点存货不必再进行抽查。（　　）

5. 通常选择重点存货项目进行抽点，抽查的样本不少于被抽存货的 10%。（　　）

四、实务分析题

1. 审计人员审查某企业乙产品生产成本，发现以下情况：该企业乙产品按约当产量法计算在产品成本，基本生产车间月初在产品成本中，直接材料费用 36000 元，直接人工费用 9000 元，制造费用 13500 元。本月发生直接材料费用 165600 元，直接人工费用 22500 元，制造费用 58500 元。本月完工产品 120 台，月末在产品 60 台，在产品投料率 90%，完工率 60%。经查实，本月账面月末在产品实际成本 118500 元，其中直接材料费用 87600 元，直接人工费用 10500 元，制造费用 20400 元。本月完工产品成本已结转。

要求：

（1）验算在产品实际成本；

（2）指出存在的问题；

（3）提出处理意见。

第八章　人力资源与工薪循环的审计

教学目的与要求

通过学习，明确人力资源与工薪循环业务所涉及的经济活动和凭单，了解人力资源与工薪循环业务活动内部控制制度，掌握人力资源与工薪循环业务及相关账户的审计方法。

教学重点

人力资源与工薪循环的内部控制测试及其实质性程序。

教学难点

应付职工薪酬的审计。

引导案例

2012 年 7 月，湖北省襄阳市审计局在对某区领导干部经济责任审计中，从一张虚假工资单入手，通过内查外调，发现一起利用虚假发票，套取支农资金，设置“账外账”的严重违纪案件。

——疑点初现。审计小组在对某区支农资金延伸审计中发现，某办管理的农村沼气池建设专项资金按规定进行了专户专账核算，使用合规，账面上没有发现问题。但在审查支出票据时，一张支付技术人员建沼气池的工资单，引起了审计人员的注意。这是一张支付 5 个村子技术人员修建沼气池的技术指导费，共计 16 万元，上面有每个技术人员的证书编号和签字。虽然技术人员的报酬是该项目的常规性支出，但细心的审计发现两个疑点：一是工资数额大，技术人员都是兼职的，一年要负责 200 多口沼气池的建设，取得几万元的报酬值得怀疑。二是支付的形式是现金，不符合结算手续，也不够安全。对此，被审单位解释为，由于项目村点多、面广，技术人员的工资有些是该办工作人员代领，沼气池验收后补发。为了证实其做法，还向审计人员提供了该办与各村技术人员签订的技术指导劳务合同。审计人员认为，这种代领工资的方式存在漏洞。

——追踪调查。为了取得更多的审计线索，弄清事实真相，审计人员及时调整了审计方案，决定从外围突破。他们先收集了支出项目的主要去向，特别是技术人员领取的工资和建沼气池使用水泥的数额，然后到附近几个村实地走访调查。据村领导和农户反映，上面只发了建沼气用的水泥和灶具，技术人员一般是村干部兼职的，其工资由村委会发。为了取得更充分的证据，审计人员重点核对了洪山头村委会的有关账目，发现该村确实在某办领取过技术人员的工资，但领取的数额比某办账面反映的数额小。此外，通过核对还发现，该村报销的水泥数与某办账面反映的结算水泥数额不一致，也少了。那么，村委会和某办的账目哪个反映真实呢？审计人员找到村委会办理结算手续的会计，了解到报销费用的全过程。原来，村委会在某办领取技术人员工资时，在按实际收到的工资出具收条的同时，还按某办的要求在一张虚列的工资领款单上签了字。报销水泥也是出具了水泥发票，又补了收款收据。村会计还反映，当时有好几个村同时办理了此项手续，虽然也有人提出异议，但某办解释这样做是为了申报计划。

——水落石出。收集完证据，审计人员立即返回某办，单刀直入提出了问题。某办见纸里包不住火，只好如实交代了问题，交出了“账外账”。原来，某办采取多报少付的方式，利用虚报的技术人员工资和水泥发票，从专款账户套取资金170多万元转到账外，除部分用于建沼气池水泥和技术人员工资外，多报少付的差额全部挪用于机关经费及吃喝招待。襄阳市审计局根据审计情况，对被审计单位及责任人员进行了严肃处理。此案件的查处，使审计人员深刻认识到发票真实性对审计的重要性，从而把审查虚假发票作为发现“小金库”“账外账”等较为隐蔽问题的重要手段。

讨论：

1. 在上述案例中，“账外账”是怎样形成的？具体表现形式是什么？
2. 在审计工作中，审计人员都采用了哪些审计方法搜集审计证据的？
3. 请认真思考，被审计单位存在哪些具体问题？针对上述问题你认为审计部门会出具何种审计意见呢？

第一节　人力资源与工薪循环概述

人力资源与工薪循环，包括员工雇用和离职、工作时间记录、工薪计算与记录、工薪费用的分配、工薪支付以及代扣代缴税金等。在制造业中，员工工薪影响两个重要的交易类型，即工薪的发放和直接工薪费用与间接工薪费用的分配。

一、涉及的主要业务活动

人力资源与工薪循环是不同企业之间最可能具有共同性的领域，涉及的主要业务活动通常包括批准招聘、记录工作时间或产量、计算工薪总额和扣除、工薪支付等。

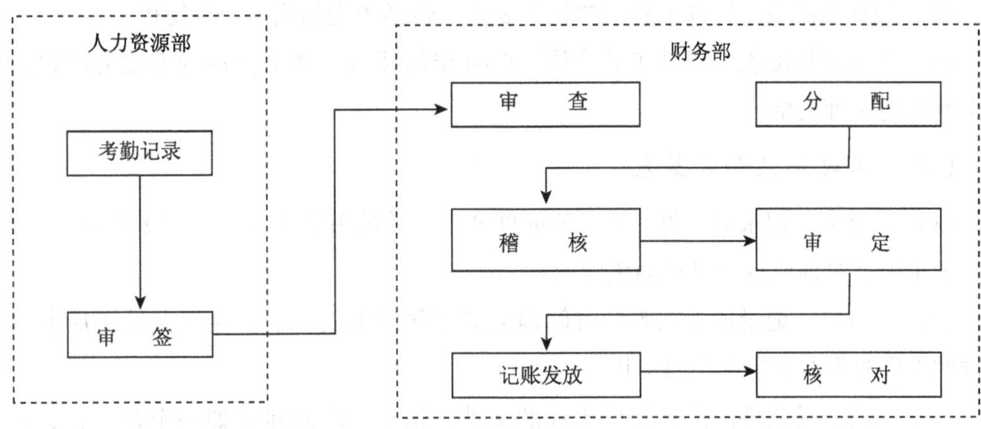

（一）批准招聘

批准雇用的文件，应当由负责人力资源与工薪相关事宜的人员编制，最好由在正式雇用过程中负责制定批准雇用、支付率和工薪扣除等政策的人力资源部门履行该职责。人力资源部门同时还负责编制支付率变动及员工合同期满的通知。

（二）记录工作时间或产量

员工工作的证据，以工时卡或考勤卡的形式产生，通过监督审核和批准程序予以控制。如果支付工薪的依据是产量而不是时间，数量也同样应经过审核，并且与产量记录或销售数据进行核对。

（三）计算工薪总额和扣除

在计算工薪总额和扣除时，需要将每名员工的交易数据，即本工薪期间的工作时间或产量记录，与基准数据进行匹配。在确定相关控制活动已经执行后，应当由一名适当的人员批准工薪的支付。同时由一名适当的人员审核工薪总额和扣除的合理性，并批准该金额。

（四）支付工薪净额

利用电子货币转账系统，将工薪支付给员工，有时也会使用现金支出方式。批准工薪支票，通常是工薪计算中不可分割的一部分，包括比较支票总额和工薪总额。有关使用支票支付工薪的职能划分，应该与使用现金支出的职责划分相同。

二、涉及的主要凭证与会计记录

人力资源与工薪循环开始于对员工的雇用，结束于对员工支付工薪。典型的人力资源与工薪循环涉及的主要凭证与会计记录有以下几种：

（一）人事和雇用记录

（1）人事记录。包括雇用日期、工薪率、业绩评价、雇佣关系终止等方面的记录。

（2）扣款核准表。核准工薪预扣款的表格，包括预先扣除个人所得税。

（3）工薪率核准表。根据工薪合同、管理层的授权、董事会对管理层的授权，核准工薪率的一种表格。

（二）工时记录和工薪表

（1）工时卡。记录员工每天上下班时间和工时数的书面凭证。对大多数员工来说，工时卡是根据时钟或打卡机自动填列的。

（2）工时单。记录员工在既定时间内完成工作的书面凭证。通常在员工从事不同岗位的工作或没有固定部门时使用。

（3）工薪交易文件。由计算机生成的文件，包括一定期间（如一个月）内，通过会计系统处理的所有工薪交易。该文件含有输入系统的所有信息和每项交易的信息，如员工的姓名、日期、支付总额和支付净额、各种预扣金额、账户类别。

（4）应付职工薪酬明细账或清单。由工薪交易文件生成的报告，主要包括每项交易的员工的姓名、日期、工薪总额及工薪净额、预扣金额、账户类别等信息。

（5）工薪文档。记录每位员工的每一工薪交易和保留已付员工总额的一种计算机文件。记录包括在每个工薪期间的工薪总额、预扣金额、工薪净额、支票号、日期等。

（三）支付工薪记录

向员工支付劳务的转账资金。转账资金应等于工薪总额减去税金和其他预扣款。

（四）个人所得税纳税申报表

个人所得税纳税申报表，即向税务部门申报的纳税表。

第二节　人力资源与工薪循环的内部控制和控制测试

一、人力资源与工薪循环的内部控制

人力资源与工薪循环的内部控制主要包括下面几个方面：

（一）适当的职责分离

为了防止向员工过量支付工薪，或向不存在的员工虚假支付工薪，责任分离非常重要。人力资源部门应独立于工薪职能，负责确定员工的雇用、解雇及其支付率和扣减额的变化。

（二）适当的授权

人力资源部门应当对员工的雇用与解雇负责。支付率和扣减额也应当进行适当授权。每一个员工的工作时间，特别是加班时间，都应经过主管人员的授权。所有工时卡都应表明核准情况，例外的加班时间也应当经过核准。

（三）适当的凭证和记录

适当的凭证和记录依赖于工薪系统的特性。如，工时卡或工时记录只针对计时工薪，有些员工的工薪以计件工薪为基础。

（四）资产和记录的实物控制

应当限制接触未签字的工薪支票。支票应由有关专职人员签字，工薪应当由独立于工薪和考勤职能之外的人员发放。

（五）工作的独立检查

工薪的计算应当独立检查，包括将审批工薪总额与汇总报告进行比较。管理层成员或其他负责人应当复核工薪金额，以避免明显的错报和异常的金额。

二、人力资源与工薪循环的内部控制测试

（一）应选择若干月份工薪汇总表进行检查

（1）计算复核每一份工薪汇总表；

（2）检查每一份工薪汇总表是否已经授权批准；

（3）检查应付工薪总额与人工费用分配汇总表中的合计数是否相符；

（4）检查其代扣款项的账务处理是否正确；

（5）检查实发工薪总额与银行付款凭单及银行存款对账单是否相符，并正确过入相关账户。

（二）从工薪单中选取若干个样本（应包括各种不同类型人员）进行检查

（1）检查员工工薪卡或人事档案，确保工薪发放有依据；检查员工工薪率及实发工薪额的计算。

（2）检查实际工时统计记录（或产量统计报告）与员工工时卡（或产量记录）是否相符。

（3）检查员工加班记录与主管人员签名的月度加班费汇总表是否相符。

（4）检查员工扣款依据是否正确。

（5）检查员工的工薪签收证明。

（6）实地抽查部分员工，证明其确在本公司工作，如已离开本企业，需获得管理层证实。

第三节　人力资源与工薪循环的实质性程序

工薪交易和相关余额主要的重大错报风险是对费用的高估，如向虚构员工发放工

薪、对未实际发生工时支付工薪或以未授权的工薪率发放工薪等（存在和发生以及准确性认定）。由于严格的监管环境，以及工薪活动的敏感性和保密性，未遵守法律法规可能受到的严厉惩罚，管理层针对工薪系统实施严格的控制，在大多数情况下能够有效且预先发现并纠正错误和舞弊。因此，注册会计师在测试了关键控制后将工薪交易和余额中的重大错报风险评估降低。这将导致调整审计策略以获取为实施分析程序所需要的大多数实质性审计证据，减少细节测试。针对剩余重大错报风险，注册会计师应当采用细节测试对期末应付工薪和工薪负债的完整性、准确性、计价以及权利和义务进行测试。

一、实质性程序

在人力资源和工薪循环的审计中，注册会计师为收集多数审计证据、实现审计目标，通常实施以下实质性程序：

（1）针对已识别需要运用分析程序的有关项目，基于对被审计单位及其环境的了解，通过进行以下比较，同时考虑有关数据间关系的影响，以建立有关数据的期望值。

（2）确定可接受的差异额。

（3）将实际的情况与期望值相比较，识别需要进一步调查差异。

（4）如果其差额超过可接受的差异额，调查并获取充分的解释和恰当的佐证审计证据（如通过检查相关的凭证）。

（5）评估分析程序的测试结果。

二、应付职工薪酬的审计

（一）审计目标

应付职工薪酬的审计目标一般包括：

（1）确定资产负债表中记录的应付职工薪酬是否存在；

（2）确定所有应当记录的应付职工薪酬是否均已记录；

（3）确定记录的应付职工薪酬是否为被审计单位应当履行的现时义务；

（4）确定应付职工薪酬是否以恰当的金额包括在财务报表中，与之相关的计价调整是否已恰当记录；

（5）确定应付职工薪酬是否已按照企业会计准则的规定在财务报表中做出恰当列报。

（二）应付职工薪酬的实质性程序

应付职工薪酬的实质性程序通常包括：

（1）获取或编制应付职工薪酬明细表，复核加计是否正确，并与报表数、总账数和明细账合计数核对是否相符。

（2）实施实质性程序。

①比较被审计单位员工人数的变动情况，检查被审计单位各部门各月工薪费用的发生额是否有异常波动，若有，则查明波动原因是否合理。

②比较本期与上期工薪费用总额，要求被审计单位解释其增减变动原因，或取得公司管理层关于员工工薪标准的决议。

③结合员工社保缴纳情况，明确被审计单位员工范围，检查是否与关联公司员工工薪混淆列支。

④核对下列相互独立部门的相关数据：工薪部门记录的工薪支出与出纳记录的工薪支付数，工薪部门记录的工时与生产部门记录的工时。

⑤比较本期应付职工薪酬余额与上期应付职工薪酬余额，是否有异常变动。

（3）检查工薪、奖金、津贴和补贴。

①计提是否正确，依据是否充分。

②检查分配方法与上年是否一致。

③检查发放金额是否正确，代扣的款项及其金额是否正确。

④检查是否存在属于拖欠性质的职工薪酬，并了解拖欠的原因。

（4）检查社会保险费（包括医疗、养老、失业、工伤、生育保险费）、住房公积金、工会经费和职工教育经费等计提（分配）和支付（使用）的会计处理是否正确，依据是否充分。

（5）检查辞退福利。

①对于职工没有选择权的辞退计划，检查按辞退职工数量、辞退补偿标准计提辞退福利负债金额是否正确；

②对于自愿接受裁减的建议，检查按接受裁减建议的预计职工数量、辞退补偿标准（该标准确定）等计提辞退福利负债金额是否正确；

③检查实质性辞退工作在一年内完成，但付款时间超过一年的辞退福利，是否按折现后的金额计量，折现率的选择是否合理；

④检查计提辞退福利负债的会计处理是否正确，是否将计提金额计入当期管理费用；

⑤检查辞退福利支付凭证是否真实正确。

（6）检查非货币性福利。

①检查以自产产品发放给职工的非货币性福利。

②检查无偿向职工提供住房的非货币性福利。

③检查租赁住房等资产供职工无偿使用的非货币性福利。

(7) 检查以现金与职工结算的股份支付。

(8) 检查应付职工薪酬的期后付款情况，并关注在资产负债表日至财务报表批准报出日之间，是否有确凿证据表明需要调整资产负债表日原确认的应付职工薪酬事项。

(9) 检查应付职工薪酬是否已按照企业会计准则的规定在财务报表中做出恰当的列报。

【知识链接】应付职工薪酬业务常见的错弊形式：

(1) 冒领工资，扩大"小金库"，或者私吞。

(2) 会计人员故意将工资表核算错误，将多领的钱占为己有。

(3) 混淆工资列支的范围。

(4) 扩大工资总额多提福利费。

(5) 职工福利费支出挤占成本费用。

【典型案例8-1】审计人员在2020年审查某企业5月份的"工资结算单"时发现，该企业销售部门王兰连续四个月的工资共计8000元均由张军代领。审计人员怀疑有冒领工资的可能。

追踪查证：从人事部门调阅了该企业的人事档案，发现王兰四个月前已调离本单位，张军在销售部门工作。经向当事人张军询问，证实该企业由于会计部门对工资管理不严，调出人员工资未及时予以注销，以致被张军乘机冒领。张军退回冒领的工资款。

请问：审计人员在发现上述问题后，企业会计人员应如何处理？

调账：

(1) 冲销多计的销售费用：

借：其他应收款——张军　　　　8 000

　贷：销售费用　　　　8 000

(2) 收到退回工资款为：

借：库存现金　　　　8 000

　贷：其他应收款——张军　　　　8 000

【典型案例8-2】审计人员12月审查某企业"应付职工薪酬"时，发现7月份计提的福利费11.2万元，当月职工工资总额为40万元。

疑点：福利费计提比例高达28%，审计人员怀疑其中有超规计提。

审计过程及分析：审计人员调阅7月份工资结算单，发现企业管理部门人员工资总额共计80万元，其中：在职职工工资总额为40万元，离退休人员工资总额40万元。又调阅7月份计提福利费的96#凭证，其福利费为80×14%＝11.2万元，会计分录如下：

借：管理费用　　　　　　　　　　　　112 000

　贷：应付职工薪酬　　　　　　　　　　　112 000

按规定，离退休人员工资40万元不得计提福利费。被审单位将其与在职职工工资一起计提福利费，目的是多提福利费56000元（400000×25%），虚增费用，从而逃避税款。

对于多提的福利费应转出，并补交所得税。

应补交所得税＝56000×25%＝14000（元）

调整分录：

借：应付职工薪酬　　　　　　　　　　56 000

　贷：管理费用　　　　　　　　　　　　　56 000

理论与实务测试

一、单项选择题

1.（　　）是不同企业之间最可能具有共同性的领域。

A. 销售与收款循环　　　　B. 人力资源与工薪循环

C. 采购与付款循环　　　　D. 生产与存储循环

2. 关于人力资源与工薪循环的内部控制和审计测试，以下说法中不正确的是（　　）。

A. 将工薪费用分配表、工薪汇总表、工薪结算表与有关费用明细账核对可以实现完整性

B. 支票应由有关专职人员签字，工薪应当由独立于工薪和考勤职能之外的人员发放

C. 有权雇用和解雇员工的人员可兼管工薪的编制和记录

D. 在对人力资源与工薪循环实施审计时，管理层在实施监控程序时实施的高层次控制是注册会计师拟信赖的特别重要的控制

3. 如果注册会计师在测试了关键控制后将工薪交易和余额中的重大错报风险评估降低，则其将会调整审计策略为（　　）。

A. 以获取为实施分析程序所需要的大多数实质性审计证据，减少细节测试

B. 以获取为细节测试所需要的大多数实质性审计证据，减少实质性程序

C. 仅实施实质性程序，以获取充分、适当的审计证据

D. 仅实施细节测试，以获取充分、适当的审计证据

4. 下列各项中，不应纳入应付职工薪酬核算的有（　　）。

A. 个人储蓄性养老保险金　　B. 职工基本养老保险金

C. 职工住房公积金　　D. 辞退职工经济补偿

5. 非货币性福利通常不包括（　　）。

A. 为职工无偿提供自己拥有的住房等固定资产使用

B. 向社会保险经办结构缴纳的养老保险金

C. 企业以自产产品发放给职工作为福利

D. 向职工无偿提供类似医疗保健等服务

二、多项选择题

1. 人力资源与工薪循环涉及的主要业务活动通常包括（　　）。

A. 工薪支付　　B. 记录工作时间或产量

C. 批准招聘　　D. 计算工薪总额和扣除

2. 为实现记录的工薪为实际发生的而非虚构的这一审计目标，注册会计师通常实施的控制测试包括（　　）。

A. 检查工薪分配表、工薪汇总表、工薪结算表，并核对员工工薪手册、员工手册等

B. 复核人事政策、组织结构图

C. 检查工时卡的核准说明

D. 询问和观察人事、考勤、工薪发放、记录等职责执行情况

3. 对本期工薪费用实施分析程序，检查工薪的计提是否正确、分配方法是否与上期一致，可以实现的审计目标有（　　）。

A. 完整性　　B. 发生　　C. 准确性　　D. 计价和分摊

4. 为应对“记录工作时间时出现错误或舞弊”风险，注册会计师可实施的控制测试包括（　　）。

A. 检查由经授权人员签发的员工变更表

B. 观察打卡上下班的程序以确定该行为受到监督

C. 检查定期返还、调节后进行工薪扣款分析和总分类账分析的证据

D. 检查工时卡或工作时间输出记录的样本，以获取正常工作时间和加班时间已经批准的证据，检查工作时间计算的准确性

5. 甲公司为一制造企业，尚未实现计算机控制系统。甲公司为抵御工薪扣款并未完全支付或未及时支付的重大错报风险，可以设置（　　）。

A. 应付工薪扣款金额已支付并在相关总分类账上记录

B. 针对特定的应付扣款的返还和支付设置不同的职责

C. 每一笔工薪记录的扣款金额加上企业缴纳的部分应当等于应缴纳的扣款总额

D. 对工薪临时账户和应付扣款账户编制调节表和申报表

6. 乙公司为一冷饮制造公司，下列（　　）因素可能会影响工薪金额的变化。

A. 由于公司计划进一步扩张而增加人员

B. 员工结构的变更以及针对不同种类的平均工薪水平和工薪范围

C. 员工数量的变化以及在季节性变化的情况下该数量的稳定性

D. 存在年度中由于公司经营或生产期限的限制而加班所支付的高工薪

7. 在人力资源和工薪循环中，注册会计师为收集大多数审计证据，拟实施的实质性程序包括（　　）。

A. 核对工薪部门记录的工薪支出与出纳记录的工薪支付数

B. 结合员工社保缴纳情况，明确被审计单位员工范围，检查是否与关联公司员工工薪混淆列支

C. 比较被审计单位员工人数的变动情况，检查被审计单位各部门各月工薪费用的发生额是否有异常波动

D. 比较本期应付职工薪酬余额与上期应付职工薪酬余额，是否有异常变动

8. 注册会计师在对甲公司应付职工薪酬进行审计时，发现有以下账务处理，其认为不正确的有（　　）。

A. 企业以其资产产品发放给职工个人作为职工薪酬的，借记成本费用科目，贷记“库存商品”等科目

B. 因解除与职工的劳动关系给予的补偿，借记“管理费用”，贷记“应付职工薪酬”

C. 将住房等固定资产无偿提供给职工使用的，按应计提的折旧额，借记“管理费用”科目，贷记“累计折旧”科目

D. 租赁住房等资产共职工无偿使用的，按每期应支付的租金，借记“管理费用”“生产成本”“制造费用”等科目，贷记“应付职工薪酬”科目；同时，借记“应付职工薪酬”科目，贷记“银行存款”科目

9. 在对应付职工薪酬实施审计时发现，其中包含的有辞退福利，下列说法中正确的有（　　）。

A. 确认为预计负债的辞退福利，应当计入当期费用

B. 职工虽然没有与企业解除劳动合同，但未来不再为企业带来经济利益，企业承诺提供实质上具有辞退福利性质的经济补偿，比照辞退福利处理

C. 对于职工没有选择权的辞退计划，应当根据计划规定的拟辞退职工数量、每一职位的辞退补偿等计提辞退福利负债

D. 实质性辞退工作在一年内完成，但部分付款推迟到一年后支付的，应当选择与预计支付期相同期限的银行贷款利率作为折现率，对辞退福利进行折现后计量

三、判断题

1. 在计算工薪总额和扣除时，需要将每名员工的交易数据与基准数据进行匹配。(　　)

2. 人力资源与工薪循环开始于对员工的雇用，结束于对员工的解聘。(　　)

3. 工薪的计算应当独立验证，包括将审批工薪总额与汇总报告进行比较。(　　)

4. 注册会计师在测试了关键控制后应加大工薪交易和余额中的重大错报风险评估。(　　)

5. 针对剩余重大错报风险，注册会计师应当采用细节测试对期末应付工薪和工薪负债的完整性、准确性、计价以及权利和义务进行测试。(　　)

四、实务分析题

光大公司是一家彩电生产企业，有职工 200 名，其中一线生产工人 170 名，总部管理人员 30 名。审计人员审查时发现，2020 年 2 月，甲公司决定将其生产的液晶电视作为福利发放给职工。该电视单位成本为 10000 元，单位计税价格（公允价值）14000 元，适用的增值税税率为 13%，本月成本尚未结转。该公司账务处理如下：

借：管理费用　　　　　　　　　　　　　　2 000 000

　贷：库存商品　　　　　　　　　　　　　　2 000 000

要求：审计分析并调账。

第九章　筹资与投资循环的审计

教学目的与要求

了解筹资与投资循环的主要业务活动及相应的凭证、记录；掌握筹资与投资循环的控制测试；掌握长期股权投资、短期和长期借款、投资收益的实质性测试；了解该循环中其他相关内容的审计。

教学重点

长期股权投资的实质性测试、短期和长期借款的实质性测试、投资收益的实质性测试。

教学难点

长期股权投资的实质性测试、所有者权益的审计。

引导案例

北京市长城机电产业公司（以下简称长城公司）于1989年3月16日注册成立。它号称高科技民办企业，当时的注册资金为30万元人民币，1993年注册资本增加至260万元。其法定代表人就是后来臭名远扬的沈太福。随着公司规模的扩大，它在全国20多个城市增设有23家长城分公司，拥有职员几千人。

为了推广“5·28”科研成果（节能电机），将科技尽快转变为生产力，该公司从1992年6月2日开始以签订所谓的“技术开发合同”方式，先后在海南、长春、北京、杭州、济南、大连、太原、贵州、河北、西安、合肥、郑州等16个省市搞非法集资活动，并且一直延续至1993年2月。

长城公司名为签订技术开发合同，实为非法集资的具体方法是：①投资者投资金额起点为5000元，多者不限；②投资者可随时提取所投资金（全部或部分均可）；③投资者每个月都能拿到红利，数额不低于投入额的2%（即年息24%）；④投资者资金无期限，投资者撤出资金，就是投资的终止。有人戏称，这是长城吊起的一个“大馅饼”。

该公司为了扩大影响，利用电台、电视台、报纸等传媒向社会广泛宣传，这一招非常奏效。为了获取这2%的月息，前来签订合同的投资者络绎不绝，曾创下了20天内集资2000万元的“奇迹”。一时间，“长城债券”炙手可热，为众多投资者所青睐，从而酿成了波及全国的“长城集资”怪潮。

就这样，在短短的9个月时间内，从1992年6月2日在海南集资开始至1993年2月底止，长城公司在全国范围内集资高达十多亿。众多的投资者并不知道，他们与沈太福的长城公司签订的所谓“技术开发合同”，只不过是用来蒙骗人的招牌，在沈太福的眼中如同是一堆废纸。

事件查处：

就在沈太福的长城公司紧锣密鼓地实施自己的骗术之时，有关部门逐渐察觉了他的所作所为。中国人民银行北京市分行针对长城公司扰乱国家金融秩序，很可能损害投资者利益的行为采取了行动。1993年2月25日，中国人民银行北京市分行发出了《通报》，通报决定：

1. 对北京长城机电公司及其子公司向社会乱集资的做法予以通报批评。

2. 该公司应立即停止向社会的集资活动。

3. 该公司应向当地人民银行报送集资清册（包括集资金额、投资人名单、集资的用途），写出书面检查，保证今后不再发生此类问题，并限期清退所筹集的资金。

随后，审计署、财政部经过调查对为长城公司办理验资业务中玩忽职守、丧失原则，出具虚假验资报告，以及在其他问题上有失职行为的中诚会计师事务所进行了处理：

（1）责令解散中诚会计师事务所（包括所有分所）。

（2）撤销郭××、刘××等10人的注册会计师资格，吊销其注册会计师证书；其中触犯刑律的，移交司法机关依法处理；收回中诚会计师事务所其余注册会计师的注册会计师证书。如有加入其他会计师事务所执业的，需要重新申请批准。

（3）取消中诚会计师事务所执行股份制试点企业社会募集公司业务的资格，取消中诚会计师事务所注册会计师良××、程××等8人执行股份制试点企业社会募集公司业务资格。

（4）中诚会计师事务所收取北京长城机电科技产业公司的10万元及其他费用、物品全数退给长城公司。

此外，此案移交司法机关处理后，法院对承办长城公司审计业务的两名注册会计师依法判处了有期徒刑。

影响与启示：

1992年10月，深圳经济特区会计师事务所因为原野公司出具不真实的验资报告而被勒令撤销，尘埃尚未落定，北京市中诚会计师事务所又因“长城公司”非法集资案而重蹈覆辙，这是我国注册会计师执业涉及法律责任的第二桩重大案件，对注册会计师来讲教训十分深刻。

1. 要与正直客户打交道。

2. 严守操作规范，提高执业技能。

3. 要切实加强分支机构的业务管理。

第一节　筹资与投资循环概述

筹资与投资循环是由筹资活动和投资活动的交易事项构成，筹资活动主要由借款交易和股东权益交易组成，投资活动主要由权益性投资交易和债权性投资交易组成。

一、投资与筹资循环所涉及的主要业务活动

（一）投资所涉及的主要业务活动

针对权益性投资的购买和出售的业务活动应当包括：

（1）投资交易的发生。

（2）有价证券的收取和保存。

（3）投资收益的取得。

（4）监控程序。

（二）筹资所涉及的主要业务活动

（1）审批授权。企业通过借款筹集资金需经管理层的审批，其中债券的每次发行均要由董事会授权；企业发行股票必须依据国家有关法规或企业章程的规定，报经企业最高权力机构（如董事会）及国家有关管理部门批准。

（2）签订合同或协议。向银行或其他金融机构融资须签订借款合同，发行债券须签订债券契约和债券承销或包销合同。

（3）取得资金。企业实际取得银行或金融机构划入的款项或债券、股票的融入资金。

（4）计算利息或股利。企业应按有关合同或协议的规定，及时计算利息或股利。

（5）偿还本息或发放股利。银行借款或发行债券应按有关合同或协议的规定偿还本息，融入的股本根据股东大会的决定发放股利。

二、投资与筹资循环所涉及的主要凭证与会计记录

（一）投资活动的凭证和会计记录

（1）债券投资凭证。载明债券持有人与发行企业双方所拥有的权利与义务的法律性文件，其内容一般包括：债券发行的标准、债券的明确表述、利息或利息率、受托

管理人证书、登记和背书。

（2）股票投资凭证。买入凭证记载股票投资购买业务，包括购买股票数量、被投资公司、股票买价、交易成本、购买日期、结算日期、结算日应付金额合计。卖出凭证记载股票投资卖出业务，包括卖出股票数量、被投资公司、股票卖价、交易成本、卖出日期、结算日期、结算日金额合计。

（3）股票证书。载明股东所有权的证据，记录所有者持有被投资公司所有股票数量。如果被投资公司发行了多种类型的股票，也反映股票的类型，如普通股、优先股。

（4）股利收取凭证。向所有股东分发股利的文件，标明股东、股利数额、每股红利、被审计单位在交易最终日期持有的总股利金额。

（5）长期股权投资协议。

（6）投资总分类账。对被投资单位所持有的投资，记录所有的详细信息，包括所获得或收取的投资收益。总分类账中的投资账户记录初始购买成本和之后的账面价值。

（7）投资明细分类账。由投资单位保存，以用来记录所有的非现金性投资交易，如期末的市场对市场调整、公允价值的反映，以及记录与处置投资相关的损益。

（二）筹资活动的凭证和会计记录

（1）公司债券。公司依据法定程序发行、约定在一定期限内还本付息的有价证券。

（2）股本凭证。公司签发的证明股东所持股份的凭证。

（3）债券契约。载明债券持有人与发行企业双方所拥有的权利与义务的法律性文件，内容包括：债券发行的标准，债券的明确表述，利息或利息率，受托管理人证书，登记和背书。如系抵押债券，其所担保的财产；债券发生拖欠情况如何处理，以及对偿债基金、利息支付、本金返还等的处理。

（4）股东名册。发行记名股票的公司记载股东的凭证，内容包括：股东的姓名或者名称及住所，股东所持股份数，股东所持股票的编号，股东取得其股份的日期。发行无记名股票的，公司应当记载其股票数量、编号及发行日期。

（5）公司债券存根簿。发行记名公司债券时记载债券持有人的凭证，内容包括：债券持有人的名称及住所，债券持有人取得债券的日期及债券的编号，债券总额、债券的票面金额、债券的利率、债券还本付息的期限和方式，债券的发行日期。发行无记名债券的应当在公司的债券存根簿上记载债券总额、利率、偿还期限和方式、发行日期和债券编号。

（6）承销或包销协议。公司向社会公开发行股票或债券时，应当由依法设立的证券经营机构承销或包销，公司应与其签订承销或包销协议。

（7）借款合同或协议。公司向银行或其他金融机构借入款项时与其签订的合同或协议。

第二节 投资与筹资循环的内部控制和控制测试

一、投资活动的内部控制和控制测试

（一）投资活动的内部控制

1. 合理的职责分工

这是指合法的投资业务，应在业务的授权、业务的执行、业务的会计记录以及投资资产的保管等方面都有明确的分工，不得由一人同时负责上述任何两项工作。例如，投资业务在企业高层管理机构核准后可由高层负责人员授权签批，由财务经理办理具体的股票或债券的买卖业务，由会计部门负责进行会计记录和财务处理，并由专人保管股票或债券。这种合理的分工所形成的相互牵制机制有利于避免或减少投资业务中发生错误或舞弊的可能性。

2. 健全的资产保管制度

企业对投资资产（指股票和债券资产）一般有两种保管方式：一种方式是由独立的专门机构保管，如在企业拥有较大的投资资产的情况下，委托银行、证券公司、信托投资公司等机构进行保管。这些机构拥有专门的保管和防护措施，可以防止各种证券及单据的失窃或毁损，并且由于它与投资业务的会计记录工作完全分离，可以大大降低舞弊的可能性。另一种方式是由企业自行保管，在这种方式下，必须建立严格的联合控制制度，即至少要由两名以上人员共同控制，不得一人单独接触证券。对于任何证券的存入或取出，都要将证券名称、数量、价值及存取的日期、数量等详细记录于证券登记簿内，并由所有在场的经手人员签名。

3. 详细的会计核算制度

企业的投资资产无论是自行保管还是由他人保管，都要进行完整的会计记录，并对其增减变动及投资收益进行相关会计核算。具体而言，应对每一种股票或债券分别设立明细分类账，并详细记录其名称、面值、证书编号、数量、取得日期、经纪人（证券商）名称、购入成本、收取的股息或利息等；对于联营投资类的其他投资，也应设置明细分类账核算其他投资的投出及其投资收益和投资收回等业务，并对投资的形式（如流动资产、固定资产、无形资产）、投向（即接受投资单位）、投资的计价以及投资收益等做出详细的记录。

4. 严格的记名登记制度

除无记名证券外，企业在购入股票或债券时应在购入的当日尽快登记于企业名下，切忌登记于经办人员名下，防止发生冒名转移并借其他名义谋取私利的舞弊行为。

5. 完善的定期盘点制度

对于企业所拥有的投资资产，应由内部审计人员或不参与投资业务的其他人员进行定期盘点，检查是否确实存在，并将盘点记录与账面记录相互核对以确认账实的一致性。

（二）控制测试

投资的控制测试一般包括如下内容：

1. 检查控制执行留下的轨迹

注册会计师应抽取投资业务的会计记录和原始凭证，确定各项控制程序运行情况。

2. 审阅内部盘点报告

注册会计师应审阅内部审计人员或其他授权人员对投资资产进行定期盘点的报告。应审阅其盘点方法是否恰当、盘点结果与会计记录相核对的情况以及出现差异的处理是否合规。如果各期盘核报告的结果未发现账实之间存在差异（或差异不大），说明投资资产的内部控制得到了有效执行。

3. 分析企业投资业务管理报告

对于企业的长期投资，注册会计师应对照有关投资方面的文件和凭据，分析企业的投资业务管理报告。在做出长期投资决策之前，企业最高管理层（如董事会）需要对投资进行可行性研究和论证，并形成一定的纪要。投资业务一经执行，又会形成一系列的投资凭据或文件，如证券投资的各类证券，联营投资中的投资协议、合同及章程等。负责投资业务的财务经理须定期向企业最高管理层报告有关投资业务的开展情况（包括投资业务内容和投资收益实现情况及未来发展预测），即提交投资业务管理报告书，供最高管理层进行投资决策和控制。注册会计师应认真分析这些投资管理报告的具体内容，并对照前述有关文件和凭据资料，判断企业长期投资业务的管理情况。

二、筹资活动的内部控制和控制测试

（一）筹资活动的内部控制

筹资活动主要由借款交易和股东权益交易组成。股东权益增减变动的业务较少而金额较大，注册会计师在审计中一般直接执行实质性程序。企业的借款交易涉及短期借款、长期借款和应付债券，这些内部控制基本类似。在此，以应付债券为例说明筹资活动的内部控制和控制测试。无论是否依赖内部控制，注册会计师均应对筹资活动的内部控制获得足够的了解，以识别错报的类型、方式及发生的可能性。一般来讲，应付债券内部控制的主要内容包括：

（1）应付债券的发行要有正式的授权程序，每次均要由董事会授权。

(2) 申请发行债券时，应履行审批手续，向有关机关递交相关文件。

(3) 应付债券的发行，要有受托管理人来行使保护发行人和持有人合法权益的权利。

(4) 每种债券发行都必须签订债券契约。

(5) 债券的承销或包销必须签订有关协议。

(6) 记录应付债券业务的会计人员不得参与债券发行。

(7) 如果企业保存债券持有人明细分类账，应同总分类账核对相符，若这些记录由外部机构保存，则须定期同外部机构核对。

(8) 未发行的债券必须有专人负责。

(9) 债券的回购要有正式的授权程序。

如果企业应付债券业务不多，注册会计师可根据成本效益原则采取实质性方案；如果企业应付债券业务繁多，注册会计师就可考虑采取综合性方案。如果决定采取综合性方案，则应进行控制测试。

(二) 控制测试

由于前述原因，注册会计师对股东权益、长期借款账户和余额的重大错报风险通常评估为低水平，除非筹资活动形成一种重要的交易类型，如果注册会计师拟依赖内部控制，则应实施控制测试。因此，检查风险的可接受水平较高，注册会计师应主要采用实质性程序和有限的细节测试。如果出现不经常出现的特别风险则应当将业务环境考虑在内。

注册会计师尝试对有限数量的筹资交易实施控制测试程序是明显无效率的，对投资和筹资环境也通常如此。如果注册会计师主要实施了实质性程序，则需要对控制活动进行记录以识别可能产生的重大错报风险，以确保实施的实质性程序能够恰当地应对所识别的重大错报风险。

第三节　投资和筹资交易的实质性程序

一、投资交易的实质性程序

为确定检查风险的可接受水平，注册会计师应当考虑投资交易和余额的重要性水平，以及对管理层所实施控制有效性的评估。如果投资交易不具有重要性，或具有重要性但控制具有有效性，则注册会计师应将可接受的检查风险水平评估为中到高。

实质性程序的有效性取决于企业的权益性投资和债权性投资交易及其余额的准确性。如果会计期间内投资交易的买入和卖出业务较少，注册会计师可以通过细节测试有效地获取充分适当的审计证据。然而，如果投资交易业务频繁和重要，实质性程序可能通过将本期投资收益同前期数和预算数进行比较来实施。

如果被审计单位持有不同类型的投资业务，如各种类型的上市性投资、债券贷款，企业应当持有投资组合制定政策，管理层可能使用关键业绩指标来进行管理。注册会计师重新计算相关比率以测试管理层所使用的关键业绩指标的有效性。如果该指标不能符合预期，注册会计师应当询问管理层所采取的行动。任何偏差或未预期的趋势都应当同管理层讨论，因为它们可能表明存在潜在的错误或舞弊。衍生金融工具复杂性与多样性通常使实质性程序很少有效。注册会计师通常使用细节测试程序来证实期末衍生金融工具的完整性和估价认定。

二、筹资交易的实质性程序

在大型公司中，董事会下设的战略委员会负责处理借款合同的谈判为其资本性购置筹集资金，然后由董事会批准该合同。在这种情况下，注册会计师可能决定对应付利息和股利的计算主要实施实质性程序，而对新股和债券的发行、股票回购、可赎回优先股及可赎回债券的赎回、期间内贷款的偿还情况以及所欠余额和权利与义务实施有限的细节测试程序。

实质性程序包括与上年度或预算的比较、比率分析、财务与非财务信息的比较等，是在注册会计师对企业业务进行了解的基础上实施的。当对权益和借款交易与余额执行实质性程序时，这些步骤为：

1. 建立预测或预期

主要采用资本绩效和财务管理有关的比率。资本绩效和财务管理比率可能在行业基础上并不具有可比性，但对企业不同时间内经营业绩的比较可能是更好的办法。

2. 计算真实数据与预期之间的差异

计算差异包括各种比率的计算，包括管理层用来监控企业的关键业绩指标。将计算结果与上期结果、预算数以及与客户或注册会计师的历史记录相比较。对管理层所使用的关键业绩指标的计算，以及对发现问题时相关纠正措施的询问程序，可以提供管理层监控程序运行是否有效的证据。管理层使用的关键业绩指标可能包括：

（1）资本绩效，如股东权益回报率、每股收益、市盈率、资本税前收益、税后收益留存率等。

（2）财务管理，如平均利率（包括税前和税后）、总资本利息率和股利率、财务杠杆等。

3. 调查重大差异并运用判断

注册会计师应当根据前述预期值来进行比率分析。任何未预期的波动都应当与管理层进行讨论，并在必要时进一步调查。

4. 确定重大差异或临界值

注册会计师应当通过询问程序确定管理层用来作为关键业绩指标的比率或基准数据是否表明存在重大错报风险，并考虑影响盈利能力、现金流量、业务持续性和管理层监控程序的趋势。

5. 记录得出结论的基础

注册会计师应当就所收集到的审计证据能否支持所选择的认定或审计目标得出结论。

三、主要账项审计的实质性程序

（一）长期股权投资的实质性程序

投资业务的审计目标一般包括：①确定投资是否存在，并归被审计单位所拥有。②确定投资的增减变动及其收益或损失的记录是否完整。③确定投资的核算方法是否正确。④确定投资的期末余额是否正确。⑤确定投资业务在会计报表上的披露是否恰当。

长期股权投资的实质性程序通常包括：

（1）获取或编制长期股权投资明细表，复核加计正确，并与总账数和明细账合计数核对相符；结合长期股权投资减值准备科目与报表数核对相符。

（2）根据有关合同和文件，确认股权投资的股权比例和持有时间，检查股权投资核算方法是否正确。

（3）对于重大的投资，向被投资单位函证被审计单位的投资额、持股比例及被投资单位发放股利等情况。

（4）对于应采用权益法核算的长期股权投资，获取被投资单位已经过注册会计师审计的年度财务报表，如果未经注册会计师审计，则应考虑对被投资单位的财务报表实施适当的审计或审阅程序。

（5）对于采用成本法核算的长期股权投资，检查红利分配的原始凭证及分配决议等资料，确定会计处理是否正确；对被审计单位实施控制而采用成本法核算的长期股权投资，比照权益法编制变动明细表，以备合并报表使用。

（6）对于成本法和权益法相互转换的，检查其投资成本的确定是否正确。

（7）确定长期股权投资的记录是否完整。

①检查本期增加的长期股权投资，追查至原始凭证及相关的文件或决议及被投资单位验资报告或财务资料等，确认长期股权投资是否符合投资合同、协议的规定，并

已确实投资，会计处理是否正确。

②检查本期减少的长期股权投资，追查至原始凭证，确认长期股权投资的收回有合理的理由及授权批准手续，并已确实收回投资，会计处理是否正确。

（8）期末对长期股权投资进行逐项检查，以确定长期股权投资是否已经发生减值。

（9）结合银行借款等的检查，了解长期股权投资是否存在质押、担保情况。如有，则应详细记录，并提请被审计单位进行充分披露。

（10）确定长期股权投资在资产负债表中已恰当列报。与被审计单位人员讨论确定是否存在被投资单位由于所在国家和地区及其他方面的影响，其向被审计单位转移资金的能力受到限制的情况。如存在，应详细记录受限情况，并提请被审计单位充分披露。

【知识链接】长期股权投资业务常见的错弊形式：

（1）长期股权投资计价错误。

（2）成本法与权益法使用混淆。

（3）个人以企业名义买卖股票，损公肥私。

（4）截留投资收益，私设小金库。

【典型案例9－1】假设审计人员张颖在审查瑞丰公司2019年12月31日的资产负债表和该年度利润表时查明，该公司对A公司进行长期股权投资600000元，占A公司总资本的50%，会计上采用成本法核算，由于没有受到利润分成款，故未反映投资收益。经查证，A公司2019年度实现净利润200000元。

要求：根据上述资料，指出该公司用成本法核算长期股权投资是否正确？指出其做法对2019年度对外投资的资产价值和投资收益的影响。

分析：瑞丰公司投资60万元，占A公司资本的50%，应采用权益法，不宜采用成本法。采用权益法进行账务处理为：

借：长期股权投资—股票投资（损益调账）　　100 000

　　贷：投资收益—股票投资收益　　　　　　　100 000

因此若采用成本法核算就会使资产负债表上长期股权投资中的资产减少10万元，还会使利润表中的投资收益也减少10万元

（二）投资收益的实质性程序

投资收益的实质性程序通常包括：

（1）获取或编制投资收益分类明细表，复核加计正确，并与总账数和明细账合计数核对相符，与报表数核对相符。

（2）与以前年度投资收益比较，结合本期投资的变动情况，分析本期投资收益是

否存在异常现象。如有，应查明原因，并做出适当的调整。

(3) 与长期股权投资、交易性金融资产、交易性金融负债、可供出售金融资产、持有至到期投资等相关项目的审计结合，验证确定投资收益的记录是否正确，确定投资收益被计入正确的会计期间。

(4) 确定投资收益已恰当列报。检查投资协议等文件，确定国外的投资收益汇回是否存在重大限制，若存在重大限制，应说明原因，并做出恰当披露。

(三) 短期借款的实质性程序

借款业务的审计目标一般包括：①确定被审计单位在特定期间内发生的负债业务是否均已记录完毕，有无遗漏。②确认被审计单位所记录的负债在特定期间是否确实存在，是否为被审计单位所承担。③确认被审计单位所有借款的会计处理是否正确。④确定被审计单位各项借款的发生是否符合有关法律的规定，被审计单位是否遵守了有关债务契约的规定。⑤确认被审计单位借款余额在有关会计报表上的反映是否恰当。

短期借款的实质性程序通常包括：

(1) 获取或编制短期借款明细表。注册会计师应首先获取或编制短期借款明细表，复核其加计数是否正确，并与明细账和总账核对相符。

(2) 函证短期借款的实有数。注册会计师应在期末短期借款余额较大或认为必要时向银行或其他债权人函证短期借款。

(3) 检查短期借款的增加。对年度内增加的短期借款，注册会计师应检查借款合同和授权批准，了解借款数额、借款条件、借款日期、还款期限、借款利率，并与相关会计记录相核对。

(4) 检查短期借款的减少。对年度内减少的短期借款，注册会计师应检查相关记录和原始凭证，核实还款数额。

(5) 检查有无到期未偿还的短期借款。注册会计师应检查相关记录和原始凭证，检查被审计单位有无到期未偿还的短期借款，如有，则应查明是否已向银行提出申请并经同意后办理延期手续。

(6) 复核短期借款利息。注册会计师应根据短期借款的利率和期限，复核被审计单位短期借款的利息计算是否正确，有无多算或少算利息的情况，如有未计利息和多计利息，应做出记录，必要时进行调整。

(7) 检查外币借款的折算。如果被审计单位有外币短期借款，注册会计师应检查外币短期借款的增减变动是否按业务发生时的市场汇率或期初市场汇率折合为记账本位币金额；期末是否按市场汇率将外币短期借款余额折合为记账本位币金额；折算差额是否按规定进行会计处理；折算方法是否前后期一致。

（8）检查短期借款在资产负债表中的列报是否恰当。企业的短期借款在资产负债表中通常设短期借款项目单独列示，对于因抵押而取得的短期借款，应在资产负债表附注中揭示，注册会计师应注意被审计单位对短期借款项目的披露是否充分。

【知识链接】短期借款业务常见的错弊形式：

1. 短期借款程序和手续不完备、不合规。取得借款不经有关管理部门批准，签订借款合同条款不完备等，会导致借款失控，给企业带来损失。

2. 短期借款未按规定用途使用。如将短期借款用于非规定用途的基建工程、职工福利设施、抵交税款以及发放职工工资等；将短期借款转借给其他企业以及个人，谋取高额利息收入；短期借款被内部不法分子用来自己谋利、营私舞弊、违法经营。

3. 短期借款利息处理不合理。如出现大额的短期借款利息也不预提，特别是对跨年度的短期借款利息更容易发生这种不正确的会计处理方法。

【典型案例9-2】审计人员在审查某公司“短期借款——生产周转借款”使用情况时发现，该公司2019年6月至12月平均贷款为850000元，存货合计为240000，其他应收款为400000元。审计人员分析：该公司其他应收款占用比重过大，可能有非法使用或占用短期借款的行为。

首先审计人员调阅了6月1日介入“短期借款”的78#凭证，其记录为：

借：银行存款　　380 000

**　贷：短期借款——生产周转借款　　380 000**

78#凭证所付“入账通知”和“借款契约”两张原始凭证，借款期限为6个月，审计人员追踪调查存款的去向，在审阅银行存款日记账时，发现6月25日银付字206#凭证，减少银行存款380000元。调阅该凭证时，其记账凭证分录为：

借：其他应收款——张某　　38 000

**　贷：银行存款　　380 000**

其摘要为“汇给某公司货款”，经核实，以上凭证所记汇出款项，是该公司为职工垫付的购买空调50台的款项，张某是负责向职工收回垫付款的负责人，全部货款于本年7～12月陆续收回。审计人员认为，该公司为职工垫付的空调款，实际上是占用短期借款，不按借款用途使用借款，并增加了公司的财务费用，审计人员向该公司提出上述问题时，该公司供认不讳。

上述问题查实后，审计人员提出了处理意见：公司收回的垫付款应归还借款，已入账的借款利息费用应由职工承担。按借款占用时间计算，应负担利息19000元，该公司应调整有关账簿记录，会计分录如下：

（1）按规定应向职工收回利息时：

借：其他应收款　　　　　　　　　　　19 000
　贷：财务费用　　　　　　　　　　　　　19 000

（2）归还借款时：

借：短期借款——生产周转借款　　　　380 000
　　财务费用　　　　　　　　　　　　19 000
　贷：银行存款　　　　　　　　　　　　399 000

（四）长期借款的实质性程序

长期借款同短期借款一样，都是企业向银行或其他金融机构借入的款项，因此，长期借款的实质性程序同短期借款的实质性程序较为相似。

长期借款的实质性程序通常包括：

（1）获取或编制长期借款明细表，复核其加计数是否正确，并与明细账和总账核对相符。

（2）了解金融机构对被审计单位的授信情况以及被审计单位的信用等级评估情况，了解被审计单位获得短期借款和长期借款的抵押和担保情况，评估被审计单位的信誉和融资能力。

（3）对年度内增加的长期借款，应检查借款合同和授权批准，了解借款数额、借款条件、借款日期、还款期限、借款利率，并与相关会计记录相核对。

（4）检查长期借款的使用是否符合借款合同的规定，重点检查长期借款使用的合理性。

（5）向银行或其他债权人函证重大的长期借款。

（6）对年度内减少的长期借款，注册会计师应检查相关记录和原始凭证，核实还款数额。

（7）检查年末有无到期未偿还的借款，逾期借款是否办理了延期手续，分析计算逾期借款的金额、比率和期限，判断被审计单位的资信程度和偿债能力。

（8）计算短期借款、长期借款在各个月份的平均余额，选取适用的利率匡算利息支出总额，并与财务费用的相关记录核对，判断被审计单位是否高估或低估利息支出，必要时进行适当调整。

（9）检查非记账本位币折合记账本位币时采用的折算汇率，折算差额是否按规定进行会计处理。

（10）检查借款费用的会计处理是否正确。借款费用，指企业因借款而发生的利息及其他相关成本，包括折价或溢价的摊销、辅助费用以及因外币借款而发生的汇兑差额。按照《企业会计准则第17号——借款费用》的规定，企业发生的借款费用，可直接归属于符合资本化条件的资产的购建或生产的，应当予以资本化，计入相关资产成本；其他借款费用，应当在发生时根据其发生额确认费用，计入当期损益。

（11）检查企业抵押长期借款的抵押资产的所有权是否属于企业，其价值和实际状况是否与抵押契约中的规定相一致。

（12）检查企业重大的资产租赁合同，判断被审计单位是否存在资产负债表外融资的现象。

（13）检查长期借款是否已在资产负债表中充分披露。

长期借款在资产负债表中列示于长期负债类下，该项目应根据“长期借款”科目的期末余额扣减将于一年内到期的长期借款后的数额填列，该项扣除数应当填列在流动负债类下的“一年内到期的长期负债”项目中单独反映。注册会计师应根据审计结果，确定被审计单位长期借款在资产负债表中的列示是否恰当，并注意长期借款的抵押和担保是否已在财务报表附注中做了充分的说明。

【知识链接】长期借款业务常见的错弊形式：

1. 未编制长期借款计划或计划编制不合理

2. 长期借款未按规定用途使用

3. 长期借款利息会计处理不正确：未按会计期间预提借款利息；每期长期借款利息计算不准确。

4. 长期借款的归还不及时。

（五）交易性金融资产的实质性程序

（1）交易性投资金融资产的内部控制测试。

（2）核对交易性金融资产明细账余额和总账余额是否相符。

（3）盘点库存有价证券。

（4）函证托管证券。

（5）审查交易性金融资产业务。

（6）审查交易性金融资产损益。

（7）审查交易性金融资产在会计报表上是否恰当披露。

应注意两个问题：一是在结账日是否所有有价证券均包含在内：二是确定其计价方法是否恰当，市价是否严重脱离账面成本，有无作公允价值变动损益处理

【典型案例9－3】审计人员在审查某公司交易性金融资产时，发现以下问题：该公司于2019年4月购入A公司股票50000股，预计持有时间为4个月。每股面值1元，每股购入价1.2元，实际支付金额为62000元，其中包含已宣告发放的但尚未领取的股利2000元。该公司账务处理为：

借：交易性金融资产　　　　　　　　　　60 000
　　投资收益　　　　　　　　　　　　　 2 000
贷：银行存款　　　　　　　　　　　　　　　　62 000

要求：指出上述事项存在的错误，并作相应调整。

答案提示：

该公司把本应作为"应收股利"2000元，误入"投资收益"账户，目的是少纳增值税，应调增当年投资收益2000元。调整如下：

借：应收股利　　　　　　　　　　　　　2 000
　贷：投资收益　　　　　　　　　　　　　　2 000

（六）财务费用的实质性测试程序

（1）获取或编制财务费用明细表，复核加计正确，与总账、明细账核对相符。

（2）审查财务费用各项目开支标准是否符合有关规定，开支内容是否是允许列入财务费用的项目，计算是否正确。

（3）审查财务费用是否已在损益表上恰当披露。

（4）选择重要或异常的财务费用，审查其原始凭证是否合法，会计处理是否正确。

（5）审查财务费用的结转是否正确、合规将本年度财务费用与上年度财务费用进行比较，并将本期各月的财务费用进行比较，如有重大波动和异常变动应查明原因，并进行适当处理。

理论与实务测试

一、单项选择题

1. 投资与筹资循环的特征是，影响本循环账户余额的业务数量较少，但每笔业务的金额通常都很大。基于这个特点，在审计时，可以采用的审计方法是（　　）。

A. 抽样　　B. 实质性程序　　C. 大量的控制测试　　D. 细节测试

2. 下列对于投资与筹资循环中关于披露的审计程序的说法中错误的是（　　）。

A. 注意检查长期借款的抵押和担保是否已在财务报表附注中做了充分的说明

B. 注意一年内到期的长期应付款是否列入流动负债类中，如果列入，应做重分类调整

C. 与被审计单位人员讨论确定是否存在被投资单位由于所在国家和地区及其他方面的影响，其向被审计单位转移资金的能力受到限制的情况

D. 检查投资协议等文件，确定国外的投资收益汇回是否存在重大限制，若存在重大限制，应说明原因，并做出恰当披露

3. 在投资活动内部控制良好的前提下，对投资业务具有审批授权的是（　　）。

A. 财务经理　　B. 高层管理机构

C. 股东大会　　D. 证券投资部经理

4. 被审计单位A公司为建造厂房于2019年4月1日从银行借入2000万元专门借款，借款期限为2年，年利率为6%。2019年7月1日，A公司采取出包方式委托B公司为其建造该厂房，并预付了1000万元工程款，厂房实体建造工作于当日开始。该工程因发生施工安全事故在2019年8月1日至11月30日中断施工，12月1日恢复正常施工，至年末工程尚未完工。2019年将未动用借款资金进行暂时性投资获得投资收益10万元（其中资本化期间内闲置资金获得投资收益7万元），该项厂房建造工程在2019年度应予资本化的利息金额为（　　）万元。

A. 80　　B. 13　　C. 53　　D. 10

5. 为了证实大华公司是否存在高估利润的情况，在注册会计师所列的关于财务费用的以下各项审计目标中（　　）不属于主要审计目标。

A. 确定所记录的财务费用是否为被审计期间发生的

B. 确定与财务费用有关的金额及其他数据是否已恰当记录

C. 确定财务费用的内容是否正确

D. 确定财务费用的披露是否恰当

6. 被审计单位M企业于2020年1月1日将一批原材料对N企业进行长期股权投资，占N企业60%的股权。投出的原材料账面余额为5000万元，公允价值为5500万元；投资时N企业可辨认净资产公允价值为11000万元。假设M、N公司不存在关联关系，属于非同一控制下的企业合并。双方增值税税率均为17%。则被审计单位投资时长期股权投资的入账价值为（　　）万元。

A. 6435　　B. 5500　　C. 5000　　D. 6600

7. 被审计单位2020年3月5日以银行存款购入甲公司已宣告但尚未分派现金股利的股票100000股，作为交易性投资，每股成交价19.6元，其中，0.4元为已宣告但尚未分派的现金股利，另外支付相关税费等交易费用8000元，则该公司的下列会计处理正确的是（　　）。

A. 借：交易性金融资产　　1 928 000

　　　应收股利　　40 000

　　贷：银行存款　　1 968 000

B. 借：交易性金融资产　　1 920 000

　　　财务费用　　8 000

　　　应收股利　　40 000

贷：银行存款 1 968 000

C. 借：交易性金融资产 1 968 000

贷：银行存款 1 968 000

D. 借：交易性金融资产 1 920 000

投资收益 8 000

应收股利 40 000

贷：银行存款 1 968 000

8. 注册会计师在对A公司2020年度财务报表进行审计时，发现该公司2019年初按投资份额出资180万元对B公司进行长期股权投资，占B公司股权比例的40%，A公司没有对B公司的其他长期权益。当年B公司亏损100万元；2018年B公司亏损400万元；2019年B公司实现净利润30万元。则注册会计师认为2019年A公司应计入投资收益的金额为（ ）万元。

A. 12 B. 10 C. 8 D. 0

9. 被审计单位对公允价值模式进行后续计量的投资性房地产取得的租金收入，应该贷记（ ）科目。

A. 投资收益 B. 管理费用 C. 营业外收入 D. 其他业务收入

10. 注册会计师在审计中发现元庆公司以22万元购入Y公司的股票共10万股，占Y公司股份的1%，每股面值1元，Y公司曾在5天前宣告分派现金股利，并将向股利宣告日后第7天的在册股东分派每股0. 10元的现金股利。此外，元庆公司还支付了股票的过户费等相关税费0. 15万元。元庆公司购入Y公司股票后作为可供出售金融资产管理，则元庆公司应确定的可供出售金融资产的初始投资成本是（ ）万元。

A. 22. 15 B. 20. 15 C. 10. 15 D. 21. 15

二、多项选择题

1. 下列说法中不正确的有（ ）。

A. 由于函证短期借款可以证实企业未入账的债务，所以函证短期借款是注册会计师在执行短期借款审计时必须执行的程序

B. 公司筹集资金可以通过发行债券或股票的方式，如果发行股票筹集资金，应由财务部门提交方案经过公司最高权力机构批准方可发行

C. 注册会计师应在期末短期借款余额较大或认为必要时向银行或其他债权人函证短期借款

D. 公司发行股票必须经公司最高权力机构及国家有关管理部门批准并符合国家有关法规或企业章程的规定方可发行

2. 以下审计程序中，属于注册会计师李明针对应付债券执行的控制测试的有（ ）。

A. 取得债券发行的法律性文件，检查债券发行是否经董事会授权、是否履行了适当的审批手续，是否符合法律的规定

B. 取得债券契约，检查企业是否根据契约的规定支付利息

C. 检查企业现有债券副本，确定其发行是否合法，各项内容是否同相关的会计记录相一致

D. 取得债券偿还和回购时的董事会决议，检查债券的偿还和回购是否按董事会的授权进行

3. 注册会计师审查企业长期借款抵押资产时，应查明（　　）。

A. 抵押资产的所有权是否属于企业

B. 抵押资产的价值状况与抵押契约是否一致

C. 抵押资产的账面原值是否属实

D. 抵押资产的情况是否在资产负债表的附注中予以披露

4. 注册会计师为了确定应付债券账户期末余额的真实性，应向（　　）对象函证应付债券相关内容。

A. 债权人　　B. 债券的承销人　　C. 证券公司　　D. 债券包销人

5. 注册会计师在对应付债券执行以下程序时，其中属于实质性程序的有（　　）。

A. 检查企业发行债券所收入现金的收据、汇款通知单、送款登记簿及相关的银行对账单

B. 检查用以偿还债券的支票存根，并检查利息费用的计算

C. 如果企业发行债券时已作抵押或担保，注册会计师还应检查相关契约的履行情况

D. 取得债券偿还和回购时的董事会决议，检查债券的偿还和回购是否按董事会的授权进行

6. 注册会计师在对被审计单位金融资产进行审计时，发现存在已确认减值损失的金融资产价值恢复的情况，注册会计师认为下列金融资产的减值损失可以通过损益转回的有（　　）。

A. 持有至到期投资的减值损失　　B. 贷款及应收款项的减值损失

C. 可供出售权益工具投资的减值损失　　D. 可供出售债务工具投资的减值损失

7. 在非企业合并情况下，被审计单位的下列各项中，不应作为长期股权投资取得时初始成本入账的有（　　）。

A. 为取得长期股权投资而发生的间接相关费用

B. 投资时支付的不含应收股利的价款

C. 投资时支付款项中所含的已宣告而尚未领取的现金股利

D. 投资时支付的税金、手续费

8. 下列说法中不正确的有（　　）。

A. 对于已确认减值损失的可供出售债务工具，在随后的会计期间公允价值已上升且客观上与原减值损失确认后发生的事项有关的，原确认的减值损失应当予以转回，注册会计师认为应计入投资收益科目

B. 被审计单位一旦对可供出售金融资产计提了减值准备，则在以后的会计期间就不应再将其转回

C. 资产负债表日，可供出售金融资产的公允价值低于其账面余额时，注册会计师建议被审计单位计提可供出售金融资产减值准备

D. 由于被审计单位对其子公司拥有控制权，因此对其长期股权投资应采用权益法进行核算

三、判断题

1. 筹资与投资循环是由筹资活动和投资活动的交易事项构成。(　　)

2. 发行无记名债券的应当在公司的债券存根簿上记载债券总额、利率、偿还期限和方式、发行日期和债券编号。(　　)

3. 投资业务在企业高层管理机构核准后可由财务经理授权签批。(　　)

4. 企业在购入股票或债券时应在购入的当日尽快登记于企业名下，切忌登记于经办人员名下。(　　)

5. 注册会计师应审阅内部审计人员或其他授权人员对投资资产进行定期盘点的报告。(　　)

6. 记录应付债券业务的会计人员不得参与债券的发行。(　　)

7. 注册会计师通常使用实质性测试程序来证实期末衍生金融工具的完整性和估价认定。(　　)

8. 长期借款同短期借款都是企业向银行或其他金融机构借入的款项，因此，长期借款的实质性程序同短期借款的实质性程序较为相似。(　　)

四、实训题

1. 假设审计人员张颖在审查瑞丰公司 2019 年 12 月 31 日的资产负债表和该年度利润表时查明，“长期债权投资——债券投资”项目数额为 10 万元，“投资收益”项目数额 8700 元，该公司无短期投资和长期股权投资。张颖进一步审查“长期债权投资”账簿及有关资料得知，2019 年 1 月初，瑞丰公司用银行存款溢价购入还款期为 3 年的长期债券，债券面值为 10 万元，实际支付的价款为 10.6 万元，债券的票面利率为 8.7%，溢价金额按直线法摊销（该债券为到期一次还本付息债券）。

要求：根据上述资料，核实 2019 年 12 月 31 日“长期债权投资”和该年度“投资

收益”项目的实有数，并提出审计意见。

2. 注册会计师李文审计华联公司 2019 年度会计报表，发现华联公司 2019 年 1 月以库存商品一批、专利权一项、设备一台对红光公司投资，华联公司持股 10 万股，所占比例为 10%。上述资产的有关资料如下：

库存商品账面价值为 20 万元，计税价格为 30 万元，增值税率为 13%，消费税率为 10%；专利权账面价值为 10 万元，已提减值准备为 1 万元，计税价格为 12 万元，营业税率为 5%；设备的账面价为 20 万元，已提折旧 2 万元，已计提减值准备 1 万元。

华联公司采用成本法核算，其具体会计处理如下：

（1）4 月 1 日投资时：

借：长期股权投资——红光公司　　535 000

　累计折旧　　20 000

　固定资产减值准备　　10 000

　无形资产减值准备　　10 000

　贷：固定资产　　200 000

　　无形资产　　100 000

　　库存商品　　200 000

　　应交税金——应交增值税（销项税额）　　39 000（30 万 ×13%）

　　　　　　——应交消费税　　30 000（30 万 ×10%）

　　　　　　——应交营业税　　6 000（12 万 ×5%）

（2）5 月 2 日，华联公司宣告分红，每股红利为 1 元时：

借：应收股利　　10 000

　贷：长期股权投资——华联公司　　10 000

（3）5 月 15 日收到红利时：

借：银行存款　　10 000

　贷：应收股利　　10 000

（4）2019 年 12 月 31 日，该股的市值为 42 万元，长期股权投资与市值的差额为 535000 − 10000 − 420000 = 105000（元），华联公司提取长期投资减值准备的会计处理为：

借：投资收益　　105 000

　贷：长期投资减值准备　　105 000

第十章　货币资金循环审计

教学目的与要求

通过学习，明确货币资金循环业务所涉及的经济活动和凭单，了解货币资金循环业务活动内部控制制度，掌握货币资金循环业务及相关账户的审计方法。

教学重点

库存现金和银行存款的内部控制的测试，库存现金审计；银行存款的审计。

教学难点

库存现金审计；银行存款的审计。

引导案例

福建省宁德市审计局在对该市科委进行审计时，从一分钱的账面不平入手，查出一起涉嫌金额28.2万元的贪污案。

一张由229.57元涂改为229.58元的银行存息单据引起了审计人员的警觉。经过仔细核查，发现缺少1月份对账单一份。询问了该科委的行政会计王某，她以银行计息出差错故更改存息单金额及在搬迁办公室时不慎将1月份对账单丢失为由，企图敷衍了事。审计组要她到开户银行补办一份1月份对账单。3天后王某提供一份复印的1月份对账单，这份对账单表面上看似乎正常，但经认真辨认，其中，尾部有一条很模糊的横线痕迹。

经与银行核实，发现对账单复印件是假的，即将对账单首、尾部保留，而将中间部分的2000年1月25日、27日两笔往来去掉企图蒙混过关。

经进一步查证发现：1998年12月市财政转入市科委一笔款项7.9万元，到开户银行后被该行揽储并作定期存款至2000年1月到期，存息为3040.51元。王某于2000年1月25日、27日先后两次以“会议费”转账到市某宾馆82040.50元，并从该宾馆以现金方式全部提走，占为己有。

第一节　货币资金循环审计概述

货币资金是企业资产的重要组成部分，是企业资产中流动性最强的一种资产。任何企业进行生产经营活动都必须拥有一定数额的货币资金，持有货币资金是企业生产经营活动的基本条件，可能关乎企业的命脉。货币资金主要来源于资本的投入和营业收入，主要用于资产的取得和费用的结付。总的来说，只有保持健康的、正的现金流，企业才能够继续生存；如果出现现金流逆转迹象，产生了不健康的、负的现金流，长此以往，企业将会陷入财务困境，并导致对企业的持续经营能力产生疑虑。

根据货币资金存放地点及用途的不同，货币资金分为库存现金、银行存款及其他货币资金。

一、货币资金与交易循环

货币资金与各交易循环均直接相关。货币资金既是资本周转的起点，又是资本周转的终点。从企业整个生产周期来看，货币资金与各个业务循环存在着广泛而紧密的联系。因此，货币资金业务循环审计是其他各业务循环审计的基础。

二、涉及的主要凭证和会计记录

货币资金审计涉及的凭证和会计记录主要有：①现金盘点表；②银行对账单；③银行存款余额调节表；④有关科目的记账凭证；⑤有关会计账簿。

三、货币资金内部控制概述

由于货币资金是企业流动性最强的资产，企业必须加强对货币资金的管理，建立良好的货币资金内部控制，以确保全部应收取的货币资金均能收取，并及时正确地予以记录。全部货币资金支出是按批准的用途进行的，并及时正确地予以记录库存现金、银行存款报告，并得以恰当保管；正确预测企业正常经营所需的货币资金收支额，确保企业有充足且不过剩的货币资金余额。

（一）货币资金内部控制目标

一般而言，一个良好的货币资金内部控制应该达到以下几点目标：

（1）货币资金收支与记账的岗位分离。

（2）货币资金收支要有合理、合法的凭据。

（3）全部收支要及时准确入账，并且支出要有核准手续。

（4）控制现金坐支，当日收入现金应及时送存银行。

（5）按月盘点现金，编制银行存款余额调节表，以做到账实相符。

（6）加强对货币资金收支业务的内部审计。

（二）货币资金内部控制内容

尽管由于每个企业的性质、所处行业、规模以及内部控制健全程度等不同，而使其与货币资金相关的内部控制内容有所不同，但以下要求通常是应当共同遵循的：

1. 岗位分工及授权批准

(1) 单位应当建立货币资金业务的岗位责任制，明确相关部门和岗位的职责权限，确保办理货币资金业务的不相容岗位相互分离、制约和监督。出纳人员不得兼任稽核、会计档案保管和收入、支出、费用、债权债务账目的登记工作。单位不得由一人办理货币资金业务的全过程。

(2) 单位应当对货币资金业务建立严格的授权批准制度，明确审批人对货币资金业务的授权批准方式、权限、程序、责任和相关控制措施，规定经办人办理货币资金业务的职责范围和工作要求。审批人应当根据货币资金授权批准制度的规定，在授权范围内进行审批，不得超越审批权限。经办人应当在职责范围内，按照审批人的批准意见办理货币资金业务。对于审批人超越授权范围审批的货币资金业务，经办人员有权拒绝办理，并及时向审批人的上级授权部门报告。

(3) 单位应当按照规定的程序办理货币资金支付业务。

①支付申请。单位有关部门或个人用款时，应当提前向审批人提交货币资金支付申请，注明款项的用途、金额、预算、支付方式等内容，并附有效经济合同或相关证明。

②支付审批。审批人根据其职责、权限和相应程序对支付申请进行审批。对不符合规定的货币资金支付申请，审批人应当拒绝批准。

③支付复核。复核人应当对批准后的货币资金支付申请进行复核，复核货币资金支付申请的批准范围、权限、程序是否正确，手续及相关单证是否齐备，金额计算是否准确，支付方式、支付单位是否妥当等。复核无误后，交由出纳人员办理支付手续。

④办理支付。出纳人员应当根据复核无误的支付申请，按规定办理货币资金支付手续，及时登记库存现金和银行存款日记账。

(4) 单位对于重要货币资金支付业务，应当实行集体决策和审批，并建立责任追究制度，防范贪污、侵占、挪用货币资金等行为。

(5) 严禁未经授权的机构或人员办理货币资金业务或直接接触货币资金。

2. 现金和银行存款的管理

(1) 单位应当加强现金库存限额的管理，超过库存限额的现金应及时存入银行。

(2) 单位必须根据《现金管理暂行条例》的规定，结合本单位的实际情况，确定本单位现金的开支范围。不属于现金开支范围的业务应当通过银行办理转账结算。

(3) 单位现金收入应当及时存入银行，不得用于直接支付单位自身的支出。因特殊情况需坐支现金的，应事先报经开户银行审查批准。单位借出款项必须执行严格的授权批准程序，严禁擅自挪用、借出货币资金。

（4）单位取得的货币资金收入必须及时入账，不得私设“小金库”，不得账外设账，严禁收款不入账。

（5）单位应当严格按照《支付结算办法》等国家有关规定，加强银行账户的管理，严格按照规定开立账户，办理存款、取款和结算。

单位应当定期检查、清理银行账户的开立及使用情况，发现问题，及时处理。单位应当加强对银行结算凭证的填制、传递及保管等环节的管理与控制。

（6）单位应当严格遵守银行结算纪律，不准签发没有资金保证的票据或远期支票，套取银行信用；不准签发、取得和转让没有真实交易和债权债务的票据，套取银行和他人资金；不准无理拒绝付款，任意占用他人资金；不准违反规定开立和使用银行账户。

（7）单位应当指定专人定期核对银行账户（每月至少核对一次），编制银行存款余额调节表，使银行存款账面余额与银行对账单调节相符。如调节不符，应查明原因，及时处理。

（8）单位应当定期和不定期地进行现金盘点，确保现金账面余额与实际库存相符。发现不符，及时查明原因，做出处理。

3. 票据及有关印章的管理

（1）单位应当加强与货币资金相关的票据的管理，明确各种票据的购买、保管、领用、背书转让、注销等环节的职责权限和程序，并专设登记簿进行记录，防止空白票据的遗失和被盗用。

（2）单位应当加强银行预留印鉴的管理。财务专用章应由专人保管，个人印章必须由本人或其授权人员保管。严禁一人保管支付款项所需的全部印章。按规定需要有关负责人签字或盖章的经济业务，必须严格履行签字或盖章手续。

4. 监督检查

（1）单位应当建立对货币资金业务的监督检查制度，明确监督检查机构或人员的职责权限，定期和不定期地进行检查。

（2）货币资金监督检查的内容主要包括：

①货币资金业务相关岗位及人员的设置情况。重点检查是否存在货币资金业务不相容、职务混岗的现象。

②货币资金授权批准制度的执行情况。重点检查货币资金支出的授权批准手续是否健全，是否存在越权审批行为。

③支付款项印章的保管情况。重点检查是否存在办理付款业务所需的全部印章交由一人保管的现象。

④票据的保管情况。重点检查票据的购买、领用、保管手续是否健全，票据保管

是否存在漏洞。

(3) 对监督检查过程中发现的货币资金内部控制中的薄弱环节，应当及时采取措施，加以纠正和完善。

第二节 库存现金审计

库存现金包括企业的人民币现金和外币现金。现金是企业流动性最强的资产，尽管其在企业资产总额中的比重不大，但企业发生的舞弊事件大都与现金有关，因此，注册会计师应该重视库存现金的审计。

一、库存现金的审计目标

(1) 确定被审单位资产负债表中的库存现金在会计报表日是否确实存在，是否为被审单位所拥有。

(2) 确定被审单位特定期间内发生的现金收支业务是否均已被记录完毕，有无遗漏。

(3) 确定库存现金余额是否正确。

(4) 确定库存现金在会计报表上的披露是否恰当。

二、库存现金内部控制的测试

(一) 库存现金内部控制的特点

由于现金是企业流动性最强的资产，加强现金管理对于保护企业资产安全完整、维护社会经济秩序具有重要的意义。在良好的现金内部控制下，企业的现金收支记录应及时、准确、完整；全部现金支出均按批准的用途进行；现金得以安全保管。一般而言，一个良好的现金内部控制应该达到以下几点：

(1) 现金收支与记账的岗位分离。

(2) 现金收支要有合理、合法的凭据。

(3) 全部收入要及时准确入账，全部支出要有核准手续。

(4) 控制现金坐支，当日收入现金应及时送存银行。

(5) 按月盘点现金，以做到账实相符。

(6) 加强对现金收支业务的内部审计。

(二) 库存现金内部控制的测试

(1) 了解现金内部控制。

通常通过现金内部控制流程图来了解现金内部控制。编制现金内部控制流程图是现金控制测试的重要步骤。注册会计师在编制之前应通过询问、观察等调查手段收集必要的资料，然后根据所了解的情况编制流程图。

一般地，了解现金内部控制时，注册会计师应当注意检查库存现金内部控制的建立和执行情况，重点包括：

①库存现金的收支是否按规定的程序和权限办理；

②是否存在与被审计单位经营无关的款项收支情况；

③出纳与会计的职责是否严格分离；

④库存现金是否妥善保管，是否定期盘点、核对，等等。

（2）抽取并检查收款凭证。

如果现金收款内部控制不强，很可能会发生贪污舞弊或挪用等情况。例如，在一个小企业中，出纳员同时负责登记应收账款明细账，很可能发生循环挪用货款的情况。为测试现金收款的内部控制，注册会计师应按现金的收款凭证分类，选取适当的样本量，做如下的检查：

①核对现金日记账的收入金额是否正确。

②核对库存现金收款凭证与应收账款明细账的有关记录是否相符。

③核对实收金额与销货发票是否一致，等等。

（3）抽取并检查付款凭证。

为测试现金付款内部控制，注册会计师应按照现金付款凭证分类，选取适当的样本量，做如下检查：

①检查付款的授权批准手续是否符合规定。

②核对库存现金日记账的付出金额是否正确。

③核对现金付款凭证与应付账款明细账的记录是否一致。

④核对实付金额与购货发票是否相符，等等。

（4）抽取一定期间的库存现金日记账与总账核对。

注册会计师应抽取一定期间的库存现金日记账，检查其加总是否正确无误，库存现金日记账是否与总分类账核对相符。

（5）检查外币现金的折算方法是否符合有关规定，是否与上年度一致。

（6）评价库存现金的内部控制。

注册会计师应首先确定库存现金内部控制可信赖的程度以及存在的薄弱环节和缺点，然后据以确定在库存现金实质性程序中对哪些环节可以适当减少审计程序，对哪些环节应增加审计程序并做重点检查，以减少审计风险。

三、库存现金的实质性程序

（一）核对库存现金日记账与总账的金额是否相符

注册会计师测试现金余额的起点是，核对库存现金日记账与总账的金额是否相符，如果不相符，应查明原因，必要时应建议做出适当调整。

（二）监盘库存现金

监盘库存现金是证实资产负债表中货币资金项目下所列库存现金是否存在的一项重要审计程序。

企业盘点库存现金，通常包括对已收到但未存入银行的现金、零用金、找换金等的盘点。盘点库存现金的时间和人员应视被审计单位的具体情况而定，但现金出纳员和被审计单位会计主管人员必须参加，并由注册会计师进行监盘。

盘点和监盘库存现金的步骤与方法主要有：

（1）制定监盘计划，确定监盘时间。对库存现金的监盘最好实施突击性的检查，时间最好选择在上午上班前或下午下班时，盘点的范围一般包括被审计单位各部门经管的现金。在进行现金盘点前，应由出纳员将现金集中起来存入保险柜。必要时可加以封存，然后由出纳员把已办妥现金收付手续的收付款凭证登入库存现金日记账。如被审计单位库存现金存放部门有两处或两处以上的，应同时进行盘点。

（2）审阅库存现金日记账并同时与现金收付凭证相核对。一方面检查库存现金日记账的记录与凭证的内容和金额是否相符；另一方面了解凭证日期与库存现金日记账日期是否相符或接近。

（3）由出纳员根据库存现金日记账加计累计数额，结出现金结余额。

（4）盘点保险柜内的现金实存数，同时由注册会计师编制“库存现金监盘表”，分币种、面值列示盘点金额。

（5）将盘点金额与库存现金日记账余额进行核对。二者之间如有差异，应要求被审计单位查明原因，必要时应提请被审计单位做出调整；如无法查明原因，应要求被审计单位按管理权限批准后做出调整。

（6）若有冲抵库存现金的借条、未提现支票、未做报销的原始凭证，应在“库存现金监盘表”中注明，必要时应提请被审计单位做出调整。

（7）在非资产负债表日进行盘点和监盘时，应调整至资产负债表日的金额。

【知识链接】 库存现金业务常见的错弊形式：

贪污现金	隐瞒收入	（1）收入现金后，撕毁票据不报账或入账； （2）收入现金后，不开票据不报账或入账
	利用篡改、刮擦消退等手段涂改凭证金额	利用管理上的漏洞或工作上的便利，更改凭证上的金额。（1）将收入金额改小；（2）将支出金额改大
	支出的原始凭证重复报销	一证多报，多发生在财务部门
	大头小尾巴	多发生在费用报销环节，即利用假复写的办法，使现金存根金额多于实际支出金额
	向客户开出空白发票或收据	手法较高，轻松将收入据为己有
	冒充领导签字	在原始凭单上冒充领导签字进行业务报销
挪用现金	列错现金总额	（1）出纳将现金日记账中收入合计数少列； （2）出纳将现金日记账中支出合计数多列
	白条抵库	利用白条借出现金为自己或他人谋取私利
	收入不入账	出纳将收入的现金不制证入账挪作他用
	职工不正常借款	职工从单位借款后未办理正常业务，而是挪作他用
	侵吞银行借款	由于内部控制存在缺陷，经办银行借款的人员相互串通，借入款项不入账，并销毁借款存根
	应收账款收回不及时处理	应收账款收到现金后不入账，而将现金挪作他用，多发生在会计或出纳身上
坐支现金	收入现金不存入银行，直接支付使用	

【典型案例 10－1】 2020 年 1 月 15 日对某公司 2019 年 12 月 31 日的资产负债表审计中，“货币资金”项目中的库存现金为 1062.10 元。该公司 1 月 15 日现金日记账余额是 932.10 元。1 月 16 日上午 7：30，对该公司的现金进行清点，结果如下：

（1）现金实有数为 627.34 元。

（2）存在下列未入账的单据：

① 职工李某，预借差旅费 300 元，经领导批准。

② 职工王某，借据金额 140 元，未经批准，也未说明用途。

③ 另有 2 张收款凭证，合计金额 135.24 元。

④ 银行核定该公司现金限额为 800 元。

⑤ 核实该公司 1 月 1 日至 15 日的收入现金 2350 元，支出现金 2580 元。

分析要点：

（1）核实库存现金实有数。

（2）确认2019年12月31日资产负债表所列数额是否公允。

（3）对现金收支、管理提出审计意见。

答案提示：

（1）公司库存现金账实一致：

1月15日现金账面余额应为：932.10 + 135.24 − 300 = 767.34元

1月15日现金实有数为：627.34元，加上职工王某白条140元与账面余额相等。

（2）2019年12月31日库存现金应存数为：767.34 − 2350 + 2580 = 997.34元。与资产负债表中"货币资金"项目的库存现金数额1062.10元不相符，应调整为997.34元。

（3）公司库存现金收支、管理中存在不合法现象：

① 白条抵库140元，违反现金管理制度，应责成现金出纳退回。

② 库存现金超限额，2019年末超限额为：997.34 − 800 = 197.34元。

（三）分析被审计单位日常库存现金余额是否合理，关注是否存在大额未缴存的现金

（四）抽查大额库存现金收支

检查大额现金收支的原始凭证是否齐全、原始凭证内容是否完整、有无授权批准、记账凭证与原始凭证是否相符、账务处理是否正确、是否记录于恰当的会计期间等项内容。

（五）抽查资产负债表日前后若干天的、一定金额以上的现金收支凭证实施截止测试

被审计单位资产负债表的货币资金项目中的库存现金数额，应以结账日实有数额为准。因此，注册会计师必须验证现金收支的截止日期，以确定是否存在跨期事项、是否应考虑提出调整建议。

（六）检查库存现金是否在财务报表中做出恰当列报

根据有关规定，库存现金在资产负债表的"货币资金"项目中反映，注册会计师应在实施上述审计程序后，确定"库存现金"账户的期末余额是否恰当，进而确定库存现金是否在资产负债表中恰当披露。

第三节　银行存款审计

一、银行存款审计目标

（1）确定被审单位资产负债表中的银行存款在会计报表日是否确实存在，是否为被审单位所拥有。

（2）确定被审单位特定期间内发生的银行存款收支业务是否均已被记录完毕，有

无遗漏。

（3）确定银行存款余额是否正确。

（4）确定银行存款在会计报表上的披露是否恰当。

二、银行存款的控制测试

（一）银行存款内部控制的特点

一般而言，一个良好的银行存款的内部控制同现金的内部控制一样，也应达到以下几点：

（1）银行存款收支与记账的岗位分离。

（2）银行存款收支要有合理、合法的凭据。

（3）全部收支及时准确入账，全部支出要有核准手续。

（4）按月编制银行存款余额调节表，以做到账实相符。

（5）加强对银行存款收支业务的内部审计。

按照我国现金管理的有关规定，超过规定限额以上的现金支出一律使用支票。因此，企业应建立相应的支票申领制度，明确申领范围、申领批准及支票签发、支票报销等。

对于支票报销和现金报销，企业应建立报销制度。报销人员报销时应当有正常的报批手续、适当的付款凭据，有关采购支出还应具有验收手续。会计部门应对报销单据加以审核，出纳员见到加盖核准戳记的支出凭据后方可付款。付款记录应及时登记入账，相关凭证应按顺序或内容编制会计记录的附件。

（二）银行存款的控制测试

1. 了解银行存款的内部控制

注册会计师对银行存款内部控制的了解一般与了解现金的内部控制同时进行。注册会计师应当注意的内容包括：

（1）银行存款的收支是否按规定的程序和权限办理。

（2）银行账户是否存在与本单位经营无关的款项收支情况。

（3）是否存在出租、出借银行账户的情况。

（4）出纳与会计的职责是否严格分离。

（5）是否定期取得银行对账单并编制银行存款余额调节表等。

2. 抽取并检查银行存款收款凭证

注册会计师应选取适当的样本量，做如下检查：

（1）核对银行存款收款凭证与存入银行账户的日期和金额是否相符。

（2）核对银行存款日记账的收入金额是否正确。

（3）核对银行存款收款凭证与银行对账单是否相符。

（4）核对银行存款收款凭证与应收账款明细账的有关记录是否相符。

（5）核对实收金额与销货发票是否一致等。

3. 抽取并检查银行存款付款凭证

为测试银行存款付款内部控制，注册会计师应选取适当的样本量，做如下检查：

（1）检查付款的授权批准手续是否符合规定。

（2）核对银行存款日记账的付出金额是否正确。

（3）核对银行存款付款凭证与银行对账单是否相符。

（4）核对银行存款付款凭证与应付账款明细账的记录是否一致。

（5）核对实付金额与购货发票是否相符等。

4. 抽取一定期间的银行存款日记账与总账核对

注册会计师应抽取一定期间的银行存款日记账，检查其有无计算错误，并与银行存款总分类账核对。

5. 抽取一定期间银行存款余额调节表，查验其是否按月正确编制并经复核

为证实银行存款记录的正确性，注册会计师必须抽取一定期间的银行存款余额调节表，将其同银行对账单、银行存款日记账及总账进行核对，确定被审计单位是否按月正确编制并复核银行存款余额调节表。

6. 检查外币银行存款的折算方法是否符合有关规定，是否与上年度一致

对于有外币银行存款的被审计单位，注册会计师应检查外币银行存款日记账及“财务费用”“在建工程”等账户的记录，确定有关银行存款的增减变动是否采用交易发生日的即期汇率将外币金额折算为本位币金额，或者采用按照系统合理的方法确定的、与交易发生日即期汇率近似的汇率折算为记账本位币，选择采用汇率的方法前后各期是否一致；检查企业外币银行存款的余额是否采用期末即期汇率折算为记账本位币余额；折算差额的会计处理是否正确。

7. 评价银行存款的内部控制

注册会计师在完成上述程序之后，即可对银行存款的内部控制进行评价。评价时注册会计师应首先确定银行存款内部控制可信赖的程度以及存在的薄弱环节和缺点，然后据以确定在银行存款实质性程序中对哪些环节可以适当减少审计程序，对哪些环节应增加审计程序并作重点检查，以减少审计风险。

三、银行存款的实质性程序

【知识链接】银行存款业务常见的错弊形式：

（1）制造余额差错。

(2) 擅自提现。

(3) 混用“库存现金”和“银行存款”科目。

(4) 公款私存。

(5) 出借转账支票。

(6) 转账套现。

(7) 涂改银行对账单。

(8) 支票套物。

(9) 从银行提现不记现金账。

(10) 截留银行存款收入。

(11) 重复登记银行存款支出款项。

(12) 出借账户。

(13) 涂改转账支票日期。

(14) 套取利息。

(15) 涂改银行存款进账单日期。

(16) 其他一些错弊。主要包括：

①未将超过库存限额的现金全部、及时地送存开户银行。

②通过银行结算划回的银行存款不及时、足额入账。

③违反国家规定进行预收货款业务。

④开立“黑户”，截留存款。

⑤签发空头支票、空白支票，并由此给单位造成经济损失。

⑥银行存款账单不符。

银行存款的实质性程序一般包括：

1. 获取或编制银行存款余额明细表

复核加计是否正确，并与总账数和日记账合计数核对是否相符；检查非记账本位币银行存款的折算汇率及折算金额是否正确。注册会计师测试银行存款余额的起点是：核对银行存款日记账与总账的余额是否相符。如果不相符，应查明原因，必要时应建议做出适当调整。

2. 实施实质性程序

计算银行存款累计余额应收利息收入，分析比较被审计单位银行存款应收利息收入与实际利息收入的差异是否恰当，评估利息收入的合理性，检查是否存在高息资金拆借，确认银行存款余额是否存在，利息收入是否已经完整记录。

3. 检查银行存单

编制银行存单检查表，检查是否与账面记录金额一致，是否被质押或限制使用，存单是否为被审计单位所拥有。

（1）对已质押的定期存款，应检查定期存单，并与相应的质押合同核对，同时关注定期存单对应的质押借款有无入账。

（2）对未质押的定期存款，应检查开户证实书原件。

（3）对审计外勤工作结束日前已提取的定期存款，应核对相应的兑付凭证、银行对账单和定期存款复印件。

4. 取得并检查银行存款余额对账单和银行存款余额调节表

取得并检查银行存款余额对账单和银行存款余额调节表是证实资产负债表中所列银行存款是否存在的重要程序。银行存款余额调节表通常应由被审计单位根据不同的银行账户及货币种类分别编制，具体测试程序通常包括：

（1）将被审计单位资产负债表日的银行存款余额对账单与银行询证函回函核对，确认是否一致，抽样核对账面记录的已付票据金额及存款金额是否与对账单记录一致。

（2）获取资产负债表日的银行存款余额调节表，检查调节表中加计数是否正确，调节后银行存款日记账余额与银行对账单余额是否一致。

【典型案例 10－2】 审计人员对某企业 2019 年的银行存款进行审查：2019 年 12 月 31 日银行存款日记账余额为 26680 元；银行对账单余额为 25400 元（经核实是正确的）12 月存在的未达账项如下：

（1）12 月 29 日，委托银行收款 2500 元，银行已入账，收款通知尚未送达企业。

（2）12 月 31 日，企业开出现金支票一张 800 元，银行尚未入账。

（3）12 月 31 日，银行以代付企业电费 500 元，企业尚未收到付款通知。

（4）12 月 31 日，企业收到外单位转账支票一张 3600 元，企业已收款入账，银行尚未入账。

（5）12 月 15 日，收到银行收款通知金额为 3850 元，公司入账时误记为 3500 元

要求：（1）根据上述情况编制银行存款余额调节表。

（2）假定银行存款对账单中存款余额正确无误，试问：

① 编制的调节表中发现的错误金额是多少？

② 2019 年 12 月 31 日银行存款日记账的正确余额是多少？

③ 如果 2019 年 12 月 31 日资产负债表上“货币资金”项目中银行存款余额为 28000元，请问是否真实？

答案提示：

银行存款余额调节表

单位：XX公司　　　　2019年12月31日　　　　单位：元

项目	金额	项目	金额
公司银行存款账面余额	26680	开户银行对账单余额	25400
加：银行已收，公司未收的款项	2500	加：公司已收，银行未收的款项	3600
减：银行已付，公司未付的款项	500	减：公司已付，银行未付的款项	800
加：公司记账差错数	350		
调节后的存款余额	29030	调节后的存款余额	28200

①调节表发现的错误金额是830（29030－28200）元。

②2019年12月31日公司银行存款账面正确余额为25850（26680－830）元。

③资产负债表上的“货币资金”项目中的银行存款28000元不真实，应加以调整。正确数额应该是28200（25850＋2500－500＋350）元

（3）检查调节事项的性质和范围是否合理。

①检查是否存在跨期收支和跨行转账的调节事项。编制跨行转账业务明细表，检查跨行转账业务是否同时对应转入和转出，未在同一期间完成的转账业务是否反映在银行存款余额调节表的调整事项中。

②检查大额在途存款和未付票据。

检查在途存款的日期，查明发生在途存款的具体原因，追查期后银行对账单存款记录日期，确定被审计单位与银行记账时间差异是否合理，确定在资产负债表日是否需提请被审计单位进行适当调整。

检查被审计单位的未付票据明细清单，查明被审计单位未及时入账的原因，确定账簿记录时间晚于银行对账单的日期是否合理。

检查被审计单位未付票据明细清单中有记录，但截至资产负债表日银行对账单无记录且金额较大的未付票据，获取票据领取人的书面说明，确认资产负债表日是否需要进行调整；

检查资产负债表日后银行对账单是否完整地记录了调节事项中银行未付票据金额。

（4）检查是否存在未入账的利息收入和利息支出。

（5）检查是否存在其他跨期收支事项。

（6）当未经授权或授权不清支付货币资金的现象比较突出时，检查银行存款余额调节表中支付异常的领款（包括没有载明收款人）、签字不全、收款地址不清、金额较大票据的调整事项，确认是否存在舞弊。

5. 函证银行存款余额，编制银行函证结果汇总表，检查银行回函。应注意

（1）向被审计单位在本期存过款的银行发函，包括零账户和账户已结清的银行；

（2）确定被审计单位账面余额与银行函证结果的差异，对不符事项做出适当处理。

银行存款函证是指注册会计师在执行审计业务的过程中，需要以被审计单位名义向有关单位发函询证，以验证被审计单位的银行存款是否真实、合法、完整。按照国际惯例，财政部和中国人民银行于1999年1月6日联合印发了《关于做好企业的银行存款、借款及往来款项函证工作的通知》（以下简称《通知》），《通知》对函证工作提出了明确的要求，并规定：各商业银行、政策性银行、非银行金融机构要在收到询证函之日起10个工作日内，根据函证的具体要求，及时回函并可按照国家的有关规定收取询证费用；各有关企业或单位根据函证的具体要求回函。

函证银行存款余额是证实资产负债表所列银行存款是否存在的重要程序。通过向往来银行函证，注册会计师不仅可了解企业资产的存在，还可了解企业账面反映所欠银行债务的情况，并有助于发现企业未入账的银行借款和未披露的或有负债。

注册会计师应向被审计单位在本年存过款（含外埠存款、银行汇票存款、银行本票存款、信用卡存款、信用证保证金存款）的所有银行发函，其中包括企业存款账户已结清的银行，因为有可能存款账户已结清，但仍有银行借款或其他负债存在。并且，虽然注册会计师已直接从某一银行取得了银行对账单和所有已付支票，但仍应向这一银行进行函证。

6. 检查银行存款账户存款人是否为被审计单位的

如果存款人非被审计单位，应获取该账户户主和被审计单位的书面声明，确认资产负债表日是否需要提请被审计单位进行调整。

7. 关注是否存在质押、冻结等对变现有限制或存在境外的款项

如果存在，是否已提请被审计单位作必要的调整和披露。

8. 对不符合现金及现金等价物条件的银行存款在审计工作底稿中予以列明，以考虑对现金流量表的影响

9. 抽查大额银行存款收支的原始凭证

检查原始凭证是否齐全、记账凭证与原始凭证是否相符、账务处理是否正确、是否记录于恰当的会计期间等项内容。检查是否存在非营业目的的大额货币资金转移，并核对相关账户的进账情况；如有与被审计单位生产经营无关的收支事项，应查明原因并作相应的记录。

10. 检查银行存款收支的截止是否正确

选取资产负债表日前后若干张、一定金额以上的凭证实施截止测试，关注业务内容及对应项目，如有跨期收支事项，应考虑是否提请被审计单位进行调整。

11. 检查银行存款是否在财务报表中做出恰当列报

根据有关规定，企业的银行存款在资产负债表的“货币资金”项目中反映，所以，注册会计师应在实施上述审计程序后，确定银行存款账户的期末余额。

理论与实务测试

一、单项选择题

1. 下列说法中正确的是（　　）。

A. 出纳人员可以同时从事银行对账单的获取、银行存款余额调节表的编制等工作

B. 如果现金盘点不是在资产负债表日进行的，注册会计师应将资产负债表日至盘点日的收付金额调整至盘点日金额

C. 被审计单位资产负债表上的银行存款余额，应以编制或取得银行存款余额调节表日的银行存款账户数额为准

D. 在对银行存款实施函证程序时，要对所有存款的银行都寄发询证函

2. 下列情形中，不违反货币资金“不相容岗位相互分离”控制原则的是（　　）。

A. 由出纳人员兼任收入总账和明细账的登记工作

B. 由出纳人员兼任会计档案保管工作

C. 由出纳人员兼任固定资产明细账的登记工作

D. 由出纳人员保管签发支票所需全部印章

3. A 注册会计师在 2020 年 3 月 25 日对 B 企业现金实施监盘审计程序，实际的现金盘点金额为 1325 元，已知被审单位账面显示 2019 年资产负债表日至现金盘点日企业共收到现金 266500 元，付出现金 271109 元，假设上面的数据都正确，B 企业资产负债表日现金余额为（　　）元。

A. 5582　　B. 5934　　C. 5870　　D. 5627

4. 注册会计师执行的以下实质性程序中属于审查企业收到的现金是否已经全部登记入账的是（　　）。

A. 对库存现金执行监盘程序

B. 从被审计单位当期收据存根中抽取大额现金收入追查到相关的凭证和账簿记录

C. 对被审计单位结账日前一段时间内现金收支凭证进行审计，以确定是否存在应记入下期的事项

D. 检查现金收入的日记账、总账和应收账款明细账的大额项目与异常项目

5. 监盘库存现金是注册会计师证实被审计单位资产负债表所列现金是否存在的一项重要程序，被审计单位必须参加盘点的人员是（　　）。

A. 会计主管人员和内部审计人员　　　　　　B. 出纳员和会计主管人员

C. 现金出纳员和财务经理　　　　　　　　　D. 出纳员和财务总监

6. 下列各项中，符合现金监盘要求的有（　　）。

A. 被审计单位会计主管要回避

B. 不同存放地点的现金同时进行监盘

C. 监盘时间安排在当日现金收付业务进行过程中

D. 审计人员帮助出纳员进行现金清点

7. 在对银行存款实施审计时，实施的函证程序可以证实若干项目标，其中最基本的目标是（　　）。

A. 是否有漏记的银行借款

B. 是否有充作抵押担保的存货

C. 银行存款的真实性

D. 是否有企业已经记录但是银行方没有记录的交易事项

8. 注册会计师实施的下列各项关于银行存款的实质性程序中，能够证实银行存款是否存在最有效的是（　　）。

A. 分析非银行金融机构的存款占银行存款的比例

B. 检查银行存款余额调节表

C. 函证银行存款余额

D. 检查银行存款收支的正确截止

9. 在进行年度财务报表审计时，为了证实被审计单位在临近12月31日签发的支票未予入账，注册会计师实施的最有效审计程序是（　　）。

A. 审查12月31日的银行存款余额调节表

B. 函证12月31日的银行存款余额

C. 审查12月31日的银行对账单

D. 审查12月份的支票存根

二、多项选择题

1. A注册会计师负责对B公司货币资金实施审计，针对B公司下列与现金相关的内部控制，A注册会计师认可的有（　　）。

A. 现金折扣需要经过适当审批

B. 每日盘点现金并与账面余额核对

C. 每日及时登记现金收入并定期向顾客寄送对账单

D. 担任登记现金日记账及总账职责的人员与担任现金出纳职责的人员分开

2. 下列说法中不正确的有（　　）。

A. 注册会计师在分配财务报表项目重要性水平时考虑到由于货币资金是企业流动性最强的资产，企业必须加强对货币资金的管理，并建立良好的货币资金内部控制以防止错、漏报及舞弊的发生，所以应从严制定货币资金的重要性水平

B. 对于货币资金业务的授权审批制度，单位应当设置专门的审批人员，并为其授予审批权限，对于超过该审批人员授权范围的重要货币资金支付业务，应当由财务部经理或者总经理亲自审核批准

C. 盘点库存现金的时间和人员应视被审计单位的具体情况而定，但必须有出纳员和被审计单位会计主管人员参加，并由注册会计师亲自盘点和监盘

D. 制定库存现金监盘程序时应实施突击性检查，时间必须安排在上午上班前或下午下班时进行，在进行现金盘点前，应由出纳员将现金集中起来存入保险柜

3. 注册会计师在对被审单位的库存现金进行审计时，下列有关说法正确的是（　　）。

A. 注册会计师如果是在非资产负债表日进行盘点的，应调整至资产负债表日的金额

B. 企业盘点库存现金，通常包括对已收到但未存入银行的现金、零用金、找换金等的盘点

C. 对库存现金的盘点应当实施突击性的检查，时间最好选择在上午下班前或下午上班时进行

D. 被审单位的库存现金存放部门有两处或两处以上的，应同时进行盘点

4. 监盘库存现金是证实资产负债表中所列现金是否存在的一项重要程序，还可以实现的审计目标有（　　）。

A. 完整性　　　　B. 计价和分摊

C. 权利和义务　　　　D. 在财务报表中恰当披露

5. F 注册会计师拟对 A 公司的货币资金实施实质性程序。以下审计程序中，属于实质性程序的有（　　）。

A. 检查银行预留印鉴是否按照规定保管

B. 检查银行存款余额调节表中未达账项在资产负债表日后的进账情况

C. 检查库存现金是否妥善保管，是否定期盘点、核对

D. 检查外币银行存款年末余额是否按年末汇率折合为记账本位币金额

6. 注册会计师在审阅助理会计师的库存现金盘点计划表时，发现以下几种处理方法，其中不恰当的有（　　）。

A. 盘点前就盘点时间与被审计单位会计主管沟通，要求其配合好相关的盘点工作

B. 盘点时应有被审计单位出纳和会计主管在场

C. 库存现金监盘表只能由出纳人员签字，以明确责任

D. 注册会计师应亲自盘点

7. 注册会计师在执行库存现金审计时通常需对现金相关的内部控制进行了解，一般而言，一个良好的现金内部控制体现为（　　）。

A. 全部现金收入及时准确入账，并且支出要有核准手续

B. 现金收支要有合理、合法的凭据，控制现金坐支

C. 现金收支与记账的岗位相分离，按月盘点现金

D. 加强对现金收支业务的内部审计

8. 注册会计师在对银行存款进行审计时，还应检查银行存单，即编制银行存单检查表，检查是否与账面记录金额一致，是否被质押或限制使用，存单是否为被审计单位所拥有，具体的程序包括（　　）。

A. 取得被审计单位的银行存款余额对账单，并与银行询证函回函核对，确认是否一致

B. 对未质押的定期存款，应检查开户证书原件

C. 对已质押的定期存款，应检查定期存单，并与相应的质押合同核对，同时关注定期存单对应的质押借款有无入账

D. 对审计工作结束日前已提取的定期存款，应核对相应的兑付凭证、银行对账单和定期存款复印件

9. 函证银行存款是证实银行存款是否存在的重要程序，注册会计师寄发的银行询证函（　　）。

A. 要求银行直接回函至会计师事务所

B. 是以被审计单位的名义发往开户银行的

C. 可以证实银行存款但不能证实银行借款

D. 属于积极式、有偿询证函

10. 注册会计师寄发的银行询证函（　　）。

A. 是以被审计单位的名义发往开户银行

B. 属于积极式函证

C. 要求银行直接回函至会计师事务所

D. 函证对象包括银行存款和借款余额等

11. 下列说法中正确的有（　　）。

A. 注册会计师应向被审计单位在本年度存过款的所有银行发函，包括企业存款账户已结清的银行和零账户

B. 注册会计师在对银行存款做控制测试时可以抽取适当付款凭证核对实付金额与

购货发票是否相符

C. 被审计单位资产负债表上的银行存款数额，应以编制或取得银行存款余额调节表日银行存款账户数额为准

D. 向银行函证企业的银行存款，不仅可以证实企业银行存款的真实性，而且可以核实企业对银行借款记录的完整性

三、判断题

1. 货币资金是企业资产的重要组成部分，是企业资产中流动性最强的一种资产。(　)

2. 出纳人员不得兼任稽核、会计档案保管和收入、支出、费用、债权债务账目的登记工作。(　)

3. 因特殊情况需坐支现金的，应事先报经企业管理层审查批准。(　　)

4. 库存现金包括企业的人民币现金，不包括外币现金。(　　)

5. 编制现金内部控制流程图是现金实质性测试的重要步骤。(　　)

6. 监盘库存现金是证实资产负债表中货币资金项目下所列库存现金是否存在的一项重要审计程序。(　　)

7. 在非资产负债表日进行盘点和监盘时，应调整至资产负债表日的金额。(　　)

8. 对已质押的定期存款，应检查开户证实书原件。(　　)

四、实务分析题

1. 2020 年 1 月 21 日，审计人员对某企业库存现金进行审计。2019 年 12 月 31 日资产负债表中“货币资金”项目中库存现金余额为 859. 18 元。1 月 21 日下午下班前，对出纳经管的现金进行了清点。该企业 1 月 21 日现金账面余额为 759. 81 元，清点结果如下：

现金实存数 545. 05 元。

保险柜中有下列单据已收付款，但未入账：

（1）某职工借条一张，系差旅费，金额是 200 元，已经批准，日期是 2019 年 12 月 29 日。

（2）某采购员借条一张，金额是 130 元，日期是 2019 年 12 月 20 日，未经批准。

（3）保险柜中有已收款未入账的凭证 3 张，金额 135. 24 元。

（4）外地汇款单一张，汇出日期是 2019 年 12 月 3 日，金额 500 元，尚未办理。

（5）2020 年 1 月 18 日的转账支票一张，金额 185 元。

（6）本市某单位 2020 年 1 月 5 日开出的转账支票一张，金额 100 元，20 日交存银行，已过规定进账时间，银行不予进账，现未加处理。

（7）经核对 2020 年 1 月 1 日至 21 日的收付款凭证和现金日记账，核实 1—21 日的现金收入 2350 元，现金支出 2400 元，正确无误。

（8）银行核定该企业库存现金限额为600元。

要求：根据以上资料，编制库存现金盘点表，核实库存现金实有数；并调整核实2019年12月31日资产负债表所列数字是否公允，对现金收支、库存管理的合法性提出审计意见。

2. 基本资料：2020年3月30日审计人员对某企业2019年12月31日资产负债表进行审计，查得“货币资金”项目中的库存现金为1688元。经核对1月1日至3月30日的收付款凭证和库存现金日记账，核实1月1日至3月30日收入现金数这3580元，支付现金数这3790元。3月31上午8时，审计人员对出纳员所经管的库存现金进行了清点。出纳员结出当日现金日记账余额为1528元，现金清点结果为100元面值的人民币5张，50元面值的人民币7张，5元面值的人民币9张，2元面值的人民币15张，1元面值的人民币10张，1角面值的人民币28张，共计937.80元。企业库存限额800元。出纳员持有下列凭证尚未入账：

（1）销售产品400元，收到现金，已开销售发票。

（2）刘民3月2日已经批准的借条一张，金额300元。

（3）江涛3月3日未经批准的借条一张，金额160元。

（4）支付包装物押金250元，收据一张。

要求：请你根据上述的资料，编制现金审计工作底稿，并指出存在的问题，提出改进建议。

3. 某民间审计组织接受某有限公司的委托，对其2019年12月31日的资产负债表进行审计。在审查资产负债表“货币资金”项目时，发现该公司2019年12月31日的银行存款数账面余额为45000元，派审计人员向开户银行取得对账单一张，2019年12月31日的银行对账单存款余额为54000元。另外，查有下列未达账款和记账差错：

（1）12月22日公司送存转账支票8000元，银行尚未入账。

（2）12月23日公司开出转账支票9200元，持票人尚未到银行办理转账手续。

（3）12月24日委托银行收款12500元，银行已收妥入账，但收款通知尚未到达该公司。

（4）12月30日银行代付水费5200元，但银行付款通知单尚未到达该公司。

（5）12月12日收到银行收款通知单金额为5000元，公司入账时将银行存款增加错记成4500元。

要求：根据收集的资料，编制了银行存款余额调节表，并核实该公司2019年12月31日的资产负债表“货币资金”项目中银行存款余额是否正确。

参考文献

［1］中国注册会计师协会．审计［M］．北京：经济科学出版社，2019.

［2］中国注册会计师协会．会计［M］．北京：经济科学出版社，2019.

［3］中国注册会计师协会．税法［M］．北京：经济科学出版社，2019.

［4］李晓慧．审计学：原理与实务［M］．北京：中国人民大学出版社，2015.

［5］陈世文，高玉莲，黄通斌．审计实训与典型案例分析［M］．广州：华南理工大学出版社，2015.

［6］秦荣生．审计学［M］．北京：中国人民大学出版社，2014.

［7］赵保卿．审计学［M］．北京：经济科学出版社，2014.

［8］王守龙，王珠强．审计学基础［M］．北京：清华大学出版社，2014.

［9］李凤鸣．审计学原理［M］．上海：复旦大学出版社，2014.